财经类职业院校人才培养数字化转型创新路径研究

王 震 著

中国财经出版传媒集团
中国财政经济出版社
·北京·

图书在版编目（CIP）数据

财经类职业院校人才培养数字化转型创新路径研究 / 王震著. -- 北京：中国财政经济出版社，2025.3.
ISBN 978-7-5223-3912-2

Ⅰ. F7

中国国家版本馆 CIP 数据核字第 2025ZM4796 号

责任编辑：樊 闽 马宇泽　　责任校对：张 凡
封面设计：卜建辰　　责任印制：张 健

财经类职业院校人才培养数字化转型创新路径研究
CAIJINGLEI ZHIYE YUANXIAO RENCAI PEIYANG SHUZIHUA ZHUANXING CHUANGXIN LUJING YANJIU

中国财政经济出版社 出版

URL：http：//www. cfeph. cn
E-mail：cfeph@ cfeph. cn

社址：北京市海淀区阜成路甲 28 号 邮政编码：100142
营销中心电话：010-88191522
天猫网店：中国财政经济出版社旗舰店
网址：https：//zgczjjcbs. tmall. com
涿州汇美亿浓印刷有限公司印刷 各地新华书店经销
成品尺寸：170mm×240mm 16 开 18.5 印张 276 000 字
2025 年 3 月第 1 版 2025 年 3 月河北第 1 次印刷
定价：59.00 元
ISBN 978-7-5223-3912-2
（图书出现印装问题，本社负责调换，电话：010-88190548）
本社图书质量投诉电话：010-88190744
打击盗版举报热线：010-88191661 QQ：2242791300

序

本书研究对象是作者工作的一所传统的财经类高职院校，该校有三类专业：第一类包括大数据与会计、统计与会计核算、大数据与财务管理、金融服务与管理、大数据与审计、财税大数据应用等财经类高职专业，第二类包括电子商务、国际经济与贸易、市场营销、现代物流管理、连锁经营管理等商贸类专业，第一类和第二类专业也可以统称为财经商贸类专业。第三类专业包括软件技术、大数据技术、人工智能技术应用、信息安全技术应用、云计算技术应用等计算机类专业。学校的主体专业是财经类专业，这些专业在社会上的知名度较高，大多数的教师与学生都属于这类专业，但现在这些财经类专业和商贸类专业都面临发展的瓶颈。这些专业面临的主要问题是：

(1) 这些专业就业岗位不多、岗位层次低，多数财经金融类企业都需要本科生或研究生，对专科生的需求较少；

(2) 这些专业的人才培养目标与培养模式过于传统，不适应当前数字化时代发展的需要；

(3) 我国现在正在大力发展现代化产业体系，主要包括先进制造业集群、战略性新兴产业集群、现代农业产业集群、现代服务业产业集群等，而财经商贸类专科毕业生很难大量进入这些产业中，因此财经商贸类专业在当前的职业教育中明显处于劣势，受关注度较低，也很难申请到省级、国家级建设项目。

该校的计算机类专业同样也面临着一些问题：

(1) 在这所以财经类专业为主导的高职院校，计算机类专业起步较晚，专业建设基础较为薄弱，专业特色不够明显，社会的知名度也较低，各种成果与荣誉较少。

（2）其他以工科为主导的高职院校或综合类高职院校的计算机类专业往往与其他工科专业相互支撑、交叉渗透，容易产生更多的成果；而该校的计算机类专业就缺乏这种发展条件，导致与其他高职院校的计算机类专业相比，存在着专业特色不明显、缺乏竞争优势、同质化发展、专业建设相对落后等问题。

针对上述问题，该校经过深入调查研究，决定顺应当前全社会的数字化转型升级趋势，通过引入人工智能、大数据、云计算等信息技术来对学校的财经商贸类专业进行数字化改造，使这些专业的毕业生更适应数字化时代企业对财经商贸类人才的需求；同时，针对学校的计算机类专业特色不明显、同质化竞争严重、专业建设成果缺乏的现状，要对计算机类专业进行改造，使这些专业更具财经特色，使其毕业生能够适应财经金融类企业的信息技术岗位，或者在信息技术企业中能够胜任财经类项目的开发与应用。这种将信息技术赋能给财经类专业人才培养，将财经专业知识赋能给计算机类专业人才培养的模式被称为“双向赋能”；这种在财经类专业人才培养过程中强化信息技术方面的技能，在计算机类专业人才培养过程中融入财经类专业技能的模式被称为“技能交叉”。“双向赋能，技能交叉”的人才培养模式最终目的是使财经类职业院校的人才培养更具特色，更加适应未来数字化时代对技能型、应用型人才的需求。

王 震
2025 年 3 月

目 录

导　言

在21世纪的今天，我们正站在一个前所未有的数字化十字路口，这不仅仅是技术层面的革新，更是思维方式、工作模式乃至生活方式的根本性变革。大数据如同海洋般浩瀚无垠，蕴含着无限的价值与可能；云计算则如同智慧的天空，让数据处理与存储变得前所未有的高效与便捷；而人工智能，更是以惊人的速度学习和进化，逐渐渗透到我们生活的每一个角落，从智能家居到自动驾驶，从个性化医疗到精准营销，无一不彰显着其强大的影响力和改变力。数字经济，这一由前沿技术驱动的经济形态，已不再是遥不可及的未来图景，而是成为推动全球经济格局重塑、产业结构升级和社会进步的重要力量。它促使企业加速数字化转型，催生出一系列新兴业态和商业模式，同时也对就业市场提出了全新的要求。财经领域作为经济活动的核心组成部分，更是首当其冲地感受到了数字经济的冲击与机遇。

在这样的时代背景下，财经职业教育的重要性被赋予了新的内涵。它不仅是传授财经知识与技能的场所，更是培养适应数字经济时代要求、具备创新思维和跨界能力的财经人才的重要基地。然而，面对数字经济的汹涌浪潮，传统财经职业教育模式的局限性逐渐显现。一方面，课程内容往往滞后于行业发展的最新动态，难以满足市场对财经人才多样化、复合化的需求；另一方面，教学方法和手段相对单一，缺乏创新性和互动性，难以激发学生的学习兴趣和积极性。更为关键的是，传统财经职业教育往往忽视了对学生信息技术能力和跨学科素养的培养，导致学生在面对复杂多变的数字经济环境时显得力不从心。

因此，财经职业教育的改革与创新成为摆在从事财经职业教育者面前的一项紧迫而艰巨的任务。我们需要从教育理念、人才培养模式、课程内容、教学方法、师资队伍等多个方面入手，全面推进财经职业教育的数字化转型和创新发展。只有这样，我们才能培养出更多符合数字经济时代要求的财经人才，为国家的经济发展和社会进步贡献更大的力量。而本书正是基于这样的背景和需求而撰写的，旨在通过深入分析和研究，为财经职业教育的改革与创新提供新的思路和路径。

一、数字经济浪潮下的财经职业教育新挑战

在数字经济的大潮中，财经职业教育面临的挑战不仅仅是理念上的革新，更是实际操作层面的深刻变革。这股浪潮以其不可阻挡之势，将财经领域带入了一个全新的、高度数字化、智能化的时代。想象一下，在一个由海量数据驱动、算法决策占据主导地位的商业世界需要什么样的财经人才?

我们先聚焦于一个具体的场景：一家新兴的金融科技公司，它依靠大数据分析和人工智能算法为客户提供个性化的理财建议。这里的每一位员工，从产品经理到数据分析师，再到客户顾问，都需要具备扎实的财经基础知识与先进的信息技术能力。他们不仅要能解读复杂的财务报表，分析市场动态，还要能够运用机器学习模型预测市场趋势，甚至设计智能化的投资策略。然而，反观当前的财经职业教育体系，我们不难发现，这样全面而深入的能力培养是远远不够的。

再看一个更为现实的案例。随着区块链技术的兴起，越来越多的企业开始探索数字货币、智能合约等前沿应用。这些技术的应用不仅要求财经从业者具备深厚的金融知识，还需要他们理解区块链的底层逻辑、掌握加密货币的交易规则。然而，当前的财经职业教育体系中，关于区块链的内容往往只是蜻蜓点水，难以满足市场的实际需求。这导致许多毕业生在踏入这个行业时，不得不从头开始学习，这无疑增加了他们的就业难度和成本。

此外，数字经济的快速发展还带来了就业市场的深刻变化。传统的财经岗位，如银行柜员、会计等，正在被自动化和智能化技术所取代。而新的财经岗位，如数据分析师、金融科技产品经理等，则对人才提出了更高的要求。这种变化要求财经职业教育必须紧跟时代步伐，不断更新教学内

容和教学方法，以适应市场需求的变化。然而，目前许多财经类职业院校仍然沿用着传统的教学模式和课程体系，导致毕业生在就业市场上缺乏竞争力。

传统的教育模式往往侧重于理论知识的传授，而忽视了对学生信息技术能力、创新思维及跨学科素养的培养，导致毕业生在面对复杂多变的职场环境时显得力不从心。具体来说，这种挑战体现在以下几个方面：一是课程内容滞后，难以反映最新的行业动态和技术趋势；二是教学方法单一，缺乏创新性和互动性；三是实践教学环节薄弱，难以培养学生的实际操作能力和解决问题的能力。这些问题不仅制约了财经职业教育的发展，也影响了学生的就业前景和职业发展。

因此，面对数字经济浪潮下的新挑战，财经职业教育必须进行深刻的反思和改革。我们需要重新审视现有的教育模式和教学内容，打破学科壁垒，促进信息技术与财经知识的深度融合；我们需要创新教学方法和手段，引入更多的现代信息技术和教学手段；我们需要加强实践教学环节的建设和管理，提高学生的实践能力和职业素养。只有这样，才能培养出符合数字经济时代要求的财经人才，为国家的经济发展和社会进步作出更多更实际的贡献。

二、从“被动适应”到“主动变革”的转型需求

在数字经济浪潮的推动下，财经职业教育的转型已不再是简单的调整与优化，而是一场从“被动适应”到“主动变革”的深刻变革。这一转型需求，不仅源于外部环境的急剧变化，更根植于财经教育内在发展逻辑的必然要求。

首先，从外部环境来看，数字经济以其独特的运行规律和效率优势，正在迅速重构全球经济版图。企业对于财经人才的需求不再局限于传统的会计、金融等专业技能，而是更加注重人才的跨界整合能力、数据分析能力以及基于信息技术的创新能力。这种需求的变化，迫使财经职业教育必须从“被动适应”市场需求的角色中走出，转变为“主动变革”行业发展的先锋。通过深化教学改革，创新人才培养模式，财经职业教育应努力培

养出能够推动行业变革、服务经济发展的数字化技能型财经人才。

具体到实践中，可以看到很多相关案例。例如，某财经类职业院校通过引入大数据分析课程，将信息技术与财经教育深度融合，不仅提升了学生的数据处理和分析能力，还为他们未来的职业发展拓宽了道路。这些学生能够利用大数据分析技术，为企业提供更精准的财务预测、风险评估和投资决策支持，从而在企业中发挥更加重要的作用。这种“主动变革”式的人才培养模式，不仅满足了市场的需求，更为财经职业教育的发展注入了新的活力。

其次，从财经职业教育内在发展逻辑来看，数字化转型也是其实现高质量发展的必由之路。传统的财经职业教育模式往往侧重于理论知识的传授和技能的训练，而忽视了对学生综合素质和创新能力的培养。在数字经济时代，这种单一的教学模式已经无法满足社会对财经人才的需求。因此，财经职业教育必须加快数字化转型步伐，通过引入现代信息技术手段，创新教学方法和手段，打破学科壁垒，促进跨学科知识的融合与交叉。这不仅能够激发学生的学习兴趣和积极性，还能够培养他们的创新思维和跨界能力，为他们未来的职业发展奠定坚实的基础。

综上所述，财经职业教育从“被动适应”到“主动变革”的转型需求，是时代发展的必然要求，也是财经教育内在发展逻辑的必然结果。在这一过程中，财经职业教育需要不断探索新的教学模式和路径，加强师资队伍建设，提升教学质量和水平，为培养更多符合数字经济时代要求的财经技能型人才贡献智慧和力量。只有这样，财经类职业院校才能在新时代的征程中不断前行，为国家的经济发展和社会进步作出更大的贡献。

三、“双向赋能，技能交叉”：开启财经职业教育新篇章

“双向赋能”意味着财经商贸类专业与计算机类专业之间的相互促进、相互提升。财经商贸类专业的学生通过学习信息技术，能够更高效地处理数据、分析市场趋势；而计算机类专业的学生则通过融入财经知识，增强其对商业环境的理解力和洞察力。这种双向的赋能过程，不仅提升了学生的专业技能和综合素质，也为他们的职业发展开辟了更广阔的空间。

“技能交叉”则强调跨学科的知识融合和技能培养。在数字经济时代，单一技能已难以满足市场需求，复合型人才成为稀缺资源。因此，职业教育需要打破传统学科界限，构建跨学科课程体系，让学生在掌握本专业知识的同时，也能涉猎其他领域的知识和技能。这种跨学科的融合与交叉，将极大地提升学生的综合能力和创新能力，使他们能够更好地适应未来职场的挑战。

在数字经济的大潮中，“双向赋能，技能交叉”这一创新理念可以为财经职业教育的转型与升级探索新的路径。这一理念不仅是对传统教育模式的一次深刻反思，更是对未来财经职业人才培养模式的积极探索与实践。

“双向赋能”强调的是财经类专业与计算机类专业之间的相互促进与提升。一方面，财经类专业需要借助信息技术的力量，实现教学方式的现代化和教学内容的丰富化。例如，通过引入大数据、人工智能等前沿技术，财经类专业可以构建更加智能、高效的教学平台，为学生提供更多元化的学习资源和实践机会。同时，这些技术的应用也能够帮助学生更好地理解市场动态、分析经济数据，提升他们的决策能力和综合素质。另一方面，计算机类专业则需要在专业知识的基础上，融入财经素养的培养，以增强其就业竞争力和职业发展潜力。通过将财经知识融入课程体系，计算机类专业学生能够更好地理解财经行业的运作规律，掌握数据分析、财务管理等实用技能，从而在信息化浪潮中脱颖而出。

在具体实施过程中，“双向赋能”可以通过多种形式实现。比如，财经商贸类专业可以邀请信息技术专业的教师参与课程设计，共同开发跨学科的教学项目；计算机类专业则可以设立财经素养课程，或者与财经商贸类专业合作开展联合培养项目。这些措施不仅能够促进两个专业大类之间的深度融合，还能够激发学生的学习兴趣和创造力，培养更多具有跨界整合能力和创新思维的复合型人才。而“技能交叉”则是“双向赋能”理念的进一步深化和拓展。它要求财经商贸类专业与计算机类专业在技能培养上实现交叉融合、打破学科壁垒、构建跨学科的知识体系。这种技能交叉不仅限于理论知识和专业技能的交叉，更包括思维方式、工作方法等方面的交叉。例如，财经类专业的学生可以通过学习编程技术、数据分析方法等工具性技能，提升自己的实践能力和创新能力；而计算机类专业的学生则可以通过学习财经法规、财务管理等专业知识，增强自己财经方面的业务素养和综合素质。这种跨学科的技能交叉不仅能够拓宽学生的视野和知识面，还能够培养他们的跨界整合能力和解决实际问题的能力。

为了进一步推进“双向赋能，技能交叉”理念的落地实施，财经类职业院校可以采取一系列具体措施。例如，建立跨学科的教学团队和科研平台，鼓励教师之间的跨学科合作与交流；改革课程体系和教学内容，增加跨学科课程和综合性实践项目；加强校企合作和产学研结合，为学生提供更多实践机会和就业渠道；建立科学的评价体系和激励机制，激发学生学习跨专业领域知识技能的积极性和创新精神等。这些措施将有力地推动财经职业教育的数字化转型和高质量发展。

“双向赋能，技能交叉”理念不仅是对传统财经职业教育模式的一次深刻变革，更是对未来财经职业人才培养方向的一次精准定位。通过实施“双向赋能，技能交叉”人才培养模式，财经类职业院校将能够培养出更多适应时代发展需求、具备跨界整合能力和创新思维的高素质技能型人才，为推动我国经济社会的高质量发展贡献力量。

四、本书的研究目的与贡献

本书正是基于这样的背景和思考，旨在通过深入的理论研究和实践探索，为财经职业教育顺应数字经济发展提供一条切实可行的创新路径。我们将通过详细分析财经职业教育的现状与挑战、梳理国内外相关研究进展、构建“双向赋能，技能交叉”的理论框架和实施策略等步骤，为学术界和实践界提供宝贵的参考和借鉴。同时，我们也将通过具体案例和数据分析来验证这一创新路径的有效性和可行性，为财经职业教育当前的改革与未来发展提供改革依据。

本书的撰写力求避免过度使用形式化的语言，而是采用具象的描述和生动的实例来阐述作者的观点和主张，也只有真正贴近实际、深入人心的研究才能引起读者的共鸣和思考。期待本书能够成为财经职业教育领域的一部具有创新性的作品，为推动财经职业教育的数字化转型和创新发展贡献自己的微薄之力。

1. 研究目的：应对挑战，引领转型

在数字经济时代，财经职业教育面临着前所未有的挑战与机遇。传统教育模式已难以适应快速变化的市场需求和职业环境，迫切需要一场深刻的转型与创新。本书的研究目的，正是为了深入剖析财经职业教育在数字经济时代所面临的双重挑战——即教育模式滞后与市场需求脱节、信息技术应用不足与技能交叉缺失。并在此基础上，提出并验证“双向赋能，技能交叉”这一创新理念的核心价值与实施路径。通过理论与实践的深度融合，本书旨在探索财经职业教育数字化转型的新路径，为财经类职业院校的人才培养模式改革提供有力支撑和宝贵参考。

2. “双向赋能，技能交叉”理念的核心地位

“双向赋能，技能交叉”理念不仅是本书研究的核心，更是财经职业教育数字化转型中的一种创新驱动力。在数字经济背景下，这一理念的重要性愈发凸显。它打破了传统学科界限，促进了财经类专业与计算机类专业的深度融合，实现了知识、技能与素养的全方位提升。具体来说，“双向赋能”通过信息技术对财经教育的赋能，以及财经知识对信息技术的渗透，促进了教学方式的现代化和教学内容的丰富化；而“技能交叉”则通过跨学科的知识融合与技能培养，拓宽了学生的视野和知识面，增强了他们的跨界整合能力和创新实践能力。这一理念的实施，不仅能够有效解决财经职业教育当前面临的种种挑战，还能够为财经类职业院校的可持续发展注入新的活力。

3. 研究方法：理论与实践并重

本书采用了多种研究方法，以确保研究结果的科学性和有效性。首先，通过文献综述和案例研究，系统梳理国内外财经职业教育数字化转型的最新进展和成功经验；其次，结合问卷调查、访谈等实证研究方法，深入了解财经类职业院校的现状与问题；最后，通过理论分析与实证研究相结合，提出“双向赋能，技能交叉”理念的具体实施路径和策略。此外，本书还注重跨学科的研究视角，将教育学、经济学、信息技术等多个领域的知识有机融合，为财经职业教育数字化转型提供了全面而深入的指导。

4. 研究贡献：理论与实践的双重飞跃

本书的研究贡献主要体现在以下几个方面：一是从理论上丰富和完善了财经职业教育数字化转型的理论体系，为学术界提供了新的研究视角和理论框架；二是从实践上探索出了一条符合时代需求的财经职业教育数字化转型新路径，为财经类职业院校的人才培养模式改革提供了宝贵经验和参考；三是通过“双向赋能，技能交叉”理念的提出与实施，促进了财经商贸类专业与计算机类专业的深度融合与协同发展，为培养技能型、复合型财经人才提供了有力保障；四是为政策制定者、教育实践者和研究者提供了全面而深入的研究成果和启示，有助于推动财经职业教育的持续健康发展。

五、研究结构与章节安排

本书共分为五章，每章内容紧密相连、层层递进。第一章从财经职业教育的现状与挑战入手，深入分析财经职业教育的现状与问题；第二章梳理国内外财经职业教育数字化转型的理论基础与文献综述；第三章至第四章详细阐述“双向赋能，技能交叉”理念的实施路径和具体措施；第五章展望财经职业教育的未来发展趋势并提出前瞻性见解。全书结构严谨、内容丰富、条理清晰，旨在为财经职业教育的数字化转型提供全面而深入的指导。

第一章　财经职业教育的现状与挑战

第一节　财经职业教育现状分析

在当前数字经济迅猛发展的宏观背景下，财经职业教育作为经济领域专业技能人才培养的重要阵地，其发展现状呈现出明显的双重特征：既有着辉煌的成就，又面临着亟待解决的关键问题。从全球视角审视，财经职业教育体系在知识传递与技能锻造方面均取得了显著进展，为经济社会的持续发展输送了大量专业人才。然而，随着数字化与智能化浪潮的加速推进，财经职业教育领域的滞后性逐渐浮出水面，成为制约其进一步发展的瓶颈。面对快速变革的市场需求与技术革新，当前的教育体系在适应性与前瞻性方面尚显不足，亟须通过深化改革与创新实践，加快构建与数字经济时代相匹配的财经职业教育新生态。

一、国内外财经职业教育的宏观对比

在全球经济一体化的宏观背景下，财经职业教育作为经济领域专业人才培养的关键环节，其国际的差异性和共通性正逐渐引起广泛重视。从教育理念、教育模式、教育内容到教育效果，国内外财经职业教育均展现出明显的不同，然而，这些差异之中也蕴含着相互学习与借鉴的宝贵价值。

1. *教育理念的差异与创新*

国外教育理念的前沿性：在欧美等发达国家，财经职业教育秉承“能力为本”的教育理念，强调实践与理论的紧密结合。以美国为例，其财经职业教育注重培养学生的批判性思维、团队协作及解决问题的能力。例如，哈佛大学商学院的案例教学法，通过真实商业案例的分析与讨论，不

仅传授知识，更培养学生的决策能力和市场洞察力。这种教育理念促使学生在掌握基础财经知识的同时，具备应对复杂商业环境的能力。

国内教育的传统与变革：相比之下，我国财经职业教育长期受应试教育影响，传统上更侧重于理论知识的传授和应试技能的培养。然而，近年来，随着对创新型人才需求的增加，国内财经职业教育开始逐步转变观念，强调“产教融合”“校企合作”，力求通过实际项目参与、企业实习等方式提升学生的实践能力。例如，国内某知名财经类院校与多家金融机构建立合作关系，共同开发金融科技课程，让学生在真实项目中学习区块链、大数据分析等前沿技术，这种变革标志着我国财经职业教育正逐步向国际化、实用化方向迈进。

在全球财经职业教育领域，国内外在教育理念上展现出显著的差异与创新。这种差异不仅体现在对财经人才培养目标的设定上，更深刻地影响着教学模式、课程设置以及对学生综合能力的培养路径。

（1）国际视角：强调实践与创新

在国际上，尤其是欧美等发达国家，财经职业教育更加注重实践与创新能力的培养。这些国家的教育理念强调“能力为本”，鼓励学生将所学知识直接应用于解决实际问题中。以美国为例，其财经职业教育注重培养学生的批判性思维、团队协作及解决问题的能力，美国的许多商学院不仅提供扎实的理论基础，还通过案例研究、模拟交易、商业竞赛等多种形式，让学生在实践中深化对财经知识的理解。此外，他们还特别重视培养学生的创新思维和批判性思考能力，鼓励学生敢于挑战传统观念，勇于探索未知领域。这种教育理念下培养出的财经人才，不仅具备扎实的专业技能，更拥有敏锐的市场洞察力和决策能力，具备应对复杂商业环境的素质。

（2）国内现状：理论与实践并重，侧重有所不同

当前，国内的财经职业教育在理念上逐渐与国际接轨，但也保留了自身的特色，主要强调理论与实践并重，但在具体实施过程中，不同地区、不同院校之间在理论与实践的侧重点上存在明显差异。

理论与实践的双重关注：随着教育改革的深入，我国财经职业教育界普遍认识到，仅仅依赖传统的理论教学已难以满足现代社会对财经技能人

才的需求。因此，越来越多的院校开始注重实践教学环节，通过建立校内实训基地、校企合作项目、模拟交易竞赛等多种形式，为学生提供更多动手实践的机会。同时，理论知识的传授也并未被忽视，各职业院校不断更新教材内容，引入国内外最新的财经理论与研究成果，确保学生掌握扎实的理论基础。

理论与实践的侧重差异：然而，在实际操作中，不同院校在理论与实践的侧重上呈现出多样化的特点。一些历史悠久、学术氛围浓厚的财经类院校，往往更加注重理论研究的深度与广度，通过开设高级经济学、金融学等前沿课程，引导学生深入探讨财经领域的核心问题。这些院校注重培养学生的理论素养和批判性思维能力，为其未来从事学术研究或高端财经管理工作打下坚实基础。一些新兴的财经类职业院校更加侧重于实践教学和职业技能的培养。这些院校往往紧密对接地方经济发展需求，通过与当地企业合作，共同开发实践教学项目，为学生提供丰富的实习实训机会。同时，针对财经行业的最新发展趋势和市场需求变化，灵活调整课程设置和教学内容，确保学生掌握实用的职业技能并具备就业竞争力。

区域差异与特色发展：我国财经职业教育还呈现出明显的区域差异。东部地区由于经济发达、企业众多，财经职业教育往往更加注重与产业界的紧密结合，强调实践技能和创新能力的培养。而中西部地区受经济条件限制，财经职业教育可能更加侧重于基础理论和通用技能的教学，以满足当地经济发展的基本需求。这种区域差异也促使各院校在财经职业教育中探索出各具特色的发展路径。

我国财经职业教育在理论与实践并重的基础上，呈现出多样化的侧重特点。不同院校根据自身实际情况和市场需求变化灵活调整教学策略和侧重点，共同推动财经职业教育的持续健康发展。同时，这种侧重差异也为财经职业教育注入了更多的活力和创新元素，有助于培养出更多符合市场需求的高素质财经人才。

（3）教育理念的创新趋势

随着全球经济的快速变化和数字技术的迅猛发展，财经职业教育的教育理念正经历着前所未有的变革与创新。这种创新趋势不仅体现在对教学内容和方法的重新审视上，更在于对人才培养目标的深刻理解和重新定位。

一方面，财经职业教育开始更加注重学生的全面发展和终身学习能力的培养。传统上，财经教育往往侧重于知识的传授和技能的训练，但在数字经济时代，这种单一的教育模式已难以满足市场的多元化需求。因此，教育理念逐渐转向培养学生的综合素质，包括创新思维、批判性思维、团队协作能力、跨文化交流能力等。同时，强调终身学习的重要性，鼓励学生不断适应新技术、新环境，保持持续学习和成长的能力。

另一方面，财经职业教育开始积极探索跨学科的知识融合与交叉。在数字经济背景下，单一领域的知识已难以满足复杂多变的市场需求，复合型人才成为市场的新宠。因此，财经职业教育开始打破学科壁垒，将经济学、管理学、信息技术等多个领域的知识有机融合，构建跨学科的知识体系。这种跨学科的教育理念不仅拓宽了学生的视野和知识面，也培养了他们的跨界整合能力和创新思维。

此外，随着大数据、人工智能等先进技术的广泛应用，财经职业教育也开始将这些技术引入教学过程，推动数字化转型。这种数字化转型不仅体现在教学手段的革新上，如采用智能教学平台、虚拟仿真实验室等先进工具，还体现在教学内容的丰富化和个性化上。通过利用大数据分析学生的学习行为和效果，财经职业教育可以更加精准地定位学生的学习需求和能力短板，为他们提供更加个性化和精准化的教学服务。

在具体实践中，许多财经类职业院校已经开始尝试这些教育理念的创新。例如，一些院校通过建立跨学科的教学团队和科研平台，鼓励教师之间的跨学科合作与交流；同时，通过引入项目式学习、翻转课堂等新型教学模式，激发学生的学习兴趣和创造力。这些创新实践不仅提升了教学质量和效果，也为财经职业教育的未来发展提供了新的思路和方向。

（4）具体案例与成效

以下几个不同特点的具体案例，可以较全面地展示财经职业教育在理论与实践相结合方面的多样性和创新性，不仅为我们提供了宝贵的实践经验，也揭示了不同路径下的成功要素。

案例一：某财会职业学院的数据分析实训项目

某财会职业学院紧跟数字经济发展趋势，率先在财经类专业中引入数据分析实训项目。该项目不仅涵盖了统计学、经济学等基础理论课程，还深度融合了 Python 编程、大数据分析等信息技术课程。通过校企合作，学院与企业共同搭建大数据平台，让学生参与到真实的企业数据项目中，进行市场调研、风险评估、客户行为分析等工作。此项目不仅显著提升了学生的数据分析能力，还增强了他们的实战经验和团队合作精神，毕业生在就业市场上广受好评。

案例二：某金融职业学院的金融科技创新实验室

某金融职业学院则另辟蹊径，建立了金融科技创新实验室。该实验室不仅配备了先进的金融科技软硬件设施，还邀请了业界专家和学者担任导师，定期举办金融科技沙龙和研讨会。学生们在导师的指导下，围绕区块链、人工智能、数字货币等前沿领域开展项目研究。实验室还积极对接行业资源，组织学生参与各类金融科技竞赛，多次获得国内外大奖。这一模式不仅培养了学生的创新意识和实践能力，也为学院在金融科技领域树立了良好的品牌形象。

案例三：某职业大学的产教融合实训基地

某职业大学则依托其强大的行业背景和校友资源，建立了多个产教融合实训基地。这些基地涵盖了银行、证券、保险等多个财经领域，为学生提供了丰富的实习和就业机会。学校通过与企业签订合作协议，共同制定人才培养方案和教学计划，确保学生所学知识与行业需求紧密对接。同时，基地还定期举办专题讲座、职业发展规划等活动，帮助学生更好地了解行业动态和职业规划。这种模式有效缩短了理论与实践之间的距离，提升了学生的就业竞争力和职业素养。

案例四：某财经职业学院的跨学科融合课程

某财经职业学院在跨学科融合方面做出了积极探索。学院开设了“财经 + IT”复合专业方向，将会计、金融等财经类专业课程与计算机科学、数据科学等信息技术课程有机结合。通过模块化课程设计，学生可以根据自己的兴趣和职业规划选择相应的模块进行深入学习。此外，学院还鼓励教师开展跨学科研究，促进财经与 IT 领域的学术交流与合作。这种模式培养了一大批既懂财经又懂技术的复合型人才，满足了市场对跨界整合人才的需求。

近年来，国内财经职业教育在理论与实践相结合方面取得了显著成效。上述案例不仅展示了多样化的教育模式和创新路径，也为其他院校提供了宝贵的借鉴经验。未来，随着数字经济的不断发展，财经职业教育将继续深化改革与创新，为培养更多适应市场需求的高素质财经人才贡献力量。

（5）总结与展望

国内外财经职业教育在教育理念上既存在差异又相互借鉴。国际财经教育强调实践与创新能力的培养，为国内财经职业教育提供了宝贵的经验借鉴；而国内财经教育在保持自身特色的同时，也在不断探索与国际接轨的创新路径。未来，随着数字经济的深入发展，财经职业教育将更加注重跨学科知识的融合与创新能力的培养，为社会经济的高质量发展提供有力的人才支撑。

2. 课程体系与教学内容的对比

在深入审视国内外财经职业教育现状的进程中，对课程体系及教学内容进行详尽而深刻的对比分析显得尤为关键且重要。此对比工作不仅对于促进教育质量的显著提升具有根本性的意义，而且直接关系到学生未来步入职场后的竞争力与持续发展的潜力。

（1）国际视角：课程体系的前沿性与创新性

在国际层面，欧美等发达国家的财经职业教育体系展现出了高度的前瞻性和创新性。这些国家的财经职业教育课程体系往往融合了最新的行业动态和技术趋势，注重培养学生的创新思维和实践能力。例如，美国许多商学院将金融科技、区块链技术、人工智能应用等新兴领域纳入必修或选修课程，使学生在掌握传统财经知识的同时，也能紧跟时代发展的节奏。此外，这些国家的课程体系还强调跨学科整合，通过设置交叉学科课程，如“金融科技与法律”“大数据分析在市场营销中的应用”等，以培养学生的综合能力和跨界思维。在具体教学内容上，国际先进财经职业教育机构注重理论与实践相结合。他们不仅提供扎实的理论基础，还通过案例分析、模拟交易、实地调研等多种方式，让学生在实际操作中深化对知识的理解；同时，还积极引入业界专家作为客座讲师，分享行业前沿动态和实战经验，为学生提供第一手的市场信息和职业规划指导。

（2）国内现状：传统与现代的碰撞与融合

相比之下，我国财经职业教育的课程体系与教学内容在近年来虽有显著提升，但仍存在一定的滞后性。许多财经类职业院校的课程体系仍侧重于传统财经理论知识的传授，如会计学原理、财务管理、经济法等基础课程。这些课程对于构建学生的财经知识体系至关重要，但在数字化、智能化的今天，其局限性也日益显现。因此，国内部分财经类职业院校开始尝试对课程体系进行改革与创新。通过增设信息技术类课程、引入大数据分析、人工智能等前沿技术课程，努力提升学生的信息技术能力和创新思维。同时，这些院校还积极与行业企业合作，共同开发具有行业特色的实践课程，如“金融科技项目实训”“区块链技术应用与开发”等，旨在让学生在真实的工作场景中学习和成长。然而，尽管国内财经职业教育在课程体系与教学内容上取得了一定进步，但仍然存在着部分课程之间的衔接不够紧密，导致知识碎片化；实践教学环节相对薄弱，缺乏足够的实践机会和平台；课程内容更新速度较慢，难以跟上行业发展的最新动态等问题。

（3）深度对比与启示

财经职业教育作为培养未来经济领域技能型人才的重要环节，其课程体系与教学内容的质量与更新速度直接关系到学生的就业竞争力及社会经济的持续发展。通过深入剖析国内外财经职业教育体系的异同，不仅能够寻找出宝贵的启示，还能为推动我国财经职业教育的国际化进程和质量提升提供有力的依据。

前瞻性与实用性并重的课程体系设计是财经职业教育的核心所在。这不仅要紧跟时代步伐，预见并引领财经行业的前沿趋势，如金融科技、绿色金融等新兴领域的崛起，更要确保所学知识与技能的实用性，能够直接应用于解决实际工作中遇到的问题。例如，可以借鉴国外一些知名财经院校的课程设置，如哈佛商学院的“金融科技与创新”课程，它融合了最新的金融科技理论与实战案例，既培养了学生的前瞻性思维，又增强了他们的实际操作能力。同时，还应根据国内市场的实际需求，适时调整和优化课程内容，确保学生毕业后能够快速适应工作岗位。

跨学科整合是提升财经职业教育质量的重要途径。财经领域的问题往往涉及多个学科的知识和技能，如经济学、管理学、信息技术等。因此，打破学科壁垒，促进多学科的深度融合与交叉发展，对于培养学生的跨界整合能力和创新思维具有重要意义。可以通过设置跨学科课程、举办联合讲座和研讨会等方式，加强不同学科之间的交流与合作。例如，财经系部可以与计算机系部合作开设“金融大数据分析”课程，让学生在掌握财经知识的同时，也能熟练运用信息技术手段进行数据分析与决策支持。

理论与实践相结合的教学模式是财经职业教育不可或缺的一环。传统的理论教学往往侧重于知识的传授和理论体系的构建，而忽视了对学生实践能力的培养。因此，需要注重理论教学与实践教学的有机结合，通过案例分析、模拟交易、实地调研等多种方式，让学生在实践中深化对知识的理解和应用能力。例如，可以与企业合作建立实训基地或实验室，让学生有机会参与真实的财经项目或交易活动，从而提升他们的实践能力和职业素养。

持续更新优化课程体系与教学内容是保持教育时效性和针对性的关键。随着财经行业的快速发展和变化，需要紧跟行业发展步伐，定期评估并更新课程体系与教学内容。这包括引入最新的财经理论、政策法规、市场动态等信息，以及淘汰过时或不再适用的课程内容。还可以通过开展教学质量评估、学生反馈调查等方式，收集和分析相关信息，为课程体系的持续优化提供有力支持。

加强校企合作是提升财经职业教育质量和学生就业竞争力的重要举措。通过与行业企业建立紧密联系，我们可以共同开发实践课程和项目，为学生提供更多实践机会和就业渠道。这不仅有助于学生将所学知识应用于实际工作中，提升他们的职业素养和综合能力；还有助于企业发现和培养潜在的人才资源，为企业的发展注入新的活力。因此，我们应该积极寻求与企业的合作机会，建立长期稳定的合作关系，共同推动财经职业教育的发展与进步。

通过对比国内外财经职业教育的课程体系与教学内容，可以清晰地发现两者之间的差异。未来，我国财经职业教育应在借鉴国际先进经验的基础上，结合自身实际情况进行改革创新，在课程体系设计上实现前瞻性与实用性的平衡，在教学内容上促进跨学科整合与交叉发展，在教学模式上注重理论与实践的有机结合，在课程体系更新上保持时效性和针对性，在人才培养上加强校企合作与产教融合。这样才能不断提升财经职业教育的质量和学生竞争力，为国家的经济发展和社会进步培养更多人才。

3. 教学方法与手段的对比

在数字经济时代，财经职业教育的教学方法与手段必须与时俱进，不断创新，以适应快速变化的市场需求和学生学习方式的转变。

（1）国际视角：教学方法的多样性及其显著成效

在财经职业教育领域中，国外教育体系凭借其多元化的教学方法，为学生的学习之路提供了坚实的指引。其中，翻转课堂这一创新教学模式，更是以其独特的魅力，在国外财经教育领域占据举足轻重的地位。一项权威调研数据显示，参与翻转课堂学习的学生，相较于传统课堂模式的学生，其自主学习能力显著提升，高出约30个百分点。这一数据充分彰显了翻转课堂在激发学生学习主动性、培养其自我学习能力方面所取得的显著成效。

案例分析作为财经教育中的经典教学手段，其影响力不容小觑。以哈佛商学院的经典案例分析课程为例，每年吸引了来自全球各地的精英学子。这些案例不仅涵盖了金融市场的重大事件，还涉及企业管理的方方面面。学生们在深入剖析案例的过程中，不仅加深了对理论知识的理解，还学会了如何在复杂多变的商业环境中作出决策。据哈佛商学院统计，超过90%的毕业生表示，案例分析课程对他们职业生涯的成功起到了至关重要的作用。

模拟交易则为学生提供了一个实战演练的绝佳平台。在英国某知名财经院校的模拟交易竞赛中，学生们通过模拟投资，体验了股票市场的波诡云谲。竞赛结束后，不少学生表示，他们不仅学会了如何分析市场趋势、制定投资策略，还深刻体会到了风险与收益并存的道理。这项竞赛的举办，不仅提高了学生的实践能力，还为他们未来的职业发展奠定了坚实的基础。

德国的双元制职业教育，更是国外教学方法多样性的杰出代表。数据显示，双元制职业教育模式下，学生的就业率高达95%以上，远超普通大学毕业生。这种“学校+企业”的教学模式，让学生在接受理论知识教育的同时，还能在企业中接受实践操作培训，从而实现了理论与实践的无缝对接。例如，在慕尼黑某汽车制造企业的双元制培训项目中，学生们不仅要在学校学习机械工程知识，还要在企业中参与汽车生产线的实际操作和维护工作。这种教学模式不仅让学生掌握了扎实的专业技能，还培养了他们的团队协作精神和职业素养。

（2）国内现状：教学方法的本土化探索与显著进步

在我国财经职业教育领域，同样不乏教学方法的创新与探索。许多院校积极引入项目教学法、任务驱动法等现代教学方法，鼓励学生主动参与、合作探究。以某财经职业学院为例，该校引入项目教学法后，学生们被分为不同的小组，每个小组负责一个具体的财经项目。在项目实施过程中，学生们需要运用所学知识解决实际问题，并与小组成员紧密合作。这种教学方式不仅提高了学生的实践能力，还培养了他们的团队协作精神和创新意识。据统计，该校项目教学法实施以来，学生满意度提高了20%，项目完成质量也得到了显著提升。

近几年，国内财经类职业院校还充分利用互联网技术的发展优势，建设线上教学平台，为学生提供更加丰富的教学资源和互动工具。职教云、泛雅等在线学习平台上不仅包含了大量的财经案例、视频教程等学习资源，还设置了在线讨论区、作业提交系统等功能模块。学生们可以通过平台随时随地进行学习交流，分享自己的学习心得和困惑。数据显示，这些在线平台日均访问量、用户活跃度持续攀升，不仅极大地提升了教学效果和学生的学习体验，也为国内财经职业教育的数字化转型提供了有力支撑。

（3）深度对比与启示

教学方法与手段的创新实践是财经职业教育数字化转型的重要组成部分。通过对国内外在教学方法与手段的创新实践方面的对比，可以从多个层面汲取经验。

国际视角下的教学方法多样性为我国提供了宝贵的借鉴。翻转课堂、案例分析、模拟交易以及双元制职业教育等模式，都展现了其在提高学生学习主动性、实践能力及职业素养方面的显著成效。我国财经职业教育可以结合自身实际，逐步引入并优化这些教学模式，使其更好地适应国内学生的需求和特点。

越来越多的国内财经类职业院校开始注重教学方法的本土化探索与创新。项目教学法、任务驱动法等现代教学方法的引入，不仅丰富了教学手段，也有效提升了学生的学习效果和满意度。同时，互联网技术的快速发展为财经职业教育提供了更加广阔的空间。线上教学平台的建设和应用，不仅打破了时间和空间的限制，也为学生提供了更加丰富、便捷的学习资源和互动机会。这些创新实践为我国财经职业教育的数字化转型奠定了坚实的基础。

教学方法与手段的创新并非一蹴而就。在借鉴国际先进经验的同时，我们需要结合国内财经职业教育的实际情况，进行深入的调研和试点，确保创新实践的可行性和有效性。同时，还需要加强师资队伍建设，提高教师的教学能力和水平，为教学方法与手段的创新提供有力的人才保障。

未来，财经职业教育的教学方法与手段将继续朝着多元化、智能化的方向发展，随着人工智能、大数据等技术的不断成熟和应用，财经职业教育将能够更加精准地分析学生的学习需求和特点，为他们提供更加个性化、高效化的学习方案；虚拟现实、增强现实等技术的应用也将为财经职业教育提供更加生动、直观的教学场景和体验。这些都将为财经职业教育的发展注入新的活力和动力。

4. 实践教学与校企合作融合的对比

在财经职业教育的转型与创新过程中，实践教学与校企合作的深度融合是关键环节之一。这种深度融合不仅能够为学生提供更加贴近实际工作场景的学习体验，还能有效提升学生的实践能力和职业素养，增强毕业生的就业竞争力。

（1）国际视角：实践教学与校企合作深度融合

在探讨国外财经职业教育的卓越之处时，需要深入剖析其实践教学与校企合作的深度融合模式。这一模式不仅为学生提供了丰富多样的学习体验，更在无形中塑造了他们的职业素养和实战能力，为未来的职业生涯铺设了坚实的基石。

多元形式、深度体验的实践教学。在国外财经职业教育体系中，企业实习被视为连接理论与实践的桥梁。学生们有机会走出象牙塔，深入到金融、会计、管理等各个领域的真实工作环境中，亲身体验职场文化，掌握实际操作技能。例如，在英国的一些商学院，学生可以通过“三明治课程”模式，在学习阶段安排一年时间进行全职工作实习，这种深度的企业融入让学生们在毕业前就能积累宝贵的职场经验。工作坊作为实践教学的另一种重要形式，为学生提供了一个集思广益、动手实践的平台。在这里，学生们围绕特定的财经主题或项目，通过小组讨论、案例分析、角色扮演等方式，深入探索理论知识在实践中的应用。德国的双元制教育模式便是其中的佼佼者，它将企业培训与学校教育紧密结合，通过在企业内部设立工作坊，让学生们在导师的指导下，参与到产品研发、市场分析、财务管理等实际工作中，从而实现技能的全面提升；美国的商学院定期举办的商业计划大赛是实践教学中的另一种显著特色的方式，这些大赛鼓励学生组建跨学科、跨年级的团队，针对市场痛点提出创新商业方案，并通过路演、答辩等形式争取风险投资。这种高强度的模拟竞赛，不仅考验了学生的创新思维、商业洞察力和团队协作能力，还为他们搭建了与业界精英交流互动的桥梁，为他们未来的创业或职业发展奠定了坚实的基础，据统计，许多著名的科技公司和初创企业都源于这些商业计划大赛的优胜项目。

实现共赢的校企合作。国外财经职业教育之所以能实现实践教学与校企合作的深度融合，离不开双方共同的努力和紧密的合作。学校通过与企业建立长期的战略伙伴关系，共同设计课程体系、开发教学资源、实施实践教学项目，确保教学内容的时效性和实用性；而企业则通过参与教学过程，提前锁定并培养符合自身需求的高素质人才，降低了招聘成本和培训成本。这种双赢的合作模式，不仅促进了教育资源的优化配置，也推动了财经职业教育与产业界的深度融合。

通过多元化的实践教学形式、深度的校企合作模式以及双方共同的努力和投入，这些国家成功地培养了一大批具备实战能力、创新思维和职业素养的财经职业人才。国外财经职业教育在实践教学与校企合作的深度融入方面，为国内提供了宝贵的经验和启示，让我们在反思中前行，在借鉴中创新。

（2）国内现状：实践教学与校企合作普遍融合不足

近年来，随着国内财经职业教育的快速发展，校企合作作为提升教育质量、促进产教融合的重要途径，已经得到了广泛的关注与实践。各类财经类职业院校纷纷迈出校门，积极寻求与企业的深度合作，共同开展人才培养、技术研发、开设订单班等一系列活动，旨在为社会输送更多符合市场需求的高素质技能型财经人才。尽管取得了一定的成绩，但实践教学与校企合作的融合仍普遍存在诸多不足，针对这些问题亟待寻找解决之道。

从实践教学的角度来看，当前国内财经职业教育在实践教学环节上仍存在较大的提升空间。一方面，部分院校的实践教学内容与实际工作需求脱节，导致学生所学难以应用于实际工作之中；另一方面，实践教学的师资力量相对薄弱，许多教师缺乏实际工作经验，难以为学生提供具有针对性的指导和帮助；此外，实践教学资源的匮乏也是制约实践教学质量的重要因素之一。这些问题不仅影响了学生实践能力的培养和提升，也制约了财经职业教育整体水平的提升。

从校企合作的角度来看，双方还需要在更深层次上进行融合。当前，许多院校与企业之间的合作还停留在表面层次上，如共同开展人才培养、技术研发等。然而，要想实现真正的产教融合和校企合作共赢，还需要在更深层次上进行合作和探索。例如，院校可以与企业共同建立研发中心或创新实验室等创新平台，共同开展技术研发和成果转化工作。这样不仅可以促进企业的技术创新和产业升级，还可以为院校提供更多的科研项目和实践机会，提升院校的科研实力和教学水平。但这些校企合作类型对于财经类职业院校还是有较大难度的，财经类专业所面向的岗位更多的是熟练操作，而不是研发。很多职业院校的工科类专业与企业共同开设订单班或冠名班等特色班级，根据企业的实际需求定制人才培养方案和教学计划。但是，对于普通企业来说，财经类专业所面向的岗位数量往往不多，不会像工厂那样需要数量众多的技术工人，这是当前限制财经类职业院校开展校企深度合作的重要原因。

在财经职业教育的转型与创新过程中，实践教学与校企合作的深度融合是关键环节之一，对于国内实践教学与校企合作的融合所存在的不足，还需要校企双方通过深入的沟通与合作、共同的创新与探索以及全面的资源共享与利用，才能实现真正的产教融合和校企合作共赢的目标。国内外财经职业教育在理念、课程、方法及实践等方面均存在显著差异与共性。

通过对比与分析，我们可以汲取国外先进经验并结合国内实际情况进行本土化创新，从而推动财经职业教育走向更高水平的发展阶段。

二、教育模式与人才培养目标的滞后性

在深入探讨财经职业教育的现状时，一个不可忽视的问题是教育模式与人才培养目标的滞后性。这种滞后性不仅体现在教学内容与方法的陈旧上，更深层次地影响了学生综合素质的培养及其适应未来职场的能力。

1. 教学内容与行业需求脱节

财经职业教育中，教学内容与行业需求之间的脱节问题日益凸显，成为制约教育质量和学生就业竞争力的重要因素。具体表现为以下几个方面。

（1）理论滞后于实践

随着数字经济的快速发展，财经行业的技术、法规和商业模式日新月异。然而，许多财经类职业院校的课程设置和教学内容更新缓慢，未能及时反映行业最新进展。例如，在金融科技迅速崛起的背景下，区块链、人工智能、大数据等技术在金融行业的应用日益广泛，但部分院校的相关课程却仍停留在理论介绍层面，缺乏深入的实践案例和前沿研究，导致学生难以掌握解决实际问题的能力。

（2）缺乏行业前沿知识

行业的前沿技术和趋势是财经职业教育不可或缺的一部分，但当前的教学体系往往侧重于传统知识和技能的培养，对新兴领域如数字货币、智能投顾、绿色金融等的介绍和探讨不够深入。这导致学生毕业后难以迅速适应市场需求，错失就业机会。

（3）忽视跨学科技能培养

在数字经济时代，单一领域的专业技能已难以满足复杂多变的市场需求。然而，许多财经职业教育机构在课程设置上仍然过于专注财经专业知识本身，忽视了信息技术、数据分析、市场营销等跨学科技能的培养。这种教育模式导致学生知识结构单一，缺乏跨界整合能力和创新思维，难以在竞争中脱颖而出。

（4）实践教学环节薄弱

实践教学是财经职业教育的重要组成部分，对于培养学生的实际操作能力和职业素养至关重要。然而，部分院校由于资源有限或观念滞后，实践教学环节设置不足或效果不佳。学生缺乏真实的职场环境和项目实践机会，难以将理论知识有效转化为实际工作能力。

（5）忽视综合素质教育

在快速变化的职场环境中，良好的沟通能力、团队协作能力、领导力等综合素质同样重要。然而，传统财经职业教育往往过于强调专业技能的培养，而忽视了对学生综合素质的关注和培养。这导致部分学生在步入职场后难以适应团队合作和项目管理的需求，影响了个人职业发展和组织绩效。

通过上面的分析可以看出，财经职业教育的教学内容与行业需求之间的脱节问题主要体现在理论滞后于实践、缺乏行业前沿知识、忽视跨学科技能培养、实践教学环节薄弱以及忽视综合素质教育等方面。这些问题不仅制约了财经职业教育的发展质量，也影响了学生的就业竞争力和职业生涯发展。因此，财经职业教育机构需要密切关注行业动态和市场需求变化，及时调整和优化教学内容和方法，以培养出更符合市场需求的财经专业人才。

2. 教学方法缺乏创新性与互动性

在财经职业教育中，教学方法缺乏创新性与互动性已成为制约教育质量提升的关键瓶颈之一。这一现状不仅影响了学生的学习兴趣和积极性，也限制了他们综合素质和实践能力的培养。

（1）传统讲授法的局限性

长期以来，许多财经类职业院校仍主要采用传统的讲授法进行教学。这种教学方法以教师为中心，强调知识的传授而非能力的培养，忽视了学生在学习过程中的主体地位。传统讲授法往往侧重于理论知识的灌输，缺乏对学生思考能力和问题解决能力的培养，导致学生被动接受知识，难以形成深入理解和批判性思维。

（2）缺乏多样化的教学手段

在数字经济时代，现代信息技术为教学方法的创新提供了广阔的空间。然而，许多财经类职业院校在教学手段的运用上仍显保守，缺乏多样化和现代化的教学工具。例如，大数据、云计算、虚拟现实（VR）、增强现实（AR）等技术在教育领域的应用潜力巨大，但实际应用却相对较少。这些技术手段能够为学生提供更加直观、生动的学习体验，激发学生的学习兴趣和参与度，但在财经职业教育中尚未得到充分利用。

（3）互动教学的缺失

互动教学是提升教学质量和效果的重要途径。然而，在财经职业教育中，互动教学的实践并不普遍。许多课堂仍停留在教师讲、学生听的单向交流模式上，缺乏师生之间、学生之间的有效互动。这种教学模式无法充分调动学生的主动性和创造性，也难以培养学生的沟通能力和团队合作精神。互动教学的缺失还表现在教学反馈机制的不足上，教师难以及时获取学生的学习情况和反馈意见，从而无法对教学方法进行及时调整和优化。

（4）实践教学环节的薄弱

实践教学是财经职业教育不可或缺的重要组成部分。然而，许多财经类职业院校在实践教学环节上仍存在较大不足。一方面，实践教学内容相对单一，往往局限于模拟实验和案例分析等传统形式，缺乏与真实行业环境的紧密结合；另一方面，实践教学资源有限，难以满足学生的个性化需求和创新能力的培养。此外，部分院校由于场地、设备、师资等方面的限制，对实践教学的重视程度不够，实践教学计划不够系统和全面，学生在校期间缺乏足够的实践经验和能力积累。

（5）忽视学生个体差异与个性化教学

每个学生都有其独特的学习风格和兴趣点，但传统的教学方法往往忽视了学生的个体差异和个性化需求。在财经职业教育中，这种忽视尤为明显。教师往往采用统一的教学进度和难度标准来要求学生，忽视了学生在学习能力、兴趣爱好等方面的差异。这种“一刀切”的教学方式不仅难以激发学生的学习动力和创造力，还可能导致部分学生因难以适应教学节奏而失去学习兴趣和信心。因此，个性化教学在财经职业教育中的推广和实施显得尤为重要。

为了应对上述问题，财经类职业院校应积极探索和创新教学方法和手段。通过引入现代信息技术手段、加强师生互动、丰富实践教学内容、重视个性化教学等方式来激发学生的学习兴趣和积极性，提高他们的综合素质和实践能力。同时，还应加强与行业企业的合作与交流，及时了解行业动态和需求变化，不断调整和优化教学内容和方法，确保财经职业教育与行业需求的有效对接。

3. 实践教学环节薄弱

在财经职业教育体系中，实践教学环节的薄弱是另一个亟待解决的问题。当前，许多财经类职业院校的实践教学往往流于形式，缺乏系统性、有效性和针对性，难以真正提升学生的实践能力和职业素养。

（1）资源投入不足

实践教学需要相应的场地、设备、教学软件等资源支持，但许多院校在实践教学资源上的投入明显不足。这导致学生在进行实践操作时面临设备陈旧、软件过时等问题，难以接触到行业前沿的技术和工具。由于缺乏足够的资源保障，使得实践教学难以达到预期的效果。

（2）课程体系设计不合理

有些财经类职业院校的课程体系设计未能充分考虑到实践教学的需求，课程设置中理论课程比例过高，而实践课程相对较少，且往往缺乏连贯性和系统性；实践课程的内容与行业标准、企业实际需求脱节，导致学生所学难以应用于实际工作中。不合理的课程体系设计会严重限制实践教学的深度和广度。

（3）校企合作机制不健全

校企合作是提升实践教学质量的重要途径之一。然而，目前许多财经类职业院校的校企合作机制尚不健全。一方面，部分院校缺乏与企业的深度合作，导致实践教学环节缺乏真实的企业环境和项目支持；另一方面，即便建立了校企合作关系，在合作过程中也往往存在沟通不畅、协调困难等问题，影响了实践教学的顺利开展。这种不健全的校企合作机制使学生难以获得充分的实践机会和真实的职业体验。

（4）师资力量薄弱

实践教学的质量很大程度上取决于师资队伍的水平。然而，目前许多财经类职业院校的实践教学师资队伍普遍存在数量不足、实践能力不高的问题；部分教师缺乏实践经验，动手能力不足，难以胜任实践教学工作；

同时，职业院校也未能为实践教师提供足够的培训和发展机会，导致专业教师们难以跟上行业发展的步伐。这种师资力量的薄弱严重制约了实践教学水平的提升。

（5）评价体系不完善

实践教学的评价体系也是影响其效果的重要因素之一。目前许多财经类职业院校的实践教学评价体系尚不完善，存在评价标准模糊、评价方式单一等问题。这种不完善的评价体系使得实践教学的效果难以得到客观、准确的评估，也无法为学生提供有效的反馈和指导。因此，需要建立完善的实践教学评价体系，以促进学生实践能力的提升和综合素质的培养。

实践教学环节的薄弱已成为当前制约财经职业教育质量提升的关键因素之一。为了提升学生的实践水平和动手能力，财经类职业院校需要加大资源投入、优化课程体系设计、健全校企合作机制、加强师资队伍建设和完善评价体系等多方面的努力。只有这样，才能确保实践教学环节的有效性和针对性，为培养财经职业人才奠定坚实基础。

4. 忽视学生综合素质与创新能力的培养

在财经职业教育中，一个显著且亟待解决的问题是对学生综合素质与创新能力的培养不足。当前教育体系往往过于注重专业知识与技能的传授，却在一定程度上忽视了对学生综合素质和创新能力的培养，这已成为制约财经职业教育质量提升的关键因素。

（1）综合素质培养的缺失

财经职业教育应当是一个全面培养学生能力的过程，不仅包括专业技能的掌握，还应涵盖人文素养、沟通能力、团队协作能力、批判性思维等多方面的综合素质。然而，在实际教学中，这些方面往往被边缘化。例如，人文素养的培育被简化为几门文化选修课程，缺乏系统性和深入性；沟通能力与团队协作的训练则更多地依赖于学生自发组织活动，缺乏系统的指导和评价。这种综合素质培养的不足，使得学生在面对复杂多变的工作环境时显得力不从心。

（2）创新能力培养的忽视

在数字经济时代，创新能力是职场竞争力的重要组成部分。然而，当前的财经职业教育体系在创新能力培养方面显得尤为薄弱。一方面，课程设置上缺乏足够的创新元素，传统的知识传授方式难以激发学生的创新思维；另一方面，教学方法单一，缺乏启发式、探究式等能够促进学生主动思考、勇于探索的教学方法。此外，实践教学中也往往侧重于模仿和重复，缺乏对创新实践项目的引导和支持，使得学生在面对实际问题时缺乏解决问题的创新思路和方法。

（3）评价体系的不完善

当前财经职业教育的评价体系也倾向于对知识掌握程度的考核，而对学生综合素质和创新能力的评价则相对薄弱。传统的考试方式难以全面反映学生的综合素质和能力水平，而一些尝试引入综合素质评价的项目也往往因为缺乏科学的标准和有效的手段而难以推广。这种评价体系的不完善，进一步加剧了对学生综合素质和创新能力培养的忽视。

为了改变这一现状，财经职业教育需要从根本上转变教育观念，将综合素质与创新能力的培养纳入教学目标之中，并通过优化课程设置、改革教学方法、完善评价体系等多方面的措施来加以落实。例如，可以增加跨学科课程、实践项目和团队合作任务来提升学生的综合素质，引入案例分析、角色扮演、模拟演练等多元化的教学方法来激发学生的创新思维，建立多维度的评价体系来全面反映学生的能力水平等。通过这些措施的实施，财经职业教育将能够更好地适应时代的需求和发展趋势，为培养具有综合素质和创新能力的财经人才贡献力量。

5. 人才培养目标与市场需求错位

财经职业教育的人才培养目标与市场需求之间的错位问题日益凸显，成为制约财经类职业院校发展的一大瓶颈。这种错位不仅体现在专业设置与行业需求的不匹配上，更深层次地反映在教学内容、技能培养及学生职业发展的方向上。

（1）专业设置与市场需求脱节

随着数字经济的蓬勃发展，新兴的财经业态如金融科技、大数据风控、区块链金融等迅速崛起，对既懂财经又精通信息技术的复合型人才需求激增。然而，许多财经类职业院校在专业设置上仍然沿用传统框架，未能及时响应市场需求的变化。例如，尽管市场对区块链金融人才的需求急剧增加，但部分院校尚未开设相关课程或专业，导致学生毕业后难以直接对接这类岗位。

（2）教学内容滞后于行业前沿

财经领域的知识更新迅速，新技术、新政策层出不穷。然而，一些财经类职业院校的教学内容却未能跟上这一节奏，导致学生所学知识在实际工作中难以直接应用。比如，在财务报告中，国际财务报告准则（IFRS）的不断修订对企业财务报告的编制和披露提出了更高要求，但部分院校的教学材料中仍沿用旧版准则，使学生无法掌握最新的会计处理方法。

（3）技能培养与行业需求不匹配

在数字经济时代，财经人才不仅需要具备扎实的专业基础知识，还需掌握数据分析、信息技术应用等多元化技能。然而，当前部分财经类职业院校在技能培养上仍侧重于传统财经业务操作，忽视了对学生信息技术能力、创新思维及跨学科素养的培养。例如，在银行业数字化转型的背景下，银行对员工的数字化营销能力和数据分析技能提出了更高要求，但大多数财经类职业院校的毕业生对于这些岗位的技能需求却茫然无知。

财经职业教育的人才培养目标与市场需求之间的错位问题亟待解决。院校需要紧跟市场变化，灵活调整专业设置和教学内容，强化学生信息技术能力、创新思维及跨学科素养的培养，以适应数字经济时代的发展需求。

6. 案例分析

案例一：金融科技人才短缺

近年来，随着金融科技的快速发展，互联网金融、移动支付等新兴业态不断涌现。然而，市场上却面临着金融科技人才严重短缺的问题。某知名金融科技公司在招聘过程中发现，尽管有大量财经类毕业生应聘，但真正具备金融科技背景、能够迅速上手项目开发的应聘者却寥寥无几。这一现象直接反映了财经职业教育在金融科技人才培养上的不足。

案例二：大数据分析师岗位需求增加

某职业院校在就业调研中发现，其毕业生在应聘数据分析师岗位时普遍缺乏竞争力。原因在于该校在课程设置上虽然涵盖了数据分析的基础知识，但缺乏深入的大数据处理技术和实践项目训练，导致学生难以满足企业的实际需求。

案例三：区块链金融人才匮乏

区块链技术的兴起为金融行业带来了新的机遇和挑战。然而，市场上区块链金融人才却极为稀缺。某区块链金融企业在招聘过程中发现，财经类专业的硕士、本科和专科毕业生，对区块链技术的了解都仅限于表面概念，缺乏深入理解和实际操作能力。这一现象暴露了各层次的财经教育在区块链金融人才培养上的空白。

通过上面的分析可以看到，财经职业教育的教育模式与人才培养目标的滞后性体现在多个方面，包括教学内容与行业需求脱节、教学方法缺乏创新性与互动性、实践教学环节薄弱、忽视学生综合素质与创新能力的培养以及人才培养目标与市场需求的错位等多个方面。这些方面问题的解决需要财经类职业院校从教育理念、课程设置、教学方法、实践教学及人才培养目标等多个方面入手进行全面改革与创新。

三、课程设置与教学方法的僵化

在数字经济时代，财经职业教育的课程设置与教学方法的僵化问题成为阻碍教育效果提升与高质量人才培养的一大瓶颈。随着大数据、云计算、人工智能等前沿技术的迅猛发展，财经领域正经历着前所未有的变革，对从业人员的知识结构和能力素质提出了更为严苛的要求。然而，反观当前的财经职业教育，其课程设置往往滞后于市场需求，教学方法也显得单一且缺乏灵活性，这无疑给学生的未来发展蒙上了一层阴影。

1. 课程内容陈旧，更新滞后

在深入分析财经职业教育的课程设置时，不难发现，课程内容陈旧与更新滞后的问题尤为突出。许多财经类职业院校的教材与教学内容长期未得到实质性的更新，依然侧重于讲授传统的财经理论知识，如基础的会计学原理、财务管理、金融市场学等经典课程。这些课程内容虽然构成了财经知识体系的基础框架，但在日新月异的数字经济时代，其局限性愈发明显。

随着科技的不断进步，金融科技、大数据分析、区块链技术等前沿领域正以前所未有的速度重塑着财经行业的面貌，然而，这些新兴技术在学校课程中的融入却显得迟缓而有限。具体来说，金融科技作为财经与信息技术深度融合的产物，其重要性不言而喻，但目前在多数财经类职业院校的课程体系中，金融科技相关课程要么缺失，要么仅以选修课的形式存在，且内容浅显，难以全面覆盖最新发展动态和行业应用实例；大数据分析技术作为企业决策的重要工具，同样未能得到足够的重视，学生往往只能接触到基础的数据处理技能，而对于如何利用大数据进行深度挖掘、预测分析以及制定数据驱动的财务策略等高级技能则知之甚少；至于区块链技术，这一正在全球范围内掀起变革浪潮的新兴技术，在财经类职业院校的课程中更是鲜有涉及，即便有所提及，也多是理论层面的浅尝辄止，缺乏与实际商业应用紧密结合的案例分析与实践操作。

这种课程设置滞后直接导致了学生所学知识与社会需求的脱节。当毕业生踏入职场，面对充满挑战与机遇的数字经济环境时，他们往往会发现自己在前沿技术领域的无知与不足，从而影响到职业发展的初期阶段。例如，区块链技术的普及正在推动数字货币、智能合约等领域的创新发展，而财经类毕业生由于缺乏相关知识和技能，可能难以胜任与这些新技术紧密相关的工作岗位，这无疑增加了他们的就业难度和职场适应期。因此，财经类职业院校必须深刻认识到课程更新的紧迫性，积极引入前沿领域的教学内容，以确保学生能够掌握符合时代需求的财经知识与技能。

2. 理论与实践脱节

在深入探讨财经职业教育的现状时，大家回避不了一个核心问题——理论与实践的严重脱节。当前财经职业教育的课程设置，普遍存在着过分偏重理论知识的传授，而忽视实践操作能力培养的倾向，这种倾向导致了教学内容与实际工作需求之间存在巨大差距。尽管理论知识是构建专业基础不可或缺的一环，但随着数字经济高速发展，单纯的理论积累已难以满足复杂多变的职场需求。许多财经类职业院校在课程设置上，依然沿用传统的教材和教学方法，忽视了行业发展的新动态和新技术的应用，使得学生在校期间所学内容与行业实际脱节严重。

尽管一些具有前瞻性的财经教育机构或教育企业已经认识到实践教学的重要性，并尝试引入项目教学、案例分析、模拟实训等多元化教学方法，以增强学生的动手能力和问题解决能力，但在实际操作中，这些方法还是面临资源与资金限制、师资配备不足等制约因素。大多数财经类职业院校非常缺乏符合当前岗位技能需求的实训设备和仿真环境，导致真实的实践教学活动难以充分展开；同时，具备丰富行业经验和实操能力的教师资源稀缺，使得理论教学与实践指导之间难以形成有效衔接。此外，部分职业院校对实践教学的重视程度不够，导致教学安排缺乏系统性和连贯性，学生难以在连续的、递进的实践环节中巩固理论知识并转化为实际操作能力。

这种理论与实践的脱节不仅影响了学生专业技能的掌握程度，更限制了他们创新思维和问题解决能力的培养。在数字化、智能化的工作环境中，财经从业人员不仅需要具备扎实的专业知识，更需要具备灵活运用这些知识解决实际问题的能力。然而，当前财经职业教育的现状往往可以让学生在各类考试中取得高分，却难以在实际工作中独当一面。这种情况不仅降低了学生的职业竞争力，也影响了财经类职业院校的整体教育质量和社会认可度。

3. 教学方法单一，缺乏创新性

在传统财经职业教育体系中，教学方法的单一性与创新性不足是制约教学质量与学生综合能力提升的关键因素之一。这种现状不仅限制了财经专业知识的有效传递，也阻碍了学生在数字化时代所需能力的全面发展。

（1）传统教学方法的局限性

长期以来，财经类职业院校普遍采用以教师讲授为中心的教学模式，这种“填鸭式”的教学方法往往侧重于理论知识的传授，而忽视了对学生思维能力和实践技能的培养。课堂上，教师往往是信息的主要来源，而学生则多处于被动接受知识的状态，缺乏主动参与和互动的机会。这种模式导致课堂氛围沉闷，难以激发学生的学习兴趣和积极性，同时也限制了他们独立思考和解决问题能力的发展。

（2）新型教学方法的探索与实践挑战

为了应对传统教学方法的弊端，近年来部分财经类职业院校开始尝试引入案例教学、项目式学习、翻转课堂等新型教学方法。这些方法旨在通过模拟真实工作场景，促进学生主动学习与合作探究，从而提升学生的综合能力和职业素养。然而，在实施过程中，这些新型教学方法却面临着诸多挑战。教师对新型教学方法的掌握程度参差不齐，许多教师长期习惯于传统教学模式，对于新型教学方法的理念、策略和实施步骤缺乏深入了解和实践经验，在运用时往往显得力不从心，难以达到预期的教学效果；教学资源的匮乏也是制约新型教学方法推广的重要因素，案例教学、项目式学习等方法需要丰富的案例库、项目库以及配套的教学资源支持，许多财经类职业院校由于师资、资金、技术等方面的限制，难以提供充足的教学资源来满足新型教学方法的需求；另外，学生适应性和参与度的问题也不容忽视，对于在基础教育阶段习惯了被动接受知识的学生而言，新型教学方法要求他们具备更强的自主学习能力、团队协作能力和创新思维，而职业院校的多数学生缺乏自主学习能力，会因为不适应新的教学模式而产生抵触情绪，甚至影响学习效果。

(3) 数字化教学手段应用的不足

在数字化时代背景下，大数据、云计算、人工智能等现代信息技术为财经职业教育提供了前所未有的机遇。然而，许多财经类职业院校在数字化教学手段的应用上却显得滞后和不足。一方面，部分院校缺乏必要的数字化教学基础设施和平台支持，虽然一些院校已经引入了数字化教学系统，但由于系统不稳定、功能不完善等问题，师生在使用过程中遇到诸多困扰，难以充分发挥数字化教学的优势；另一方面，教师对数字化教学手段的掌握和运用能力也有待提高，许多教师对于如何利用大数据手段进行学情分析、如何利用智能化工具设计个性化的学习路径等方面缺乏足够的知识和技能储备，这使得数字化教学手段在实际应用中难以发挥其应有的作用和价值。

教学方法的单一性与创新性的不足成为制约财经职业教育发展的重要瓶颈。为了破解这一难题，财经类职业院校需要积极探索和实践新型教学方法和数字化教学手段。同时，还需要加大教师培训和支持力度，提升教师的专业素养和教学能力。

4. 案例分析

案例一：传统教学法下的困境

某财经职业院校的金融专业学生小李，在校期间虽然系统地学习了金融学理论知识，但面对金融科技的快速发展，他却发现自己在实际操作中显得力不从心。尤其是在参与模拟投资竞赛时，面对复杂的金融模型和数据分析工具，他根本无从下手。这正是因为学校的课程设置过于偏重理论知识的传授，而忽视了对学生实践能力和信息技术能力的培养。

案例二：新型教学方法的探索与挑战

为了改变传统教学方法的弊端，某财经类职业院校引入了项目式学习模式。在该模式下，学生需要围绕一个具体的财经项目展开学习，通过团队合作、资料收集、数据分析等环节来解决问题。然而，在实施过程中，教师们发现学生普遍缺乏自主学习和团队合作的能力，导致项目进度缓慢、效果不佳。这反映出职业院校在引入新型教学方法前，需要加强对学生综合素质的培养和训练。

案例三：数字化教学资源的匮乏

随着在线教育平台的兴起，许多财经类职业院校开始尝试将数字化教学资源融入日常教学中。然而，在实际操作中，教师们却发现符合个人教学需求的高质量数字化教学资源明显不足，一些院校虽然正在大力建设在线课程和教学资源库，但由于建设周期长、建设工具复杂、建设资金不足等问题没有实现预期的教学目标。这不仅影响了数字化教学效果的发挥，也让学生对数字化教学的期待大打折扣。因此，如何丰富和优化数字化教学资源，成为当前财经类职业院校亟待解决的问题之一。

通过上述分析可以清楚地看到，财经职业教育的课程设置与教学方法的僵化问题亟待解决。需要财经类职业院校通过更新课程内容、加强实践教学环节、引入新型教学方法和丰富数字化教学资源等措施，逐步提升财经职业教育的质量和效果，培养出更多符合市场需求的财经职业人才。

四、就业市场趋势与岗位需求变化的应对不足

在数字经济迅猛发展的今天，财经领域对人才的需求正经历着前所未有的变革，而财经职业教育体系在面对这一变化时，其应对策略显得尤为不足。就业市场的趋势与岗位需求正逐步向多元化、复合型转变，然而，当前财经职业教育的现状却对市场需求变化的敏感度不足。

1. 对新兴就业形态的应对滞后

随着数字经济的发展，新兴就业形态如远程工作、平台经济、共享经

济等层出不穷，这些新兴就业模式不仅改变了传统的工作方式和职业路径，也对财经职业教育提出了新的挑战。然而，当前财经职业教育体系在应对这些新兴就业形态时显得相对滞后，这种滞后性不仅体现在课程内容与教学模式的更新上，更深刻地影响了毕业生的就业竞争力和职业发展路径。

在数字经济时代，技术进步不断催生新的商业模式和就业方式。远程办公、自由职业、在线服务等新兴业态逐渐成为主流，为求职者提供了更多元化的选择。同时，随着区块链、人工智能、大数据等前沿技术的广泛应用，财经领域的职业岗位也在快速迭代，对人才的需求从传统的会计、审计、金融等领域扩展到了金融科技、数据分析、风险管理等新兴领域。面对新兴就业形态的快速变化，财经职业教育体系往往难以迅速调整以适应这些新变化。一方面，课程内容更新滞后，未能及时纳入新兴业态的相关知识和技能要求；另一方面，教学模式和方法也较为传统，缺乏针对新兴就业形态的实践训练和虚拟仿真环境。这导致毕业生在面对这些新兴岗位时缺乏必要的准备和竞争力。

财经职业教育的滞后性不仅影响了学生的就业状况，更对其长远的职业发展产生了深远影响。由于缺乏新兴业态所需的知识和技能储备，毕业生在初入职场时可能需要花费更多时间和精力去适应和学习新领域的知识和技能。这不仅增加了他们的就业成本和风险，也可能导致他们在职业晋升和发展道路上错失良机。

2. 职业发展规划的缺失

在财经职业教育体系中，学生职业发展规划的缺失是一个十分常见的问题，它不仅关乎学生个体的未来发展，更直接影响到财经职业教育的整体质量和社会认可度。当前，许多财经类职业院校只是把职业规划当作一门普通的课程或一项竞赛，缺乏系统性和个性化的指导方案，导致多数学生对未来职业路径缺乏清晰认识，难以根据自身特点与实际情况作出科学合理的职业选择。

这种缺失体现在多个方面。一方面，职业规划教育的师资力量薄弱，许多教师自身缺乏行业实践经验，难以提供具有针对性的职业发展建议；另一方面，职业规划课程内容陈旧，未能紧跟行业发展趋势和市场需求变化，导致学生所学知识与实际就业市场脱节；再一方面，职业规划的服务形式单一，往往局限于课堂讲授和简单的职业测评，缺乏个性化咨询、实习实训、行业交流等多元化服务形式，难以满足学生多样化的职业发展需求。职业发展规划缺失的情况，增加了学生的就业迷茫感，许多学生在毕业时仍不清楚自己的职业定位和发展目标，导致在求职过程中屡屡碰壁；由于缺乏系统的职业规划和针对性的能力提升计划，学生职业竞争力的提升受到限制，使学生在求职市场上难以脱颖而出。从长期来看，职业发展规划的缺失还会影响学生对财经职业教育的整体评价，降低学校的社会声誉和吸引力。

因此，财经职业教育必须高度重视学生职业发展规划的重要性，加大投入力度，建立健全职业规划教育体系。通过引进具有行业实践经验的职业规划导师、开发与时俱进的职业规划课程、拓展多元化的职业规划服务形式等措施，为学生提供全面、个性化的职业发展指导，帮助他们明确职业目标、提升职业竞争力，为未来的职业发展提前打下基础。

3. 跨学科能力培养的忽视

在财经职业教育领域，跨学科能力的培养长期以来被忽视，这一现状不仅限制了学生的全面发展，也阻碍了财经职业教育与现代社会对复合型、创新型人才需求的对接。跨学科能力培养的缺失，实质上是教育体系中对知识融合与技能交叉重视不足的直接体现。

（1）导致学生无法面对复杂多变的职场环境

在数字经济时代，单一领域的知识和技能已难以满足市场的多元化需求，跨学科的融合能力成为衡量人才竞争力的重要指标。然而，当前财经职业教育体系中，课程设置往往过于专注本专业领域的知识传授，缺乏对其他相关学科的交叉渗透，导致学生知识面狭窄，难以适应快速变化的工作环境。

（2）影响了学生的创新思维和问题解决能力的提升

创新往往源自不同领域知识的碰撞与融合，而跨学科教育正是培养学生创新思维的有效途径。通过跨学科的学习，学生能够接触到不同的思维方式、理论框架和解决方案，从而拓宽视野，激发新的灵感。然而，在当前的财经职业教育中，跨学科教育往往被边缘化，学生的创新思维和问题解决能力难以得到有效锻炼。

(3) 制约了财经职业教育与经济社会发展的深度融合

随着全球化和信息化的不断推进，财经领域与其他行业的交叉融合日益加深，对具备跨学科能力的财经人才需求愈发迫切。然而，由于教育体系内对跨学科能力培养的忽视，财经类职业院校难以培养出适应这种跨界融合趋势的复合型人才，从而限制了财经职业教育服务经济社会发展的能力。

跨学科能力培养的忽视不仅是财经职业教育体系内的一个薄弱环节，更是制约其适应时代发展需求、提升人才培养质量的关键因素。财经职业教育需要加强对跨学科教育的重视和投入，通过构建跨学科课程体系、促进学科间的交流与合作、强化实践教学环节等方式，全面提升学生的跨学科能力。

财经职业教育在面对就业市场趋势与岗位需求变化时存在诸多不足和挑战，为了提升财经职业教育的竞争力和适应性，必须从根本上改变现有教育模式和方法，加强职业发展规划指导以及跨学科能力培养，积极适应新兴的就业形态。只有这样，才能培养出更多符合市场需求的毕业生。

五、案例剖析与问题反思

在深入探讨财经职业教育现状的过程中，通过具体案例的剖析，可以更清晰地看到当前教育体系面临的诸多挑战与不足。通过以下的典型案例，进一步分析财经职业教育在应对新兴就业市场、课程内容更新及学生能力培养方面的滞后性，并进行深入的问题反思。

案例一：金融科技企业的招聘困境

案例描述：某知名金融科技企业在招聘过程中发现，尽管收到了大量财经类职业院校毕业生的简历，但符合岗位需求的候选人却寥寥无几。该企业主要招聘岗位包括数据分析师、金融科技产品经理等，要求应聘者不仅具备扎实的财经理论知识，还需熟练掌握大数据分析、人工智能等前沿技术。然而，实际情况是，许多财经类专业毕业生虽具备财经知识，但对信息技术的掌握程度远远不够；而信息技术类专业毕业生则往往缺乏必要的财经素养，没有接触过金融场景，难以胜任涉及复杂金融业务的岗位。

问题反思：这个案例揭示出了财经职业教育在课程内容整合与跨学科能力培养方面的不足。传统财经类职业院校的财经专业往往侧重于财经理论知识与实践技能的传授，忽视了对学生信息技术能力的培养；而这些院校的信息技术类专业往往专注于计算机技术本身，未能有效融入财经元素。这种教育模式导致毕业生在就业市场上难以找到与专业完全匹配的岗位，也限制了他们在数字经济时代的职业发展空间。

案例二：新一代信息技术教育的缺失

案例描述：随着区块链、云计算、人工智能等新一代信息技术的兴起，越来越多的企业开始探索其在数字货币、供应链金融等领域的应用。然而，当某区块链初创企业尝试从财经类职业院校招聘具备区块链技术的财经人才时，却遭遇了困难，这些院校中鲜有涉及区块链技术的课程，学生对区块链的认识只是知道比特币，根本谈不上应用实践。

问题反思：该案例凸显了财经职业教育在紧跟行业前沿技术方面的滞后性。区块链作为数字经济时代的重要基础设施，其影响力正日益扩大。然而，由于教育体系未能及时响应市场需求变化，学生在新技术面前处于被动地位，无法充分把握行业发展趋势和就业机会。

案例三：跨境电商的实战能力不足

案例描述：在跨境电商蓬勃发展的背景下，一家外贸企业急需招聘一批既懂国际贸易规则又精通跨境电商运营的人才。然而，在面试过程中，企业发现大多数财经商贸类专业的毕业生虽然掌握了国际贸易的基本理论，但在跨境电商平台的实际操作、数据分析、营销推广等方面却显得力不从心。他们往往缺乏实战经验，难以快速适应工作岗位的需求。

问题反思：此案例揭示了财经职业教育在实践教学环节上的薄弱之处。跨境电商作为数字经济时代的新型贸易方式，对人才的要求不仅限于理论知识的掌握，更在于实践能力和创新思维的培养。然而，当前财经职业教育体系中的实践教学环节往往流于形式，缺乏与真实市场环境的紧密对接，导致学生在就业市场上缺乏竞争力。

通过这几个案例的剖析与反思，可以更加清晰地看到财经职业教育在应对新兴就业形态、课程内容更新及学生能力培养方面所面临的严峻挑战。为了提升财经职业教育的竞争力，必须深入剖析这些问题背后的原因，积极探索有效的解决路径。这不仅要求财经类职业院校在教育理念上进行革新，更需要在课程体系、教学模式及实践教学等方面进行全面而深入的改革。

六、总结

财经职业教育的现状呈现出一种既有机遇又充满挑战的双重局面。面对数字经济的蓬勃发展，财经职业教育在培养具备财经素养与创新能力的复合型人才方面扮演着至关重要的角色。然而，当前教育体系中的诸多问题不容忽视，如课程内容滞后于行业发展、教学模式单一、实践教学环节薄弱等，严重制约了财经人才的培养质量和社会适应能力。为解决这些问题，财经职业教育必须进行深刻的自我审视与改革，以适应市场需求的变化。

第二节　财经类职业院校计算机类专业发展的瓶颈

在财经类职业院校中，计算机类专业作为数字化转型的重要支撑力量，其发展同样面临诸多挑战。在财经类职业院校中，计算机类专业的发展不仅受到外部环境的制约，还面临着一系列内部因素的阻碍，其发展瓶颈显得尤为突出且复杂。

一、缺乏财经特色与竞争优势

由于财经类职业院校的主体是财经商贸类专业，计算机类专业往往被视为辅助性专业，这些专业的发展往往受制于其主体专业的财经背景，其发展资源和支持力度相对有限。这导致计算机类专业在课程建设、师资力量、实践教学等方面难以形成独特的财经特色，难以在激烈的竞争中脱颖而出。

从课程设置与教学内容上看，计算机类专业未能充分融入财经元素，缺乏与财经知识的深度结合。这具体体现在课程内容偏重计算机基础理论、编程语言及系统开发等传统技术领域，而缺乏与金融数据分析、风险管理、财务建模等财经领域的紧密联系。例如，一门关于数据结构的课程可能仅仅停留在算法设计与优化的层面，未能引导学生思考这些数据结构在财经分析中的实际应用，如如何优化投资组合的风险与回报分析等。

以教学实践环节方面看，计算机类专业学生缺乏与财经行业对接的机会。大多数实践项目仍然停留在技术验证或系统开发的基础层面，未能深入到财经业务场景中去解决实际问题。这种理论与实践的脱节，使得学生在面对财经行业的实际需求时显得力不从心，难以快速适应工作环境。例如，一些计算机类专业的学生在参与企业实习时，发现自己在处理财经数据时缺乏必要的财会知识背景，难以从业务逻辑出发去理解和分析问题，从而限制了他们在财经信息技术领域的发展潜力。

从教学的师资能力来看，师资力量的不足也是导致计算机类专业缺乏财经特色的重要因素之一。财经类职业院校的信息技术相关专业教师主要毕业于计算机科学与技术等专业，他们虽然具备扎实的计算机理论基础和编程能力，但对财经领域的知识了解有限。这导致在教学过程中难以将计算机技术与财经知识有机融合，无法为学生提供跨学科的视角和思维方式。因此，教师在授课时往往只能侧重于技术层面的讲解，而忽视了财经应用背景的引入。

为了克服这一瓶颈，财经类职业院校需要采取一系列措施来加强计算机类专业的财经特色建设。一方面，可以调整课程设置，增加与财经相关的选修课程或模块，如金融数据分析、财经信息系统设计等，使学生在掌握计算机技术的同时，也能具备一定的财经知识基础；另一方面，可以加强与财经类专业的交流合作，共同开发跨学科的教学项目和实践活动，让学生在实践中体验计算机技术与财经业务的深度融合。通过这些措施的实施，财经类职业院校的计算机类专业将逐渐形成自身独特的财经特色与竞争优势。

二、同质化竞争严重

在财经类职业院校中，计算机类专业面临的另一大瓶颈在于同质化竞争现象的日益加剧。这种同质化不仅体现在课程设置、教学内容上，还深入到教学模式、实训环境乃至学生就业方向等多个层面，严重制约了专业的特色化发展路径。

从课程设置与教学内容来看，多数财经类职业院校的计算机类专业往往遵循相似的框架构建课程体系，缺乏根据学校特色及区域经济特点的定制设计。例如，数据库管理、计算机网络、编程语言等专业基础课程几乎成为所有职业院校计算机类专业的标配，而对于财经特色的应用型课程，如会计基础、财经数据分析、财经软件应用等则很少涉及或仅作为选修课程出现。这种课程设置上的趋同，使得各类职业院校信息技术相关专业在知识结构和能力培养上难以形成显著差异，难以满足市场对多样化、专业化人才的需求。

从教学模式与教学方法来看，同质化也是不可忽视的问题。许多财经类职业院校在计算机类专业的教学中，仍然沿用传统的讲授式、“填鸭式”教学方法，忽视了学生主体地位和创新能力的培养。尽管部分院校开始尝试引入项目式教学、案例教学等新型教学模式，但在实际操作中往往因资源限制、师资水平等因素而难以深入实施，效果大打折扣。这种教学模式的同质化，导致学生在学习过程中缺乏主动探索和实践的机会，难以形成独特的学习体验和职业竞争力。

从教学的实训环境来看，实训环境同质化进一步限制了计算机类专业的发展空间。由于资金、场地等条件的限制，许多财经类职业院校的计算机类专业在实训环节上往往依赖于模拟软件或在线平台，难以提供贴近实际工作场景的实训环境。即便有些院校建立了校内实训基地或与企业合作建立了校外实习基地，但实训内容往往也局限于通用技能的培养，缺乏对财经领域特定需求的深度挖掘和针对性训练。这种实训环境的同质化，使得学生难以在真实的工作环境中锻炼和提升自我，影响了其未来的职业发展潜力。

从毕业生的就业环境来看，同质化竞争还导致财经类职业院校的计算机类专业在就业市场上难以形成独特的品牌效应。由于各院校毕业生在知识结构、技能水平和就业方向上的高度相似，企业在招聘时往往难以区分不同院校毕业生的优劣差异，进而降低了对特定院校毕业生的偏好度。这不仅增加了毕业生的就业难度和成本，也削弱了财经类职业院校计算机类专业在社会上的影响力和认可度。

因此，打破同质化竞争、探索差异化发展路径已成为财经类职业院校计算机类专业亟待解决的问题。具体而言，院校应根据自身特色和区域经济特点，重新定位计算机类专业的发展方向和培养目标；同时加强课程体系、教学模式和实训环境的改革创新，努力形成具有鲜明财经特色的计算机类专业品牌效应；此外还应积极拓展校企合作渠道，加强产学研用深度融合，为计算机类专业学生提供更多实践机会和就业出路。只有摆脱了同质化竞争，财经类职业院校计算机类专业才有可能在激烈的市场竞争中脱颖而出，走上特色化、差异化的职业发展路径。

三、就业市场趋势与岗位需求变化

随着信息化进程的不断加速，信息技术领域的就业市场正经历着前所未有的变革。财经类职业院校的计算机类专业毕业生在就业市场上所面临的挑战也日益凸显，其中最为显著的问题便是岗位需求的多样化和专业化趋势对毕业生能力结构提出了更高的要求。

传统的计算机类专业毕业生主要流向软件开发、网络管理、信息安全等岗位。然而，在数字经济时代，随着大数据、云计算、人工智能、区块链等新兴技术的兴起，计算机类专业的就业市场开始呈现出更加细分的趋势。企业不仅需要掌握基础编程和计算机科学理论的通用型人才，更渴望拥有能够将信息技术应用于特定行业、解决实际业务问题的复合型人才。特别是对于财经领域而言，能够深入理解金融业务流程、掌握金融数据分析技能的计算机类专业人才尤为稀缺。

这种就业市场趋势的变化对财经类职业院校的计算机类专业教育提出了严峻的挑战。一方面，传统的教学内容往往侧重于计算机科学的基础理论和编程技能，缺乏与财经领域深度融合的课程体系和实践教学项目。这导致毕业生在面对金融科技企业、金融机构等特定行业的招聘信息时，往往因缺乏相关经验和技能而被拒之门外；另一方面，随着金融科技、区块链金融等新兴业态的快速发展，市场对既懂计算机又懂财经的复合型人才需求激增。然而，由于财经类职业院校的计算机类专业缺乏与财经专业的有效联动和资源共享机制，难以培养出满足市场需求的高素质复合型人才。

为了应对这一挑战，财经类职业院校需要积极调整计算机类专业的培养目标、课程体系和教学模式。具体而言，应加强与财经专业的交流合作，共同开发跨学科课程体系和实践教学项目；引入金融数据分析、金融科技应用等前沿课程，拓宽学生的知识面和视野；加强与企业、金融机构的合作，为学生提供更多的实习实训机会和职业发展指导；加强对毕业生就业情况的跟踪调查和分析，建立与用人单位的定期沟通机制，了解他们对计算机类专业毕业生的期望和需求变化趋势。通过这些有效的措施，财经类职业院校的计算机类专业毕业生将能够更好地适应就业市场的变化和挑战，成为具备独特竞争力的技能人才。

四、资源分配不均与专业定位模糊

在财经类职业院校中，计算机类专业的发展常常受限于资源分配不均与专业定位模糊两大问题，这直接影响了该类专业的教学质量与市场竞争力。

1. 资源分配不均

从硬件设施来看，由于主体专业是财经商贸类，计算机类专业在硬件资源配置上往往处于次要地位。学校在高性能计算机设备、专业软件授权、云计算与大数据处理平台等方面的投入相对不足，难以满足专业教学与科研的实际需求。例如，在进行大数据分析、人工智能技术应用等前沿领域时，缺乏必要的硬件支撑往往导致实验项目难以深入，影响了学生的实践能力培养。在师资力量方面，计算机类专业也面临着人才资源匮乏的困境。财经类职业院校的计算机专业教师数量有限，且高水平教师比例偏低，难以满足日益增长的教学与科研需求。同时，由于学校对财经类专业的重点投入，计算机专业教师在学术交流、专业培训、科研项目申报等方面也往往处于劣势地位，这进一步加剧了师资力量的不均衡。在课程设置与实践教学资源的分配方面，财经类职业院校在课程设计上往往优先考虑财经类专业的需求，计算机类专业的核心课程与实践项目往往难以获得足够的课时与资源保障。例如，在大数据处理、云计算技术、网络安全等前沿领域的实践教学中，缺乏必要的实验环境和项目案例，导致学生难以掌握实际技能，影响了其未来的职业发展。

2. 专业定位模糊

资源分配不均的背后，往往隐藏着专业定位模糊的根本问题。财经类职业院校的计算机类专业在发展过程中，往往缺乏清晰的专业定位和发展规划。一方面，由于学校以财经类专业为主导，计算机类专业往往被视为辅助性专业，其发展方向和培养目标不够明确。这导致在专业设置、课程设置、教学模式等方面缺乏针对性和创新性，难以形成自身的特色和优势；另一方面，随着信息技术的快速发展，并渗透到社会经济的各个领域，财经类职业院校的计算机类专业在定位上往往过于宽泛和笼统，没有紧密结合财经领域的实际需求和发展趋势。这种定位模糊的现象不仅影响了专业的教学质量和市场竞争力，也限制了学生职业发展的多样性和广阔性。

五、师资力量薄弱与科研能力不足

财经类职业院校计算机类专业在发展过程中，师资力量薄弱与科研能力不足的问题是制约其专业发展的重要因素。这不仅影响了教学质量与科研创新，也限制了学生培养质量与专业特色的形成。

1. 师资力量配置不均与专业化水平不足

财经类职业院校的计算机类专业师资力量往往比财经类专业要薄弱很多。一方面，由于历史原因和专业定位的差异，计算机类专业往往难以吸引和留住高水平的师资队伍；现有教师中，具备丰富行业经验和科研能力的专家型教师稀缺，大多数教师缺乏在企业实践中的深入锻炼，难以将最新的行业技术动态融入课堂教学。另一方面，部分教师虽具备扎实的理论基础，但在财经知识应用、跨学科整合能力方面存在明显短板，难以满足财经背景下计算机类专业教学的特殊要求。而且，计算机类专业教师的专业成长路径也相对狭窄，由于学科交叉的特殊性，教师需要不断学习财经、金融、商贸等领域的新知识，以更好地将计算机技术与财经商贸实践相结合。然而，在现实中教师往往面临专业发展资源有限、培训机会不足等困境，难以有效提升自身的专业化水平和跨学科教学能力。

2. 科技创新能力有限与成果转化困难

科技创新能力是衡量高校专业发展水平的重要指标之一。然而，财经类职业院校计算机类专业的科技创新能力普遍较弱，一是研究方向不够明确，缺乏针对财经领域特定问题的深入研究；二是科研项目数量相对较少、层次较低，难以形成具有影响力的科研成果；三是科研成果转化能力不足，许多有价值的科研成果未能有效转化为教学实践或行业应用。科技创新能力的不足与师资力量薄弱密切相关，缺乏高水平的科研团队和带头人，难以形成稳定的科研方向和研究氛围。同时，科研投入不足、激励机制不健全也是制约科研创新的重要因素。教师往往面临繁重的教学任务和职称评审压力，难以抽出足够的时间和精力投入到科研工作中。此外，与财经行业企业的合作不够紧密，也限制了科研成果的转化和应用。

3. 师资培养机制不健全与激励机制缺失

财经类职业院校在师资培养机制和激励机制方面也存在诸多不足。一方面，师资培养机制不健全，缺乏系统性、针对性的培训计划和发展路径。现有培训资源往往集中于财经类专业教师，计算机类专业教师难以获得同等重视和支持。同时，跨学科交流与合作平台匮乏，难以促进教师之间的知识共享与资源整合；另一方面，激励机制缺失也影响了教师的积极性和创造性，在职称评审、绩效考核等方面未能充分体现计算机类专业教师的特殊贡献和价值，导致教师动力不足、创新意愿减弱。

因此，要突破财经类职业院校计算机类专业发展的瓶颈，必须高度重视师资队伍建设问题。通过完善师资培养机制、建立科学的激励机制、加强跨学科合作与交流等措施，不断提升教师的专业化水平和科技创新能力，为专业发展提供坚实的人才保障；同时，还应积极与财经行业企业建立紧密合作关系，共同推进科研成果的转化与应用，为专业特色建设与内涵提升注入新的活力。

六、校企合作不紧密与实习实训基地缺乏

在财经类职业院校计算机类专业的发展过程中，校企合作的不紧密以及实习实训基地的缺乏，成为制约其教学质量提升和学生实践能力增强的因素之一。这一现象不仅影响了学生对行业前沿技术的掌握和职场环境的适应能力，也限制了专业自身在行业中的影响力和竞争力。

1. 校企合作机制的欠缺

尽管许多财经类职业院校意识到校企合作的重要性，但在实际操作中，校企合作的深度和广度仍有待加强。一方面，企业往往因担心商业机密泄露、运营干扰等风险，对参与学校教学的积极性不高；另一方面，学校在寻求合作时，往往缺乏精准对接企业需求的能力，导致合作内容难以触及专业核心和前沿领域。因此，校企双方难以形成长期稳定的合作关系，导致合作项目零散、不系统，无法有效支撑计算机类专业的发展。

2. 实习实训基地的匮乏

计算机类专业强调实践操作和项目开发能力，高质量的实习实训基地是提升学生实践技能的重要平台。但是，当前许多财经类职业院校在实习实训基地建设上投入不足，导致实训设备陈旧、软件平台落后，难以满足学生掌握最新技术的需求。同时，由于校企合作不紧密，学校难以获得企业提供的真实项目资源，使得学生在校期间的实训项目往往停留在模拟阶段，难以接触到真实的业务场景和客户需求。这不仅影响了学生实践能力的提升，也限制了他们对行业发展的敏锐洞察力和创新思维的培养。

3. 资源整合与平台建设的滞后

数字时代的信息资源整合与共享对于提升职业教育质量至关重要，许多财经类职业院校在计算机类专业资源整合和平台建设方面却存在明显滞后。一方面，学校内部各部门之间缺乏有效的沟通与协作机制，导致教学资源无法充分共享和利用；另一方面，学校在外部资源的引进和整合上也缺乏主动性和创新性，难以吸引高质量的企业资源和行业专家参与教学。

这种资源整合的滞后性不仅限制了计算机类专业的发展空间，也影响了学校整体教育水平的提升。

为了破解校企合作不紧密与实习实训基地缺乏的瓶颈，财经类职业院校应积极探索新的合作模式和实习实训体系。例如，可以通过建立校企合作联盟或产业学院等形式，加强与企业的深度合作，共同开发课程、编写教材、实施项目等。学校还应该加大实习实训基地的建设投入，引进先进的实训设备和软件资源，为学生提供更加真实、丰富的实践环境。此外，还应注重行业资源的整合与共享平台的构建，促进校内外资源的有效对接与利用，为计算机类专业的发展注入新的活力与动力。

七、学生兴趣与职业规划引导不足

在财经类职业院校中，计算机类专业学生兴趣的培养与职业规划的引导是不可或缺的教育内容，但这些教育却存在着显著不足。

1. 学习兴趣的激发机制不健全

计算机专业知识的学习对于每一个渴望在科技领域有所建树的学生而言，都显得至关重要。但财经类职业院校计算机专业知识兴趣激发机制往往依赖于学生入学初的简单专业介绍和基础课程，缺乏持续且深入的引导策略。这种“一刀切”的方式忽视了学生个体差异性和兴趣多样性的存在。每个学生对于计算机科学的理解和兴趣点都可能截然不同，而单一的引导策略显然难以满足所有学生的需求。随着专业课程的逐渐深入，课程内容往往变得更为枯燥和复杂，理论知识的学习与实际应用之间也存在着明显的不同。而理论与实践的脱节，使得部分学生难以将所学知识转化为实际能力，进而逐渐丧失了对专业的热情和兴趣。

2. 职业规划指导的缺失

多数财经类职业院校缺少对计算机类专业发展的特色化职业规划指导，许多学生在入学初期对未来职业发展方向缺乏明确的目标和规划，学校虽然提供了一定程度的职业规划教育，但往往停留在泛泛而谈的层面，缺乏针对计算机类专业特点的个性化指导。这导致学生难以将所学知识与未来职业道路紧密结合，无法形成清晰的职业定位和发展路径。产生这种情况的原因，一是学校对计算机类专业的职业规划重视不足，往往将其视为“副业”而非“主业”，导致资源投入有限；二是缺乏具备行业背景和专业知识的职业规划教师，无法为学生提供精准、有效的指导；三是课程设置与市场需求脱节，学生所学知识与未来职业需求之间存在较大差距，使得职业规划难以落地。职业规划指导的缺失，使学生难以将所学知识与未来职业道路紧密结合，无法形成清晰的职业定位和发展路径，导致他们在毕业后陷入“就业难”的困境，也导致计算机专业人才的流失与错位配置，无疑会削弱计算机行业的创新能力和竞争力，阻碍其持续健康发展。

财经类职业院校在计算机类专业发展过程中，必须高度重视学生兴趣的培养与职业规划的引导。需要通过多元化的教学方法、前瞻性的课程体系、个性化的职业规划指导以及紧密的校企合作与交流，才可以有效解决当前存在的问题与挑战，为学生的全面发展和未来职业规划铺平道路。

第三节 数字化转型趋势

数字化转型已成为财经职业教育不可逆转的发展趋势。随着大数据、云计算、人工智能等技术的广泛应用，财经教育的教学模式、内容和方法正经历着深刻变革。信息技术为财经职业教育提供了更加丰富、多元的教学资源和手段，通过构建数字化教学平台、开发虚拟仿真教学软件等方式，可以有效提升教学效果和学生的学习体验；信息技术还促进了财经职业教育的个性化与差异化发展，借助大数据分析技术，可以精准把握学生的学习需求和能力水平，为每位学生量身定制学习计划和发展路径。面对数字经济的快速崛起和就业市场的深刻变化，财经职业教育必须加快数字化转型步伐，这样才能有效提升教学质量和效率，培养出更多符合市场需求的高素质财经人才。同时，数字化转型也是财经类职业院校提升自身竞争力、实现可持续发展的必由之路。

一、信息技术对财经职业教育的全面渗透

在全球数字化浪潮冲击下，信息技术全面快速地渗透至财经职业教育

领域，深刻地改变了教育生态与教学模式。这一变革不仅体现在教学资源的丰富性与多样性上，更在于其如何通过智能化手段提升教学质量与效率，进而培养出适应未来市场需求的高素质财经技能型人才。

1. 教学内容的数字化与实时更新

随着在线教育平台的兴起，财经教育内容的数字化进程加速推进。传统的纸质教材逐渐被数字教材、在线课程所取代，这些数字化资源将文字、图片、音频、视频、虚拟仿真等多种形式融合在一起，使得学习内容更加生动、直观；通过云存储和大数据分析能力，学校和教师能够实时追踪行业动态和最新研究成果，确保教学内容紧跟时代步伐，实现快速更新。美国著名的在线金融教育机构 Coursera 与多所世界顶级财经院校合作，共同开发了涵盖金融工程、投资银行、风险管理等多个领域的在线课程。这些课程不仅涵盖了最新的金融理论，还通过案例分析、模拟交易等互动环节，让学生在实践中深化理解。特别是其“金融风险管理”课程，结合了全球金融危机等真实案例，通过数据分析模型展示风险识别与评估的全过程，使学生能够直观感受到金融市场的复杂性与不确定性。

2. 教学模式的智能化与个性化

信息技术的引入极大地丰富了财经教育的教学模式。通过人工智能、机器学习等技术的应用，教育机构能够实现对学生学习行为的精准分析，从而提供更加个性化的教学方案。智能推荐系统根据学生的兴趣、能力水平和学习进度，推送定制化的学习资源和练习题目；基于生成式人工智能的辅导系统则能够实时解答学生的疑问，提供个性化的学习建议。这种智能化的教学模式不仅提高了学习效率，还激发了学生的学习兴趣和积极性。有些职业院校在大数据与会计专业中引入了智能会计虚拟仿真平台，该平台利用大数据和人工智能技术模拟真实的企业财务环境，让学生在虚拟环境中进行账务处理、税务申报等操作；平台还可以根据学生的操作情况提供即时反馈和个性化指导，帮助学生及时发现并纠正错误。这种智能化的实训模式不仅提升了学生的实践能力，还降低了实训成本和商业数据安全风险。

3. 教学管理的精细化与高效化

信息技术还促使财经教育的教学管理向精细化、高效化方向发展。通过建设智慧校园系统和校园数据中台，学校能够实现学生信息、课程安排、考试成绩、实现就业等数据的集中管理与分析。这不仅有助于提高管理效率，还能为学校未来的发展决策和教学改革提供科学依据；这些数字化管理平台还支持师生互动、生生互动等功能，促进了教育资源的共享与协作。根据教育部发布的《中国职业教育信息化发展报告（2022）》显示，我国职业教育信息化水平显著提升，超过80%的职业院校已建立数字化校园平台，实现了教务管理、学生管理、资产管理等核心业务的数字化覆盖。其中，财经类职业院校在财务管理、会计实训等领域的信息化应用较为突出，有效提升了教学管理的精细化程度和效率。这些数据充分证明了信息技术在财经教育全面渗透中的重要作用和显著成效。

二、教学模式的创新与多样化

在数字化转型的大背景下，财经职业教育的教学模式正经历着前所未有的创新与多样化发展。这一变革不仅丰富了教学手段，更极大地提升了教学互动性和学生的参与感，为财经职业教育注入了新的活力。

1. 混合式教学模式的广泛应用

混合式教学模式，即将线上学习与线下实践有机结合，已成为财经职业教育领域的热门选择。通过线上平台，学生可以随时随地访问丰富的教学资源，实现自主学习与预习、复习；线下教学则侧重于互动讨论、实操演练和答疑解惑，确保知识的深度理解和应用。这种模式不仅提高了学习效率，还培养了学生的自主学习能力和批判性思维能力。有些财经类职业院校在会计课程中采用混合式教学模式，学生通过线上平台学习会计基础理论，而线下课堂则通过案例分析、角色扮演等方式深化理解，显著提升了学生的学习兴趣和实践能力。

2. 翻转课堂的普及

翻转课堂是一种颠覆传统课堂的教学模式，它将知识传授放在课外，通过视频、阅读材料等形式完成，而课堂时间则主要用于问题解答、讨论和实操练习。这种模式使得课堂时间使用更加高效，促进了学生之间的深度交流和教师对学生个性化指导。在财经职业教育中，翻转课堂尤其适用于那些需要深入理解和灵活应用的知识点，如财务分析、投资策略等。通过翻转课堂，学生可以在课前通过视频、课件等自主学习基础知识，而在课堂上则通过与教师、同学的深入讨论和实践操作来巩固和拓展所学知识。这种教学模式有效激发了学生的学习兴趣和主动性，提升了他们的学习效果和职业素养。

3. 项目式学习（PBL）的兴起

项目式学习强调以项目为载体，让学生在解决实际问题的过程中掌握知识和技能。在财经职业教育中，项目式学习通过模拟真实的财经场景，如企业财务报表分析、投资决策制定等，使学生通过组建团队，运用所学财经知识、信息技术工具进行深入研究和分析，最终提出解决方案。这种教学模式不仅锻炼了学生的团队协作能力、问题解决能力和创新思维，还让他们在实践中深刻体会到财经知识的应用价值。例如，某院校在金融学课程中引入了一个“小微企业融资方案设计”项目，学生需要全程完成调研市场需求、评估企业信用、设计融资方案等工作环节，这样可以全面提升他们的专业素养和实战能力。

4. 虚拟现实（VR）与增强现实（AR）技术的应用

随着虚拟现实和增强现实技术的日益成熟，其在财经职业教育中的应用也越来越广泛。通过创建虚拟财经环境，学生可以在高度仿真的场景中进行学习和实践，如模拟金融市场交易、财务管理决策等。这种沉浸式学习体验极大地增强了学习的趣味性和互动性，使学生能够更加直观地理解复杂的财经概念和流程。同时，增强现实技术则可以将财经三维模型、动态图表等内容以直观、生动的形式呈现给学生，使学习过程更加直观和高效。例如，在财务管理课程中，学生可以通过 VR 设备“亲历”企业决策过程，感受不同决策对企业财务状况的影响；而在市场营销课程中，AR 技术则可以将产品展示、市场布局等以立体、互动的方式呈现给学生，提升他们的市场洞察力和策略制定能力。

三、课程内容的更新与拓展

在数字化转型过程中，财经职业教育的课程内容正经历着深刻的更新与拓展，这一过程不仅旨在跟上行业发展的最新动态，还力求培养学生的综合素养和创新能力，以适应快速变化的市场需求。

1. 前沿科技的深度融合

随着大数据、人工智能、区块链等前沿科技的迅猛发展，财经职业教育的课程内容亟须将这些新兴技术纳入其中。以大数据为例，现代财经职业教育不仅要求学生掌握基本的数据收集、处理和分析方法，还需深入理解大数据在商业决策、风险管理、客户行为预测等方面的应用。课程设计上，可以引入“大数据分析在金融市场中的应用”模块，通过具体案例分析某金融机构如何利用大数据分析优化信贷审批流程、预测市场走势等，使学生直观感受大数据的力量。同时，课程还可以涵盖大数据平台的搭建、数据可视化工具的使用等内容，增强学生的实践能力。

人工智能作为另一大热点技术，其在财经领域的应用同样不容忽视，尤其是近年来刚刚兴起的生成式人工智能。财经职业教育应增设“人工智能与财经决策”相关课程，探讨人工智能投资决策、风险管理、客户服务等方面的应用案例。例如，可以分析某大模型投顾平台如何根据用户风险偏好、财务状况等信息，运用生成式人工智能提供个性化的投资建议；或者研究某银行如何利用智能体处理客户投诉，提升服务效率和质量。通过这些生动案例，学生能够深刻理解人工智能对财经行业的影响及潜在机遇。

2. 跨学科知识的整合

财经职业教育的数字化转型还体现在跨学科知识的整合上。现代财经人才不仅需要具备扎实的财经专业知识，还应广泛涉猎法律、管理、信息技术等多个领域。因此，课程内容需进行跨学科的拓展与融合。例如，在“公司法与金融法”课程中，可以融入“金融科技法律监管”章节，探讨区块链技术在版权保护、证券交易等方面的法律问题与解决方案；在“财务管理”课程中，可以引入“信息技术在财务管理中的应用”部分，介绍RPA机器人、云计算等信息技术如何优化企业财务管理流程、提升决策效率。

3. 实战案例的深度剖析

为了增强学生的实践能力和问题解决能力，财经职业教育的课程内容应加大对实战案例的深度剖析。通过选取具有代表性的财经事件和企业案例，引导学生运用所学知识进行分析和讨论。例如，可以选取某金融科技公司在疫情期间通过大数据分析预测市场走势、优化产品设计并获得成功的案例，组织学生围绕该案例展开讨论，分析其在数据处理、模型构建、市场推广等方面的成功经验与潜在风险。这样的案例分析不仅能够加深学生对理论知识的理解，还能培养其独立思考和批判性思维的能力。

财经职业教育课程内容的更新与拓展是数字化转型的重要一环，通过融入前沿科技、整合跨学科知识、深度剖析实战案例等措施，可以不断提升课程内容的时代性、实用性和创新性。

四、教育评价体系的改革与完善

在财经职业教育数字化转型的过程中，教育评价体系的改革与完善是不可或缺的内容。传统的教育评价体系往往侧重于对学生知识掌握程度的考查，而忽视了对学生实践能力、创新思维及综合素质的全面评价。随着数字化转型的深入，教育评价体系亟须进行根本性的改革，以更好地适应数字经济时代对财经人才的新要求。

1. 多元化评价指标体系的构建

新的教育评价体系应构建多元化的评价指标，全面反映学生的综合能力。这包括但不限于知识掌握程度、实践操作能力、创新思维、团队合作能力、跨学科技能等多个维度。例如，在财经类专业中，除了传统的笔试考核外，还可以引入案例分析、模拟交易、商业计划书撰写、团队项目合作等多种形式的考核方式，以全面评估学生的理论应用能力和实际操作水平。

2. 过程性评价与结果性评价并重

传统的教育评价往往过分强调结果性评价，即通过期末考试或毕业设计等方式对学生进行一次性评价。然而，在数字化转型的背景下，过程性评价变得尤为重要。通过采用智能学习管理系统、大数据分析等手段，教师可以实时跟踪学生的学习进度、课堂参与度、作业完成情况等数据，形成连续、动态的评价记录。这种过程性评价不仅能够及时反映学生的学习状态和问题，还能够为教师提供个性化的教学反馈和调整建议。

3. 引入行业标准与企业评价

财经职业教育的目标是培养符合市场需求的技能型财经人才，这需要在新的教育评价体系中积极引入行业标准和企业评价。通过与行业协会、知名企业建立合作关系，共同制定评价标准、开发评价工具，实现学校教育与行业需求的无缝对接。企业可以通过实习实训、项目合作等方式参与学生的教育评价过程，提供基于实际工作表现的反馈和建议。这种校企联合评价模式不仅有助于学生提前适应职场环境，还能够提高毕业生的就业竞争力和职业发展空间。

4. 引入信息技术手段优化评价过程

利用大数据、人工智能等信息技术，可以实现对学生学习行为、学习习惯、学习成效等多维度数据的实时采集与分析。这些数据不仅可以帮助教师及时了解学生的学习状态，调整教学策略，还可以作为学生自我评价和同伴评价的重要依据。同时，通过建立智能化评价系统，可以自动化完成部分评价工作，减轻教师负担，提高评价效率。

5. 鼓励学生参与评价体系的构建与完善

学生是教育的主体，他们的意见和建议对于评价体系的改进至关重要。因此，财经类职业院校应建立学生反馈机制，鼓励学生积极参与评价体系的讨论和修订工作；还可以设立学生评价委员会等类似机构，让学生代表参与到评价标准的制定、评价过程的监督以及评价结果的反馈等环节中来，增强评价体系的透明度和公信力。

在数字化时代，信息技术的迅猛发展正深刻改变着教育的面貌和格局。财经类职业院校作为培养财经领域专业人才的重要基地，必须紧跟时代步伐，积极推进数字化转型进程。通过充分利用大数据、云计算、人工智能等信息技术手段，财经职业教育可以实现教学内容、教学方式以及评价体系的全面变革和创新发展。数字化转型也将成为财经类职业院校培养高素质财经人才的加速器，能够为学生提供更加优质、高效的教育资源和服务，这将有助于培养学生的实践能力、创新精神和跨学科素养，使他们更加适应市场需求和时代要求；数字化转型还将促进财经职业教育与产业界的深度融合与合作，为学生提供更多实践机会和职业发展平台，助力他们成为具有数字化思维和竞争力的高素质财经职业人才。

结　语

针对上述的现状与挑战，本书提出“双向赋能，技能交叉”这一核心思想作为财经职业教育数字化转型的策略选择。

“双向赋能”的内涵：通过引入大数据、云计算、人工智能等信息技术手段对财经类专业进行赋能改造，这不仅包括课程内容的更新与拓展，还包括教学模式的创新与升级，通过构建基于信息技术的智能化教学平台和实践基地，可以为学生提供更加真实、丰富的财经实践环境和学习体验。并且，计算机类专业也须通过融入财经知识来增强其专业特色和市场竞争力，通过将财经案例、数据分析等内容融入计算机类专业课程体系和实践教学环节中，可以培养出既懂技术又懂财经的复合型人才。

“技能交叉”的价值：在“双向赋能”的基础上进一步推动财经类专业与计算机类专业的深度融合与交叉发展，通过构建跨学科课程体系和模块化教学平台等方式打破学科壁垒、促进知识融合与技能交叉。这不仅可以拓宽学生的知识面和视野范围，还可以提升其跨界整合能力和创新思维水平；“技能交叉”还有助于增强毕业生的就业竞争力和职业发展空间。

“双向赋能，技能交叉”作为财经职业教育数字化转型的核心思想具有重要的创新性和前瞻性价值。它不仅能够有效解决当前财经职业教育面临的种种挑战和问题，还能够为财经类职业院校的可持续发展注入新的活力和动力。本书将以此核心思想，开展对财经类职业院校数字化转型的研究探索。

第二章　财经职业教育数字化转型的理论基础与文献综述

在深入探讨财经职业教育数字化转型的创新路径时，坚实的理论基础与广泛的文献综述是必要的条件。本章将从国内外研究现状、职业教育理论的发展及其对财经职业教育的启示、理论与实践探讨以及研究框架构建四个方面展开，以期为“双向赋能，技能交叉”理念的实施提供有力的理论支撑和实践指导。

第一节　国内外研究现状

在探讨财经职业教育数字化转型的路径与策略时，深入剖析国内外的研究现状显得尤为重要。这不仅有助于我们了解当前领域内的研究成果与进展，还能为本书的研究提供可以借鉴的实践参考。

一、国外研究现状

1. 职业教育数字化转型的广度与深度

在数字经济的推动下，职业教育数字化转型在全球范围内快速展开，影响程度与范围前所未有。欧美等发达国家作为这一领域的先行者，不仅在理论上有所建树，更在实践中积累了丰富而宝贵的经验。

（1）欧洲：全力推进职业教育数字化转型

随着“欧洲 2020 战略”的实施，职业教育的数字化转型成为其教育改革的重点。该战略旨在通过教育的现代化，提高欧洲教育的质量和效率，以应对 21 世纪的挑战。在此背景下，欧洲各国纷纷采取行动，通过政策引导和资金投入，推动了教育技术的广泛应用和创新。

英国的“数字战略”是职业教育数字化转型的一个典型案例。该战略通过投资建设在线学习平台和虚拟教室，推动了教育技术的广泛应用。这些平台不仅提供了丰富的课程资源，还利用人工智能和大数据分析等技术，为学生提供了个性化的学习路径和实时反馈。英国在职业教育在数字化转型过程中，特别注重跨学科知识的融合与创新。伦敦商学院在金融、会计等专业中融入了计算机科学、数据分析等多领域知识，形成了独具特色的跨学科课程体系。该学院通过模块化课程设计，让学生根据自己的兴趣和职业规划，灵活选择学习模块，实现个性化发展。这种跨学科的教学模式，不仅拓宽了学生的知识面和视野，还培养了他们的跨界整合能力和创新思维。英国开放大学（The Open University）通过其在线学习平台为全球数百万学生提供了灵活的学习机会，其课程涵盖了从商业管理到计算机科学等多个领域。同时，英国职业教育界还积极鼓励职业院校与企业合作开展联合项目，让学生在解决实际问题的过程中，深入了解行业动态和市场需求，进一步提升实践能力和团队协作能力。这种以市场需求为导向、以跨学科融合为特色的数字化转型路径，为英国培养了大量具备全球视野的复合型人才。

在北欧国家，数字化转型被视为提升教育质量和促进终身学习的关键途径。挪威和瑞典等国通过投资先进的教育技术，在线课程和虚拟实验室为学生提供了灵活的学习方式。这些技术不仅使得学习资源更加丰富和多样，还为残疾学生和居住在偏远地区的学生提供了平等的教育机会。挪威的教育部门特别强调了信息技术在提高教育质量中的作用，通过与微软和谷歌等技术公司的合作，为学校提供了云计算服务和在线协作工具，使教师能够更有效地管理课堂和评估学生的学习进度。

南欧的葡萄牙和西班牙等国也在积极推动职业教育的数字化转型。他们通过建立国家级的教育技术平台，整合了各种在线教育资源，包括电子书籍、学术期刊、在线研讨会等。这些平台为教师和学生提供了一个互动交流的空间，促进了教学方法的创新和教育资源的共享。葡萄牙政府推出了“数字学校”项目，该项目通过提供平板电脑和在线学习软件，使学生们能够随时随地访问教育资源，进行自主学习。

德国、奥地利等中欧国家则采取了一种更为系统化的方法来推进职业教育的数字化转型。他们通过制定国家教育技术标准和评估体系，确保了教育技术的应用质量和效果。同时，这些国家还重视教师的信息技术培训，通过设立专项培训项目，提高了教师运用教育技术的能力。德国的“教育数字化公约”是一个典型的例子，该公约旨在通过公私合作，为学校提供最新的教育技术设备和资源，同时加强对教师的数字技能培训，确保他们能够有效地利用这些工具来提高教学质量。

（2）北美：技术引领全面数字化转型

美国通过“国家教育技术计划”（National Educational Technology Plan，NETP）推动了教育技术的创新应用。该计划鼓励学校利用云计算、移动设备和开放教育资源（OER），为学生提供了更加灵活和个性化的学习体验。例如，加利福尼亚州的一些学区通过实施“一对一”的平板电脑项目，使得每个学生都能随时随地访问在线学习资源。这些项目不仅提高了学生的信息技术能力，还促进了他们的批判性思维和解决问题的能力。哈佛大学商学院不仅投入巨资构建了全球领先的智能教学平台，还利用大数据分析技术，深入挖掘学生的学习数据，精准描绘每位学生的学习画像。这种个性化的教学方案，基于学生的能力、兴趣及学习行为，动态调整教学内容和方式，实现了真正意义上的因材施教。同时，他们还积极推广虚拟现实（VR）和增强现实（AR）技术在教学中的应用，通过构建高度仿真的虚拟环境，让学生在模拟操作中感受真实职场氛围，从而提升实践能力和解决问题的能力。此外，美国职业教育界还广泛探索人工智能在评估与反馈机制中的应用，通过智能系统实时分析学生的学习进度和成效，为教师提供针对性的教学建议，进一步提升了教学效果和学生的学习体验。

加拿大政府通过“加拿大数字化学习战略”，投资建设了国家数字化学习资源库。该资源库包含了数千门在线课程和虚拟实验室，涵盖了从基础教育到高等教育的各个领域。这些资源不仅为学生提供了丰富的学习材料，还为教师提供了教学设计和评估的工具。加拿大的这一战略无论是对于需要额外帮助的学生，还是对于需要挑战和扩展其学习边界的高级学生，都在学生多样化需求中起到了技术支持的作用。

(3) 亚洲和大洋洲：数字化转型各具特色

新加坡的“智慧国家计划”是教育数字化转型的典范。该计划通过建设智慧校园和推广移动学习，极大地提高了教育的质量和效率。新加坡的教育部还与科技公司合作，开发了基于人工智能的教学辅助系统，这些系统能够根据学生的学习进度和能力，提供个性化的学习资源和辅导。新加坡南洋理工大学等多个高校不断探索，利用先进的教育技术，为学生提供高度互动和沉浸式的学习体验。

澳大利亚也在积极推进职业教育的数字化转型。通过实施“澳大利亚教育技术行动计划”，该国政府鼓励学校利用虚拟现实（VR）和增强现实（AR）技术，为学生提供沉浸式的学习体验。例如，在医学教育领域，通过VR技术，学生可以在虚拟的手术环境中进行实践操作，这不仅提高了学习的效果，还降低了教学的成本和风险。另外，澳大利亚职业教育体系在数字化转型中，特别强调了远程教育与社区服务的深度融合。该国通过构建覆盖全国的网络教学平台，实现了职业教育资源的广泛共享和高效利用。学生无论身处何地，都能通过网络平台获取优质的教育资源和学习支持。同时，澳大利亚职业院校还积极参与社区服务活动，利用数字化技术为当地居民提供技能培训、就业咨询等服务。这种将教育与社区服务相结合的模式，不仅提升了职业教育的社会认可度和影响力，还促进了教育资源的均衡分配和可持续发展，也为职业教育的发展提供了有益的借鉴和启示。

2. 财经职业教育与信息技术的深度融合

在财经职业教育领域，信息技术的深度融合也在进行着一场前所未有的变革，这场变革不仅触及了教育的核心，更在全球范围内广泛地推动了教育改革的创新，为财经人才的培养模式带来了颠覆性的变化。

(1) 教学模式的创新与实践：从单向传授到多维互动的深刻转型

在传统财经职业教育的框架下，教学模式往往呈现出一种单向灌输的态势，即教师作为知识的主要传递者，而学生则扮演着被动接受者的角色。这种教学模式在一定程度上限制了学生的学习主动性和创造性，难以满足财经行业对多元化、创新型人才的需求。随着财经职业教育与信息技术的深度融合，这一传统教学模式正经历着前所未有的变革与颠覆。

在这场变革中，国外财经教育机构成为先行者，他们积极引入先进的信息技术手段，如智能教学系统、在线学习平台等，为教学注入了新的活力。这些技术工具不仅打破了时间与空间的限制，使得学习变得更加灵活便捷，更重要的是，它们构建了一个多维度、互动式的教学环境。在这种环境中，学生不再是被动接受知识的容器，而是成为主动探索、积极参与的学习主体。智能教学系统通过大数据分析技术，能够精准地掌握学生的学习进度、兴趣偏好及难点所在，进而为他们提供个性化的学习资源和学习路径。这种定制化的学习方式不仅提高了学习效率，还极大地增强了学生的学习兴趣和动力。同时，系统还能实时反馈学生的学习情况，为教师提供科学的数据支持，帮助他们及时调整教学策略，实现精准教学。在线学习平台则进一步拓展了学习的边界，通过汇聚优质的财经教育资源，为学生提供了丰富多样的学习选择。借助平台上的互动功能，学生可以随时随地与教师、同学进行交流讨论，分享学习心得和疑惑。这种开放、包容的学习氛围激发了学生的创新思维和批判性思维，为他们的全面发展奠定了坚实的基础。虚拟现实（VR）和增强现实（AR）等前沿技术的应用，更是将财经职业教育的学习体验提升到了一个新的高度。学生可以通过佩戴 VR 头盔或手持 AR 设备，身临其境地进入虚拟的商业环境，模拟真实的交易流程、市场分析等场景。这种沉浸式的学习体验不仅让学生感受到了财经行业的真实脉搏，还极大地加深了他们对财经知识的理解和应用。他们可以在虚拟世界中自由探索、尝试不同的策略和方法，从而培养出更加敏锐的商业洞察力和决策能力。

财经职业教育与信息技术的深度融合正在推动教学模式从单向传授向多维互动转型。这种转型不仅提高了教学的效率和效果，还促进了学生的全面发展和创新能力。随着信息技术的不断进步和应用场景的不断拓展，财经职业教育的教学模式将会呈现出更加多元化、个性化的特点，为培养更多优秀的财经人才贡献更大的力量。

（2）课程体系的前瞻性构建：融合传统精髓与未来趋势，培育跨界复合型人才

随着财经行业不断变化发展，对财经人才也提出了更高的要求，许多发达国家的财经类院校及财经教育机构在课程体系的建设上展现出了前瞻

视野与创新精神。他们意识到，面对行业变革的浪潮，唯有不断更新知识结构，融合传统与未来，才能培养出适应时代需求的优秀财经人才。因此，在构建课程体系时，这些组织机构采取了一系列有效的举措，力求在保留经典财经教育精髓的同时，引导学生面向科技前沿。

这些财经教育机构一方面坚守传统财经教育的框架，确保会计、财务、金融等基础课程的核心地位不动摇，这些课程不仅是财经领域的基石，更是学生构建知识体系、培养专业素养的必经之路，通过系统学习这些课程，学生能够掌握扎实的财经基础知识，为后续的学习和实践奠定坚实的基础。另一方面，在财经行业快速发展、新兴技术不断涌现、财经教育面临机遇与挑战的背景下，仅仅满足于传统课程的传授是远远不够的。为此，这些机构、院校积极引入金融科技、区块链、人工智能等新兴技术课程，努力构建传统与未来相融合的课程体系。这些课程不仅涵盖了最新的财经理论和技术应用，还注重培养学生的创新思维和实践能力。通过学习这些课程，学生能够紧跟时代步伐，了解并掌握最新的信息技术手段，为未来的职业发展做好充分准备。另外，在课程体系构建中这些院校注重跨学科、跨领域的融合与渗透。在财经行业日益复杂多变的今天，单一领域的知识已经难以满足行业对人才的需求。因此，院校通过巧妙的课程设计，将财经知识与信息技术、法律、管理等多个领域的知识相融合，形成了独具特色的跨学科课程体系。这种课程体系不仅能够拓宽学生的视野和知识面，还能够培养他们的综合素养和跨界合作能力，使学生们成为既懂财经又懂技术的复合型人才。在具体实施过程中，这些院校还注重实践教学环节的设置，通过与企业合作、建立实训基地等方式，为学生提供丰富的实践机会和真实的商业环境模拟。这些实践活动不仅能够帮助学生将所学知识应用于实际工作中，还能够培养他们的创新思维和解决问题的能力。同时，通过与企业的紧密合作，学生还能够了解行业的最新动态和人才需求，为未来的职业发展做好规划。

（3）校企合作的深化与拓展：产学研深度融合，共创互利共赢

在财经职业教育与信息技术深度融合的过程中，校企合作如同纽带般地连接着教育界与企业界，共同探索产学研深度融合、互利共赢的途径。这种合作模式不仅为财经职业教育注入了新的发展活力，也为企业的管理

创新和产业升级提供了强大的智力支持。

要培养出符合市场需求的高素质财经人才，必须与企业紧密携手，共同推进课程与教学的创新，这是近年来的教育共识。因此，校企双方深度合作共筑课程与教学的创新高地，学校积极邀请来自金融、科技、咨询等多个领域的企业专家，参与到课程设计与教学活动之中。专家们凭借丰富的实战经验和敏锐的市场洞察力，为课程内容的更新与优化提供了宝贵的建议。例如，欧洲某财经学院与国际投资银行合作，共同开发了“投资银行实务”课程，该课程不仅涵盖了投资银行的基本理论与业务操作，还融入了最新的市场案例和实战经验分享，极大地提升了学生的学习兴趣和实践能力。

为了更好地模拟真实的商业环境，提升学生的实战能力，许多国外财经教育机构与相关企业合作共建财经信息技术实训平台。通过配备先进的软硬件设施，融入企业真实的业务场景和数据资源，学生可以在平台上进行模拟交易、市场分析、风险评估等操作，仿佛置身于真实的职场环境。例如，一家领先的金融科技公司与一所商学院合作研发了基于区块链技术的金融交易平台，该平台不仅为学生提供了丰富的交易数据和模拟交易环境，还通过区块链技术的去中心化、透明性等特点，让学生深刻理解了金融科技的前沿趋势和潜在应用。

通过校企合作的模式，双方可以实现资源共享，不仅促进了学术研究与市场需求的紧密结合，还有效缩短教育链与产业链之间的距离。学校可以依托企业的市场资源和实战经验，及时调整课程设置和教学内容，确保培养出的学生能够满足行业的需求；企业可以通过与高校的深度合作，获取到前沿的科研成果和优秀的人才资源，为自身的技术创新和产业升级提供有力的支持。例如，某家大型金融科技企业通过与多所商学院建立人才培养合作机制，不仅成功吸引了大量优秀的应届毕业生加入公司，还通过校企合作项目获得了多项具有自主知识产权的专利技术。

据统计，近5年来，国外各类财经教育机构与企业合作共建的财经信息技术实训平台已超过千个，使用的学生人数超过百万。这些平台不仅为学生提供了丰富的实践机会和实战演练环境，还显著提升了他们的就业竞争力和职场适应能力。据某知名商学院发布的就业报告显示，参与校企合作项目的学生在就业市场上的竞争力明显高于其他同学，他们的平均薪资水平和职业发展速度也更为突出。企业也通过校企合作获得了显著的经济效益和社会效益，调查数据显示，与高校建立深度合作关系的企业，其技术创新能力和市场竞争力均得到了显著提升。校企合作的深化与拓展为财经职业教育与信息技术的深度融合提供了强大的动力和支持，不仅促进了学术研究与市场需求的紧密结合，还有效缩短了教育链与产业链之间的距离。这种合作模式不仅为学生提供了更加广阔的发展空间和实战机会，也为企业的技术创新和产业升级注入了新的活力。

（4）成效与未来方向：重塑财经职业教育版图，构建智慧教育新形态

财经职业教育与信息技术的深度融合，作为教育领域的一次深刻变革，其成效已大大超出预期，不仅在学生成长、教育创新及行业发展等多个维度上展现出了强大的推动力，更构建出一个充满无限可能的财经职业教育新形态的图景。

学生作为这场融合的直接受益者，综合素质与就业竞争力有了质的飞跃。据统计，参与财经教育与信息技术深度融合项目的学生，在财经理论考试中的平均成绩较以往提升了约 20%，同时，他们在信息技术应用能力测试中的表现也尤为突出，超过 90% 的学生能够熟练掌握至少两种财经类软件或平台，他们在创新思维与实践能力方面展现出了一定的优势。例如，某高校财经类专业的学生团队，在利用大数据分析技术为某中小企业制定财务优化方案的过程中，不仅成功降低了企业成本，还提出了多项具有创新性的财务管理建议，得到了企业的高度认可。

财经职业教育与信息技术的深度融合，也为财经教育领域的创新发展注入了动力。一方面，深度融合推动了教学模式的革新，使得教学过程更加灵活、个性化。通过智能教学系统、在线学习平台等信息技术手段的应用，学生可以根据自己的学习进度和兴趣偏好进行自主学习，而教师则能够实时掌握学生的学习情况，进行有针对性的辅导。另一方面，这种深度融合还促进了课程体系的优化升级。许多财经院校开始引入金融科技、区块链、大数据分析等跨学科、跨领域的课程内容，以培养学生的综合能力和跨界思维。这些改革不仅丰富了财经教育的内涵和外延，也为学生的未来职业发展提供了更广阔的空间。

随着信息技术的持续进步和财经行业的不断变革，财经职业教育与信息技术的深度融合将展现出更加广阔的发展前景。一个以信息技术为驱动、以财经知识为核心、以实践创新为导向的财经职业教育新形态已经初具规模。这种新形态可以让学生能够享受到更加个性化、高效的学习体验，他们可以通过智能教学系统获得定制化的学习资源和学习路径，通过在线学习平台与全球顶尖的财经教育专家进行互动交流，通过虚拟现实技术模拟真实的商业环境进行实战演练；教师也将能够借助先进的信息技术手段实现精准教学，提高教学效率和质量。而整个财经行业也将因为拥有更多具备创新精神和实战能力的财经人才而焕发出蓬勃的生机与活力。这些人才将在传统金融领域和以金融科技、绿色金融等为代表的新兴领域发挥重要作用和独特价值。

3. 跨学科教育与技能交叉培养

在全球化与数字化浪潮的推动下，跨学科教育与技能交叉培养已成为国外财经职业教育领域探索的重要方向。面对数字经济时代的复杂挑战，学者们认识到，单一领域的知识与技能已难以满足市场对财经人才多元化、综合化的需求。因此，打破学科界限，促进财经与其他学科的深度融合，成为培养适应未来职场需求的复合型财经人才的关键路径。

（1）跨学科教育：搭建多元知识体系的桥梁

跨学科教育，这种前瞻性的教育理念与实践模式，正逐步成为财经职业教育领域的一种潮流。它不仅仅是一种教育方法的革新，更是对传统单一学科界限的跨越。通过深度融合不同学科的知识与方法，为学生铺就一条通往全面、多元知识殿堂的捷径。

跨学科教育在财经职业教育领域，越来越多地展现出了独特的魅力和价值。这不仅仅局限于将财经知识与信息技术、法律、管理等传统相关领域进行简单叠加，而是力求在这些学科之间搭建起一座坚固的桥梁，实现知识的无缝对接与深度融合。通过跨学科教育，学生们得以在财经的海洋中遨游，也能触及法律的光环、信息技术的锋芒以及管理的智慧，从而构建起一个广博的知识体系。为了实现这个目标，国外众多财经教育院校和机构通过精心策划与布局，构建起了各具特色的跨学科课程体系。这些课程体系以财经为核心，辐射至信息技术、法律、管理等多个领域，通过模块化、项目化等灵活多样的课程组织形式，将不同学科的知识点和技能点巧妙地串联起来。每一门课程都像一块积木，共同搭建起了一座知识宝库。

以某商学院为例，他们创新性地开设了“金融科技与法律合规”这个跨学科课程。该课程不仅涵盖了金融科技的最新进展与应用技能，还深入探讨了法律合规在金融科技领域的重要性与实践策略。学生们在课堂上不仅能够学习到区块链、大数据、人工智能等前沿技术在金融领域的应用案例，还能深入了解金融科技监管政策与合规要求。这种课程设置不仅拓宽了学生的知识视野，更培养了他们的跨领域思考能力、问题解决能力和创新思维。据该学院统计，自该课程开设以来，学生的综合素质与就业竞争力均得到了提升，有些毕业生因而在金融科技领域得到了满意的岗位。

跨学科教育还注重培养学生的实践能力和团队协作能力。许多教育机构通过与企业合作、建立实训基地等方式，为学生提供了丰富的实践机会。学生们在参与跨学科项目时，往往需要与来自不同学科背景的同学合作，共同解决复杂问题。这种跨学科的实践经历不仅锻炼了学生的专业技能，更提升了他们的沟通与协作能力，为未来的职业发展打下了良好的基础。

（2）技能交叉培养：提升职场竞争力的关键

在快速变化的职场环境中，具有多种专业技能已成为提升财经人才综合竞争力不可或缺的关键环节。因此，技能交叉培养既是对传统财经专业技能的深化与拓展，也是对跨领域实用技能的全面整合与提升，如数据分析的敏锐洞察、项目管理的高效执行、市场营销的精准策略等。这些多元技能的融合，为财经人才在未来职场中脱颖而出提供了强有力的支撑。

以哈佛商学院为例，作为全球顶尖的财经教育机构，它深刻认识到技能交叉培养的重要性，并将其作为培养未来领袖的核心战略之一。哈佛商学院不仅提供了涵盖财务、会计、投资等财经核心课程的严谨教育，还通过一系列跨学科教学项目，如“商业分析”“数字战略”等，鼓励学生跨越传统学科界限，探索数据分析、人工智能等前沿技术在财经领域的应用。这些项目不仅要求学生具备扎实的财经理论基础，还强调数据分析技能的培养，使学生能够运用大数据工具挖掘商业机会，为决策提供科学依据。该校还通过与业界领军企业建立深度合作关系，为学生提供丰富的校企合作实践机会，以此培养学生的多项专业技能。例如，与摩根大通银行合作开展的“金融科技创新实验室”项目，便是技能交叉培养的一个典型。该项目聚焦于金融科技领域的最新趋势和挑战，要求学生不仅掌握金融科技产品设计与开发的基本技能，还需深入了解市场需求、用户体验等市场营销要素。通过参与该项目，学生们不仅能够亲身体验金融科技的研发流程，还能与摩根大通的专业团队并肩作战，共同解决行业痛点，推动产品创新。这种在实战中积累的经验与技能，无疑为学生未来的职业发展打下了良好的基础。

技能交叉培养模式还能有效提升学生的团队协作与项目管理能力。以斯坦福大学商学院为例，该校通过组织跨学科团队竞赛、模拟创业项目等活动，鼓励学生跨越专业界限组建团队，共同应对复杂商业挑战。在这些活动中，学生们不仅需要运用各自的专业知识解决具体问题，还需要学会如何与他人有效沟通、协调资源、分配任务以及监控进度等项目管理技能。这些实战演练不仅锻炼了学生的团队协作能力，还让他们深刻理解了项目管理的精髓所在。

通过对跨学科教学项目的精心设计、校企合作的深入实践以及团队协作与项目管理的实战演练，国外各类财经教育机构能够为学生打造出一个全方位、多层次的技能培养体系，学生们不仅能够掌握扎实的财经专业技能，还能够具备数据分析、项目管理、市场营销等跨领域实用技能，从而更加适应激烈的职场竞争。

（3）教学方式创新：促进知识与技能深度融合

在财经职业教育领域，教学方式的创新是推动跨学科教育与技能交叉培养深入实施的关键驱动力。面对日益复杂多变的商业环境，国外财经教育机构不断探索和实践，采用了一系列灵活多样、富有成效的教学方式，旨在打破传统教学的束缚，实现理论知识与实践操作的深度融合，从而培养出既具备深厚理论基础又具备强大实战能力的财经人才。

通过模块化教学来构建知识体系的基石。模块化教学作为一种高效的教学方式被越来越多的教育机构所采用，通过将课程内容划分为若干个相互独立又紧密联系的模块，每个模块聚焦于特定的主题或技能点，形成清晰的知识脉络和逻辑体系。例如，伦敦商学院在其金融硕士课程中，就采用了模块化教学结构，将课程分为金融市场与机构、公司金融、投资策略、风险管理等多个模块。每个模块都包含了理论讲授、案例分析、模拟交易等多个教学环节，确保学生在掌握扎实理论知识的同时，也能通过实践操作加深对知识的理解和应用。

通过项目式教学搭建理论与实践的桥梁。项目式教学强调通过解决实际问题来驱动学习过程。一些国外财经院校通过设计一系列跨学科、跨领域的综合性项目，让学生在实际操作中综合运用所学知识，提升解决复杂问题的能力。以沃顿商学院为例，该校的 MBA 项目中设有多个跨学科团队项目，如“可持续发展投资案例分析”“金融科技创业计划”等。这些项目不仅要求学生具备扎实的财经专业知识，还需要他们运用数据分析、市场调研、商业策划等多种技能。通过团队合作和导师指导，学生们在项目实施过程中不断挑战自我、突破创新，最终实现了知识与技能的深度融合。

采用翻转课堂来激发学生主动学习的热情。翻转课堂颠覆了传统教学方式，通过将知识传授的过程提前到课前完成（如通过观看视频、阅读资料等方式），而将课堂时间用于深入讨论、问题解决和实践操作。这种方式极大地提高了学生的学习主动性和参与度，使他们在课堂上能够更专注于知识的应用和深化理解。以纽约大学斯特恩商学院为例，该校在部分课程中引入了翻转课堂模式，让学生在课前通过观看教学视频、阅读相关文献等方式预习课程内容；在课堂上则通过小组讨论、案例分析、角色扮演等多种形式进行深入交流和互动。这种教学模式不仅促进了学生之间的思想碰撞和灵感激发，还有效提升了教学效果和学习成果。

教学方式创新在财经职业教育中可以发挥十分重要的作用。通过模块化教学、项目式教学和翻转课堂等新型教学模式的应用，各高校能够打破传统教学的局限性和单一性，实现理论知识与实践操作的深度融合，在激发学生的学习兴趣和主动性的同时，提升了他们的综合素质和实战能力。

跨学科教育与多专业技能培养已成为国外财经职业教育研究的重要热点。通过构建跨学科课程体系、设计跨学科教学项目以及创新教学方式等措施，教育机构正致力于培养具备综合素质和跨界整合能力，在未来的职场中展现出更强的适应性和竞争力的复合型财经人才。

二、国内研究现状的深入剖析

1. 财经职业教育数字化转型是发展的必然选择

在数字经济快速发展的今天，国内财经职业教育正站在转型的十字路口。许多知名学者和教育家的研究成果与观点揭示了财经职业教育数字化转型的必要性与紧迫性。

（1）数字经济浪潮下的新机遇与新挑战

数字经济以惊人的速度席卷全球，不仅深刻改变了经济结构和商业模式，也对教育领域产生了深远的影响。随着数字经济的蓬勃发展，数字技术如大数据分析、人工智能、云计算等正以前所未有的速度渗透到教育领域，为财经职业教育带来了前所未有的变革机遇，财经类职业院校应把握时代脉搏，加快转型步伐，以更加开放、创新、包容的姿态迎接未来的挑战并努力培养出更多符合市场需求的高素质财经人才。

大数据分析技术能够深入挖掘学生的学习行为数据，揭示其学习习惯、兴趣偏好及知识掌握情况，从而为教师提供精准的教学反馈和个性化教学建议。这种基于数据的决策支持，使得财经职业教育能够摆脱传统经验主义的束缚，实现教学过程的科学化和精细化。人工智能辅助教学系统的应用更是为财经职业教育增添了新的活力。这些系统能够模拟人类教师的思维方式和教学风格，为学生提供智能化的辅导和答疑服务。它们不仅能够解答学生的疑问，还能根据学生的实际情况调整教学策略和进度，确保每个学生都能在适合自己的节奏下成长进步。这种智能化的教学方式不仅提高了教学效率和质量，还极大地激发了学生的学习兴趣和动力。

在数字经济带来新机遇的同时，市场对财经人才的需求也在悄然发生着变化。现代企业不再仅仅满足于员工具备基本的财经知识和技能，而是更加注重他们的实践能力、创新思维以及跨学科的综合素养。这种需求的变化对传统财经职业教育模式提出了严峻的挑战。北京大学教育学院教育技术系主任汪琼教授认为，传统财经职业教育模式往往侧重于理论知识的传授和应试技巧的训练，而忽视了对学生实践能力和创新思维的培养。这种教育模式培养出的学生往往缺乏解决实际问题的能力和创新精神，难以满足现代企业的用人需求。

面对数字经济带来的新机遇与新挑战，财经职业教育必须加快转型步伐以适应市场需求的变化。首先，教育机构应加强与企业的合作与交流，深入了解市场对财经人才的需求和变化趋势，以便及时调整课程设置和教学内容；其次，应加大对数字技术的应用和推广力度，充分利用大数据分析、人工智能等先进技术优化教学过程和评估体系，实现教学资源的优化配置和高效利用；同时，还应注重培养学生的实践能力和创新思维，通过模拟实训、项目式学习等方式让学生在实践中学习和成长；此外，财经职业教育还应注重跨学科的综合素养培养，财经人才不仅需要掌握扎实的财经知识和技能，还需要具备信息技术、法律、管理等多方面的知识和能力，教育机构应打破学科壁垒促进财经与其他学科的深度融合，为学生提供更加全面、多元的学习体验和发展空间。

（2）传统财经职业教育的局限性

传统财经职业教育往往过分聚焦于理论知识的传授，试图通过系统的课程体系和严格的考试制度来确保学生对财经基础理论的掌握。但是，这种以知识灌输为主的教学模式，往往忽视了对学生实践能力的培养。在数字经济时代，财经领域的问题日益复杂多变，单纯的理论知识已不足以应对实际工作中的挑战。学生需要更多的机会将所学知识应用于实际情境中，通过实践操作来深化理解，提升解决问题的能力。上海财经大学高等研究院院长田国强教授曾强调，传统财经教育模式往往侧重于理论知识的传授，忽视了对学生实践能力、创新思维和跨学科能力的培养，在数字经济时代，财经人才需要具备跨学科的综合素质，能够运用数据分析、信息技术等手段解决实际问题。

传统财经职业教育在创新思维的培养上也存在明显不足。创新思维是推动社会进步和经济发展的重要动力，而财经领域同样需要具有创新意识的人才来引领行业变革。然而，传统教育模式往往侧重于标准答案的寻求和应试技巧的训练，忽视了对学生批判性思维、独立思考和创新能力的培养。这导致许多学生在面对新问题时缺乏探索精神和创新能力，难以在职业生涯中取得突破性的成就。当前，财经活动也日益与信息技术、法律、管理等多个领域紧密相联，财经人才不仅需要具备扎实的财经专业知识，还需要了解相关领域的最新动态和发展趋势。然而，传统财经职业教育往往局限于本学科内部的知识传授和技能培养，忽视了跨学科综合素质的提升。这种局限性使得学生在面对跨领域合作和复杂问题时显得力不从心。

针对以上局限性，只有通过数字化转型，才能够打破学科壁垒，实现知识的融合与创新；还能够借助先进的技术手段为学生提供更加丰富多样的学习资源和实践机会。通过引入大数据分析、人工智能等先进技术，教育机构可以精准分析学生的学习行为和需求，提供个性化的教学方案和资源推荐；同时，还可以构建虚拟仿真、远程协作等新型学习环境，让学生在更加真实、交互的场景中进行学习和实践。这些措施将有助于提升学生的实践能力、创新思维和跨学科综合素质，为财经人才的培养注入新的活力。

国内不少职业院校已经开始积极的探索和实践。某财经职业学院近年来大力推进职业教育数字化转型，取得了一系列显著的成果。通过引入大数据分析技术，对学生的学习行为、兴趣爱好等进行深度挖掘，从而为学生提供更加个性化的学习方案和职业发展指导。某金融职业学院为了培养学生的创新思维和跨学科能力，鼓励学生参与各类科研项目和创新创业活动，通过实践来锻炼学生的创新思维和问题解决能力；某学校通过开设“金融科技”“数据营销”等多门跨学科课程逐步培养学生的跨学科视野和综合能力。

传统财经职业教育面临着诸多局限性使其未来发展面临着严重瓶颈。为了培养符合市场需求的高素质财经人才，各类财经职业院校必须加快数字化转型步伐，打破学科壁垒，实现知识、技能的融合与创新。

（3）数字化转型的迫切性与必要性

清华大学经济管理学院陈煜波教授在其研究中指出，数字化转型不仅是财经职业教育适应时代发展的必然选择，更是提升教学质量和效果的重要途径，通过引入数字化教学手段和资源，可以实现教学过程的个性化、互动化和高效化。同时，数字化转型还能够促进教育资源的共享和优化配置，提高教育的公平性和可及性。因此，加强信息技术在财经职业教育中的应用与推广，对于培养符合市场需求的高素质财经人才是极为迫切且必要的。

在深入探讨数字化转型的迫切性与必要性时，我们要重点研究它对教育模式的深刻变革。数字化转型为财经职业教育带来了前所未有的个性化教学体验。传统教育模式往往采用“一刀切”的教学方式，难以满足不同学生的学习需求。而数字化教学则通过大数据分析和人工智能技术，精准地识别每位学生的学习特点和能力水平，从而为他们量身定制个性化的学习路径和教学资源。这种因材施教的教学方式，不仅提高了学生的学习兴趣和积极性，还显著提升了教学效果和学习成果。数字化转型促进了教学过程的互动化和高效化，在数字化教学环境中，教师和学生可以通过各种在线平台进行实时互动和交流，打破了时间和空间的限制。这种互动不仅限于课堂之内，还可以延伸到课外，形成全天候、全方位的教学服务体系。数字化教学手段如虚拟仿真、在线实验等，也极大地丰富了教学内容和形式，使抽象的理论知识变得直观易懂，提高了学生的学习效率和效果。数字化转型还推动了教育资源的共享和优化配置，优质的教育资源不再局限于某个地区或某个学校，而是可以通过互联网等渠道实现全球范围内的共享。这不仅有助于缩小不同地区、不同学校之间的教育差距，提高教育的公平性和可及性；还有助于促进教育资源的优化配置和高效利用，为财经职业教育的发展注入新的活力。

国内财经职业教育的数字化转型已经成为时代发展的必然趋势，众多学者和教育者的研究成果与观点为我们揭示了数字化转型的必要性与紧迫性。通过引入数字化教学手段和资源、打破学科壁垒、促进知识融合与创新等措施，可以有效提升财经职业教育的教学质量和效果，培养符合市场需求的高素质财经人才。这不仅是适应时代发展的必然选择，更是提升教学质量和效果、培养符合市场需求的高素质财经人才的重要途径。

2. 课程体系与教学模式的改革创新

为了应对数字化时代的挑战，国内许多财经类职业院校开始启动课程体系与教学模式的改革创新工作。他们一方面优化传统财经类课程的设置与内容，增加大数据分析、人工智能应用等新兴领域的教学内容；另一方面积极探索混合式、翻转课堂、项目式学习等新型教学模式的应用。这些改革不仅是对传统教育模式的深刻反思与重构，更是对数字经济时代人才需求精准把握的积极响应。

（1）课程体系的全面优化与新兴领域的融入

国内有些财经类职业院校启动了课程体系的深度优化工作，通过多种教学内容的更新与拓展，采取系统性重构与评估、新兴领域的全面融入与拓展、课程结构的灵活调整与个性化定制以及实践导向的教学模式与职业导向的课程体系构建等措施，为学生铺平通往未来财经职业岗位的道路。

首先是对传统财经类课程体系进行了全面而深入的系统性梳理与评估。这一过程中，教育者不仅审视了现有课程的合理性、时效性和实用性，还深入调研了市场需求、行业动态以及技术发展趋势，确保课程体系的调整能够紧跟时代步伐。通过细致入微的评估工作，过时、冗余的教学内容被逐一剔除，为新兴领域的融入腾出了宝贵空间。

其次是在课程体系优化过程中，积极引入大数据分析、人工智能应用、区块链技术等前沿领域的教学内容。这些新兴领域的融入，不仅极大地拓宽了学生的知识视野，还为他们提供了探索未知、挑战自我的广阔舞台。大数据分析课程通过丰富的案例教学和实践操作环节，让学生深刻理解数据背后的商业逻辑和市场趋势；人工智能应用课程则侧重于智能投顾、自动化交易等财经领域的前沿应用，培养学生的创新思维和技术应用能力；区块链技术也被越来越多地纳入财经职业教育体系中，帮助学生把握区块链技术来适应财经行业新模式。

在课程体系优化过程中，各院校还根据自身的办学特色与资源优势灵活调整课程结构。有的院校将大数据分析作为财经类专业的核心课程之一进行重点打造；有的则结合区域经济发展特点和行业需求开设特色课程；还有的学校则推出个性化定制课程服务满足学生多样化的学习需求。这些灵活多样的课程结构不仅丰富了财经职业教育的内涵和外延，还促进了学生个性化发展和创新能力培养。

在课程体系优化过程中，国内院校也提倡将理论知识与实践操作相结合，采用案例教学、项目式学习等实践导向的教学模式，让学生在解决实际问题的过程中深化对理论知识的理解和掌握。同时，他们还将职业导向融入课程体系中，明确培养目标、职业定位和技能要求，确保学生毕业后能够迅速适应职场环境，实现个人价值与社会价值的双重提升。

（2）教学模式的革新与多元化探索

在课程体系优化的同时，国内财经类职业院校还积极探索教学模式的改革创新。由于传统的教学模式已难以满足数字化时代学生的学习需求与个性化发展，因此混合式学习、翻转课堂、项目式学习等新型教学模式应运而生，并逐渐在财经职业教育领域得到广泛应用。

混合式学习通过线上与线下教学的有机结合，打破了时间与空间的限制，为学生提供了更加灵活多样的学习途径。学生可以根据自己的时间安排和学习进度进行自主学习，同时在线上与教师、同学进行互动交流，共同解决学习中的难题。翻转课堂则颠倒了传统课堂的教学顺序，让学生在课前通过观看教学视频、阅读相关资料等方式进行预习与思考；在课堂上则通过小组讨论、案例分析等方式进行深入探究与实践操作。这种教学模式不仅激发了学生的主动学习意识与探索精神，还提高了课堂教学的效率与质量。项目式学习更加贴近实际工作场景的教学模式，学生围绕一个具体的项目或任务展开学习与实践活动。在项目执行过程中，学生需要综合运用所学知识解决实际问题、制订项目计划、分配任务与资源等。这种教学模式不仅锻炼了学生的团队协作能力与实践创新能力，还让他们更加深入地理解了财经领域的工作流程与业务逻辑。

（3）实践环境的搭建与职业素养的提升

在财经职业教育领域，实践能力的提升与职业素养的培育是不可或缺的重要环节。国内财经类高职院校都在设法搭建多元化的实践环境，并广泛整合资源，为学生提供丰富的实践机会，旨在全方位提升学生的实践能力和职业素养。

为了让学生能够在更加贴近实际工作场景的环境中进行学习和实践，他们引入智能化实践平台。各类智能会计实训平台可以模仿真实的会计岗位操作界面和业务流程，成为众多院校的选择。这些平台通过模拟真实的会计工作环境，让学生在操作中学习会计准则、掌握财务处理方法，从而加深对会计理论知识的理解；财经大数据分析软件的引入，则为学生提供了处理和分析财经数据的能力训练平台，帮助学生们掌握数据驱动的决策分析方法，为未来的职业发展打下基础。

除了智能化实践平台的引入，部分财经类职业院校还在探索多维度实践场景的模拟与体验。通过设计各种财经业务案例，让学生在模拟的市场环境中进行投资决策、风险管理、财务管理等实践操作。这些模拟场景不仅涵盖了财经领域的多个方面，还注重培养学生的团队协作、沟通协调等职业素养。在模拟操作中，学生需要面对各种复杂的财经问题，通过独立思考和团队合作寻找解决方案，从而在实践中积累经验、提升能力。

为了让学生更好地融入职场、了解行业动态，财经类职业院校也在积极与企业建立紧密的合作关系。他们通过共同开展校企合作项目、建设实习实训基地等方式，为学生提供更多的实践机会和就业渠道。这些合作项目不仅让学生有机会亲身体验企业的运营模式和管理流程，还能让他们在实践中发现问题、解决问题，从而提升自己的职业素养和综合能力。同时，校企合作还有助于院校了解企业的实际需求和市场动态，为人才培养方案的优化提供有力支持。

在实践环境的搭建过程中，有些观念领先的财经类职业院校十分注重职业素养的全方位培育。通过开设职业素养课程、举办职业规划讲座、组织职业技能竞赛等多种方式，引导学生树立正确的职业观念、培养良好的职业道德和团队合作精神。此外，有的院校还鼓励学生积极参与社会实践和志愿服务等活动，通过接触社会、了解民生来增强自己的社会责任感和公民意识，提升学生的职业素养和综合素质。

国内财经类高职院校在课程体系与教学模式的改革创新方面取得了一定的成效，通过优化课程体系、引入新兴领域教学内容、探索新型教学模式以及搭建实践环境等举措，有效激发了学生的学习兴趣与主动性、提升了他们的实践能力与职业素养。

3. 跨学科教育与复合型财经人才培养的深度探索

国内财经教育领域在开展数字化转型的变革过程中，跨学科教育与复合型财经人才的培养是当前研究的热点与焦点。这一趋势不仅是对国内外教育发展趋势的积极响应，更是对财经行业未来人才需求的深刻洞察。

（1）跨学科教育的理念革新与体系构建

随着全球化和信息化的加速推进，财经领域的工作场景日益复杂多变，单一学科的知识体系已难以应对复杂多变的现实问题。跨学科教育的理念正是在这一背景下应运而生，它倡导的是一种多元、开放、包容的知识观。国内学者感受到了这一趋势，开始积极反思传统财经教育的局限性，并致力于推动教育理念的革新。他们认识到，财经人才不仅需要掌握扎实的财经专业知识，还需要具备计算机科学、数据科学、法学、管理学等多个领域的知识与技能，以应对数字经济时代的多元挑战。

为了将跨学科教育理念落地生根，国内财经类职业院校着手构建全新的课程体系与教学模式，通过打破传统财经类专业的框架限制，将计算机科学、数据科学、法学、管理学等多个领域的知识有机融合进财经课程体系中。这个课程体系不仅涵盖了财经学科的核心内容，还通过开设跨学科选修课程、设立交叉学科研究方向等方式，为学生提供广阔的知识视野和多元的学习路径。

在教学模式上，跨学科教育也带来了深刻的变革。教师们不再局限于单一学科的讲授，而是鼓励跨学科合作与交流，共同设计教学项目与实践活动。这些项目往往围绕现实世界的复杂问题展开，要求学生运用多学科的知识与技能进行综合分析与解决。同时，翻转课堂、项目式学习、混合式教学等新型教学模式也被广泛应用于跨学科教育中，以激发学生的学习兴趣与主动性，培养他们的自主学习能力和团队协作精神。

在国内财经职业教育领域，跨学科教育的实践探索已经取得了一些成效。有的院校开始尝试将金融工程、金融科技等新兴专业与计算机科学、统计学等领域深度融合，形成了独具特色的跨学科课程体系。例如，某财经职业学院开设了“智能金融”专业方向，期望培养出既懂金融又精通人工智能技术的复合型人才。这个专业方向不仅涵盖了金融市场、金融产品等传统金融知识，还引入了机器学习、自然语言处理、区块链等前沿技术课程，让学生在学习过程中实现财经与科技的深度融合。

还有一些财经类职业院校积极与企业合作开展联合培养项目，共同设计跨学科教学项目和实践基地，让学生在真实的工作环境中锻炼跨学科思维与综合应用能力。预期在为学生提供宝贵的实践机会和职业发展路径的同时，进一步推动校企之间的深度合作与共赢发展。跨学科教育的理念革新与深度体系构建正引领着财经教育的新一轮变革，并促进财经职业教育的质量与水平实现大幅提升。

(2) 复合型财经人才培养的路径探索与实践

为了培养出既精通财经又擅长信息技术、法律、管理等领域的复合型财经人才，有些财经类职业院校开始探索由课程体系入手，构建跨学科的教育体系。通过打破传统财经学科的界限，将计算机科学、数据科学、法学、管理学等相关学科的知识与技能融入财经课程之中，形成跨学科的课程体系。这种课程体系的设计目标是让学生在学习过程中不断拓宽知识视野，掌握多元技能，成为具有跨界整合能力的复合型职业人才。

理论知识的学习是基础，实践能力的提升才是人才培养的关键。有些财经类职业院校也在积极寻求与企业的合作，共同设计跨学科的教学项目与实践基地。这些项目往往紧贴市场需求与行业动态，让学生能够在真实的工作场景中学习和实践。通过参与这些项目，学生不仅能够将所学知识应用于实际问题的解决中，还能在实践中不断积累经验、提升能力，在真实的工作环境中不断培养个人的职业素养与综合能力。

为了培养学生在数字经济时代必备的创新思维与创业精神，有些财经类职业院校采取了一系列措施鼓励学生参与国内外的专业技能竞赛和创新创业大赛，如大学生创新大赛、挑战杯竞赛、模拟投资技能竞赛、智慧金融竞赛、商务数据分析竞赛等。这些竞赛活动不仅为学生提供了一个提升个人专业技能的机会，还是一个展示自我、挑战自我的平台，并且激发了他们的创新思维与创业意识。有些院校还定期邀请行业专家、创业先锋、成功校友等为学生举行讲座、研讨会等活动，分享他们的成功经验与创新理念，进一步激发学生的创新思维与创业动力。

具备国际视野与跨文化交流能力对于财经人才适应未来全球化的发展十分重要。为了培养学生的这些能力，国内部分财经类职业院校积极响应国家的“职教出海”政策，大力拓宽国际交流与合作渠道。通过与国外知名财经院校建立合作关系，开展学生交换、教师互访等活动；同时鼓励学生参与海外实习或志愿者活动等项目，让他们亲身体验不同文化背景下的财经实践与思考方式。这些国际交流与合作活动不仅拓宽了学生的国际视野与跨文化交流能力，还为他们未来的职业发展提供了更广阔的空间与机遇。

近些年，实力较强的国内财经类职业院校在复合型财经人才的培养路径上进行了有益的探索与实践。通过构建跨学科的教育体系、强化校企合作与实战演练、激发创新思维与创业精神以及拓宽国际交流与合作渠道等措施的实施与推广，逐步构建起一套适应数字经济时代需求的复合型财经人才培养体系。

(3) 校企合作与联合培养模式的深化

在培养适应数字经济时代需求的复合型财经人才过程中，校企合作与联合培养模式的显得越来越重要，也成了推动教育创新与产业升级的重要力量。许多国内财经类职业院校在积极寻求与企业的深度合作，共同探索一条符合双方利益、促进人才成长的共赢之路，也有些典型的做法值得继续推进。

校企合作与联合培养的首要任务是明确培养目标，确保双方合作的方向性与实效性。通过与企业共同制定人才培养方案，从课程设置、实践教学、师资配备等多个方面入手，确保培养出的财经人才既具备扎实的理论基础，又拥有过硬的实践能力和职业素养。校企双方通过深入沟通与交流，充分了解企业的人才需求与行业标准，将市场需求直接融入教学体系中，使培养方案更加贴近实际、更具针对性。

为了提升学生的实践能力与职业素养，校企双方共同设计跨学科、跨领域的课程体系与实践项目。这些课程不仅涵盖了财经学科的核心内容，还融入了计算机科学、数据科学、法学、管理学等多个领域的知识与技能。同时，企业根据自身业务特点与需求，提供真实案例与数据支持，让学生在模拟或真实的工作环境中进行实践操作。这种教学模式不仅增强了学生的学习兴趣与主动性，还促进了知识的内化与能力的提升。

在校企合作与联合培养过程中，校外导师的指导作用至关重要，因此一般都是企业技术管理人员担任兼职教师或实践导师，为学生提供专业的行业指导与职业规划建议。这些校外导师不仅具备丰富的实战经验与管理经验，还能将行业前沿动态与最新技术引入教学之中。通过组建跨学科、跨领域的团队进行项目实践与研究，学生在团队协作中学会了如何整合不同领域的知识与技能解决问题，从而培养了跨界整合能力与团队协作精神。

校企合作与联合培养不仅有助于学生的成长与发展，还促进了企业与教育机构之间的资源共享与优势互补。企业可以利用教育机构的智力资源与技术优势进行新产品研发、技术革新等创新活动；而教育机构则可以借助企业的真实案例与数据资源进行实践教学与科研探索。这种合作模式不仅降低了双方的成本与风险，还提高了资源利用效率与创新能力。此外，通过定期举办学术交流会、研讨会等活动不但加强了双方之间的沟通与联系，也进一步推动了产学研用一体化的深入发展。

校企合作与联合培养模式在复合型财经人才培养中发挥着不可替代的作用。通过构建全方位合作框架、创新课程体系与实践项目、强化导师指导与团队协作以及促进资源共享与优势互补等措施的实施与推广，国内部分财经类职业院校正逐步构建起一套适应数字经济时代需求的复合型财经人才培养体系。

跨学科教育与复合型财经人才培养已成为国内财经教育领域的重要发展方向与趋势。通过构建跨学科课程体系、创新教学方法、深化校企合作与联合培养以及加强国际交流与合作等措施的实施与推广，国内财经类职业院校正逐步构建起一套适应数字经济时代需求的复合型财经人才培养体系与路径。这一体系的建立不仅有助于提升国内财经教育的质量与水平，还将为我国财经行业的可持续发展提供有力的人才支撑与智力保障。

4. 政策导向与政府支持

在国内财经职业教育数字化转型的进程中，政府的角色至关重要且不可或缺。近年来，随着数字经济的蓬勃发展及其对教育领域的深刻影响，我国政府敏锐地捕捉到了这一趋势，积极发挥政策引领作用，出台了一系列旨在推动职业教育数字化转型的政策文件和发展规划，为财经职业教育的现代化转型提供了坚实的政策保障和广阔的发展空间。

（1）构建目标明确、路径清晰的政策体系

为有效推动财经职业教育数字化转型，我国政府从顶层设计入手，构建了一套系统完备的政策体系。这些政策不仅明确了职业教育数字化转型的总体目标、阶段性任务和具体指标，还详细规划了实施路径和保障措施。例如，《职业教育提质培优行动计划（2020—2023 年）》作为职业教育领域的重要指导性文件，不仅提出了加强职业教育信息化建设的总体要求，还细化了包括基础设施建设、数字资源建设、师资队伍培养、教学模式创新等在内的多个方面的具体任务和实施策略。这些政策的出台为财经职业教育数字化转型指明了方向，提供了清晰的行动指南。

（2）提供转型所需的资金支持与资源配置

资金是财经职业教育数字化转型的重要保障。各级政府部门在政策制定过程中特别注重资金支持和资源配置的优化。一方面，政府通过设立专项基金、提供财政补贴等方式，为财经类职业院校在数字化转型过程中的基础设施建设、数字资源开发、师资队伍培训等关键环节提供必要的资金支持；另一方面，政府还积极引导社会资本参与职业教育数字化转型，通过政府和社会资本合作等模式拓宽资金来源渠道，形成多元化的资金投入机制。此外，相关政府部门还通过优化资源配置，促进优质教育资源在财经职业教育领域的共享与均衡发展，确保数字化转型的顺利推进。

（3）建立有效的激励机制与评估体系

为确保财经职业教育数字化转型取得实效，各级教育管理部门还建立了完善的激励机制和评估体系。一方面，政府通过设立奖项、给予荣誉等方式表彰在数字化转型中表现突出的财经职业教育机构和个人，激发他们的积极性和创造力；另一方面，政府还建立了科学的评估指标体系和方法论体系，对财经职业教育数字化转型的进展和成效进行全面、客观、公正的评估。这些评估结果不仅为政府决策提供重要参考依据，还为财经职业教育机构持续改进和优化数字化转型策略提供了有力支持。

（4）国际合作与交流：拓宽视野，共享成果

在全球化的背景下，财经职业教育数字化转型的国际化趋势日益明显。我国政府积极倡导并推动财经职业教育领域的国际合作与交流活动。通过参与国际组织、举办国际论坛、开展联合研究等方式加强与国外财经职业教育机构的交流与合作。这些活动不仅有助于国内财经类职业学院了解国际先进的教育理念和技术手段，学习借鉴国际先进经验；还有助于提升我国财经职业教育的国际影响力和竞争力，推动国内外财经职业教育资源的共享与优势互补。

国内各级政府在推动财经职业教育数字化转型方面发挥了至关重要的作用。通过构建完善的政策体系、提供有力的资金支持和资源配置、建立科学的激励机制和评估体系以及加强国际合作与交流等措施的实施与推

广，教育主管部门的政府机构正引领着财经职业教育迈向数字化转型的新征程。这一转型不仅有助于提升财经职业教育的教学质量和效果，还将为我国经济社会的可持续发展培养更多高素质、复合型的财经技能型人才。

第二节　职业教育理论的发展及其对财经职业教育的启示

在深入探讨财经职业教育的数字化转型道路时，我们需要用充分的职业教育理论作为支撑，这些理论不仅是教育实践的指南，更是推动教育创新与变革的强大动力。随着时代的进步与技术的发展，特别是数字经济的来临，职业教育面临着前所未有的机遇与挑战。财经职业教育，作为职业教育的重要分支，其特殊性在于直接关联着国家经济发展的命脉与未来。因此，对职业教育理论的深化探索，不仅是为了回应时代的需求，更是为了确保财经职业教育能够顺应数字化时代的教育方向。在接下来的章节中，我们将聚焦于教育技术学、终身学习、知识经济与技能型社会等理论，剖析其在财经职业教育中的应用与实践，揭示其对财经人才培养模式的深远影响与启示。通过这一探讨，我们期望能够为财经职业教育的未来发展提供新的思路与方向，共同推动财经职业教育迈向更加数字化、科学化、现代化的新高度。

一、教育技术学引领财经职业教育数字化转型的理论基石与实践路径

教育技术学，在现代教育科学体系中具有深远影响，这不仅体现在理论层面的创新，更在于对教育实践的深刻改造与引领。其核心精髓在于不懈探索如何将日新月异的信息技术巧妙地融入并革新传统教育过程，使之焕发新的生机与活力。在财经职业教育的数字化转型应用中，教育技术学不仅为数字化转型铺设了坚实的理论基石，更为这一转型进程指明了清晰的方向与路径。

1. 教育技术学的理论框架与核心理念

教育技术学，作为一门交叉学科，其理论框架的构建基于对教育过程的深刻理解和技术的广泛应用。其研究范畴之广泛，不仅触及了教学设计这一核心领域，还深入探讨了媒体技术在教育中的创新应用、学习理论的最新进展以及绩效改进的实践策略。这一多维度的研究视角，使得教育技术学能够全面而深入地解析教育过程中的各个环节，为教育实践提供科学的指导。

（1）教学设计的艺术与科学

教学设计是教育技术学的核心组成部分，它不仅是一种技术或方法，更是一种融合了艺术性与科学性的创造过程。在教学设计中，教育技术学强调以学生为中心，关注学生的学习需求、认知特点和发展规律。通过精心规划教学目标、内容、方法和评价，教育技术学旨在构建一个既符合教育规律又能激发学生潜能的学习环境。在财经职业教育领域，教学设计的重要性尤为突出。它要求教育者不仅要传授财经知识，还要培养学生的实践能力、创新思维和职业素养，以适应复杂多变的市场环境。

（2）媒体技术的革新力量

媒体技术是教育技术学中的另一重要支柱。随着信息技术的飞速发展，媒体技术不断推陈出新，为教育带来了前所未有的变革。从传统的黑板、粉笔到现代的多媒体教室、虚拟实验室，媒体技术不仅丰富了教学手段，还极大地提升了教学效果。在财经职业教育中，媒体技术的应用尤为广泛。例如，通过虚拟现实技术模拟真实的财经工作场景，让学生身临其境地体验职场环境；利用大数据分析技术精准分析学生的学习行为和学习效果，为教师提供个性化的教学建议；通过人工智能辅助教学系统为学生提供个性化的学习路径和资源推荐等。这些技术的应用不仅使学习过程更加生动有趣，还大大提高了学习效率和质量。

（3）学习理论的演进与启示

学习理论是教育技术学的重要理论基础之一。从行为主义、认知主义到建构主义、人本主义等学习理论的演进过程中，教育技术学不断吸收其精华并应用于教育实践中。这些学习理论揭示了人类学习的本质和规律，为教育技术学提供了宝贵的启示。在财经职业教育中，教育者应充分理解并尊重学生的学习特点和需求，采用灵活多样的教学方法和手段激发学生的学习兴趣和积极性。同时，还应关注学生的学习过程和情感体验，通过引导、启发和激励等方式促进学生的全面发展。

（4）绩效改进的实践智慧

绩效改进是教育技术学的实践导向之一。它关注如何通过科学的方法和策略提升教育质量和效果。在财经职业教育中，绩效改进不仅关注学生的学习成果和职业发展前景，还关注教育机构的运营效率和社会效益等方面。为了实现绩效改进的目标，教育技术学倡导建立全面的质量监控和评估体系，定期对教学过程和结果进行监测和分析，及时发现问题并采取有效措施加以改进。同时，还鼓励教育者不断探索新的教学模式和方法以适应市场变化和学生需求的变化，保持教育机构的竞争力和适应力。

教育技术学的理论框架与核心理念在财经职业教育领域得到了淋漓尽致的体现。随着大数据、云计算、人工智能等前沿技术的飞速发展，财经职业教育的传统教学模式正经历着前所未有的挑战与变革。教育技术学以其独特的视角和方法论为这一变革提供了强有力的理论支撑和实践指导。未来随着技术的不断进步和应用场景的不断拓展，教育技术学将继续在财经职业教育中发挥重要作用，推动教育事业的蓬勃发展。

2. 教育技术学强调信息技术在教育资源建设中的关键作用

（1）理论层面

教育技术学不仅强调了信息技术作为工具性手段的必要性，更突出了其在教育资源整合、优化与创新中的引领作用。随着大数据、云计算等技术的飞速发展，财经职业教育所面临的信息量呈爆炸式增长，如何高效、精准地筛选、整合这些资源，成为提升教学质量的关键。教育技术学提出的“智慧教育”理念，正是对这一问题的积极回应。它倡导利用先进的信息技术手段，对教育资源进行深度挖掘与分析，从而发现隐藏的价值与规律，为教学内容的更新与迭代提供科学依据。

（2）大数据技术应用层面

大数据分析技术的引入，为财经职业教育的教学内容更新提供了前所未有的便利与可能。教育机构通过建立与业界的紧密联系，实时收集市场动态、政策变化、技术创新等信息，运用大数据分析技术对这些海量数据进行深度挖掘，准确把握财经行业的发展趋势与市场需求。基于此，教育机构可以灵活调整课程设置，剔除过时、冗余的教学内容，及时补充前沿、实用的财经知识与技能。例如，随着区块链技术的兴起，许多财经职业学院迅速响应，增设了区块链应用、数字货币管理等新课程，以满足市场对区块链人才的需求。

不少财经职业教育机构已经成功地将教育技术学的理念转化为实际行动，并取得了显著成效。以某知名财经职业学院为例，该学院联合多家金融机构与科技企业，共同构建了财经教育资源云平台。该平台不仅汇集了国内外顶尖的财经教育资源与案例研究，还利用大数据分析技术，对学生的学习行为、兴趣偏好、能力水平等进行全面分析，为学生提供个性化的学习路径推荐与资源匹配。同时，学院还定期邀请业界专家与学者，通过线上直播、互动问答等形式，分享最新的财经研究成果与行业洞察，确保学生能够紧跟时代步伐，掌握最前沿的财经知识与技能。

此外，教育技术学还推动了财经职业教育资源库的智能化建设。通过引入人工智能、自然语言处理等先进技术，教育资源库实现了资源的自动分类、标注与检索功能。学生只需输入关键词或描述性语句，系统便能迅速筛选出符合需求的资源列表，并提供详细的学习指南与评估反馈。这种智能化的教育资源库不仅极大地提高了学生的学习效率与体验，还为教师备课、授课提供了有力支持，促进了教学质量的整体提升。

综上所述，教育技术学在财经职业教育资源建设中的应用与实践，不仅丰富了教育资源的种类与数量，更提升了资源的质量与实用性。通过大数据分析、智能化资源库等先进技术手段的运用，财经职业教育得以紧跟时代步伐，不断满足市场需求与行业发展要求，为培养更多高素质、复合型的财经人才贡献力量。

（3）人工智能技术应用层面

人工智能技术为财经职业教育的教学模式带来了翻天覆地的变化，这种技术的革新不仅重塑了教与学的互动方式，更在深层次上推动了教育理念的更新与进步。

智能辅导系统，作为人工智能技术在财经职业教育中的杰出应用之一，其智能化与个性化的特性为传统教学模式带来了前所未有的变革。系统能够依托先进的数据分析算法，精准捕捉每位学生的学习进度、理解能力乃至学习习惯等多维度信息，进而为每位学生量身定制个性化的学习路径。这种因材施教的模式，彻底打破了“一刀切”的传统教学框架，让每个学生都能在最适合自己的学习节奏中稳步提升，极大地提高了学习效率与质量。

智能辅导系统还能即时为学生提供详尽的反馈机制。通过实时监测学生的学习表现，系统能迅速识别出学生的知识盲点、理解误区以及进步空间，并据此提供针对性指导与建议。这种即时反馈不仅帮助学生及时调整学习策略，还激发了他们的学习动力与自我反思能力，促进了学习过程的良性循环。

而虚拟现实与增强现实等前沿技术的应用，则为财经职业教育的教学模式增添了更加丰富的色彩与活力。这些技术通过构建高度仿真的虚拟环境或增强现实场景，将原本抽象复杂的财经概念转化为直观易懂的视觉体验。学生们可以“身临其境”地参与到金融市场的波动、财务报表的分析、投资策略的制定等实践活动中去，从而在亲身体验中深化对财经知识的理解与掌握。这种沉浸式的学习体验不仅极大地提升了学生的学习兴趣与参与度，还培养了他们的创新思维与实践能力。

在实际应用中，不少财经职业教育机构已经成功地将人工智能与虚拟现实等技术融入教学环节中。例如，有的学院利用智能辅导系统为学生提供24小时不间断的学习支持与辅导；有的则通过虚拟现实技术模拟真实的财经工作环境，让学生在虚拟的金融市场中进行实战演练。这些创新性的教学模式不仅受到了学生的热烈欢迎与高度评价，也为财经职业教育的发展注入了新的活力与动力。

（4）教育管理应用层面

智能化教育技术学的深入探索将教学管理的精细化与智能化推向了新的高度，为财经类职业院校的运营与发展注入了强大的动力。这一领域的革新，不仅体现了对教育过程的深刻洞察，更展现了信息技术在提升教育管理效能方面的巨大潜力。

在技术赋能的背景下，一些财经类职业院校开始引入先进的智慧校园系统，这个系统如同学校教育教学管理的“智慧大脑”，能够全面、实时地捕捉教学过程中的每一个环节。从课程设置、师资配备、学生出勤到课堂互动、作业提交、成绩评定，每一个环节都被细致地记录与分析。这种全面监控的能力，使得管理者能够轻松掌握教学动态，及时发现潜在的问题与瓶颈，为后续的教学改进提供有力的数据支持。

数据分析作为教育管理智能化的核心环节，其作用不容忽视。通过对海量教学数据的深入挖掘与处理，教育机构能够揭示出隐藏在教学现象背后的深层规律与趋势。例如，通过分析学生的学习成绩波动情况，可以识别出哪些课程或知识点是学生普遍感到困难的；通过监测师生互动的频率与质量，可以评估出教学方法的有效性与吸引力。这些洞察为管理者提供了宝贵的决策依据，使他们能够制定出更加精准、有效的管理措施。

在数据驱动的指导下，财经类职业院校可以实施一系列针对性改进措施。针对课程难度设置不合理的问题，学校可以调整教学内容与难度梯度，确保学生能够循序渐进地掌握财经知识；针对师生互动不足的情况，可以引入更多互动式教学工具与方法，激发学生的学习兴趣与参与度。这些改进措施不仅直接提升了教学质量与效果，还为学生营造了更加积极、健康的学习环境。

更为重要的是，这种以数据为驱动的教学管理模式，有助于形成持续改进的教育质量保障机制。通过定期收集、分析教学数据并据此调整管理措施与教学策略，教育机构能够不断适应市场变化与学生需求的变化，确保教育质量始终保持在较高水平。这种持续改进的机制不仅增强了教育机构的竞争力与适应力，还为其长期发展奠定了坚实的基础。教育技术学在财经职业教育教学管理领域的深化应用，不仅推动了管理过程的精细化与智能化发展，还通过数据驱动的管理模式提升了管理效率与决策质量。这一变革不仅为财经类职业院校带来了显著的教学效果与竞争优势，更为其持续发展注入了源源不断的动力与活力。

二、终身学习理念的深度渗透与财经职业教育人才培养模式的全面革新

终身学习理论在现代教育思想体系中有着深远的意义和广泛的影响

力，深刻地塑造了现代教育的发展方向。它不仅强调了个人在不同生命阶段持续学习、不断进步的必要性，更凸显了在快速变化的社会环境中，个体如何通过持续学习来适应、引领变革的重要性。对于财经职业教育这一与经济发展紧密相联的教育领域而言，终身学习理念更是具有不可估量的价值与启示。

1. 对财经人才培养模式的深刻反思与全面重构

在财经职业教育的语境下，终身学习理念不仅仅是对学生个人长远发展的一种期许与关怀，更是对财经人才培养模式的一次深刻反思与全面重构。传统的财经职业教育往往侧重于知识的传授与技能的训练，而忽视了对学生自主学习能力、创新思维及跨学科素养的培养。然而，在全球化、信息化的时代背景下，财经领域的发展日新月异，市场需求瞬息万变，单一的知识与技能已难以满足行业对人才的需求。因此，财经职业教育必须跳出传统框架的束缚，以终身学习理念为引领，对人才培养模式进行根本性的革新。

这种革新首先体现在教育目标的重新定位上。财经职业教育不再仅仅追求学生短期内对财经知识与技能的掌握程度，而是更加注重培养学生的综合素质与可持续发展能力。这意味着财经职业教育需要构建一个涵盖自主学习能力、创新思维、跨学科素养等多方面内容的教育体系，以全面促进学生的成长与发展。其次，教学方法的创新也是践行终身学习理念的关键所在。财经职业教育应积极探索项目式学习、探究式学习、合作学习等先进的教学方法，通过引导学生主动探索、积极实践、合作交流等方式，激发他们的学习兴趣与内在动力。同时，教师也应转变角色定位，从知识的传授者转变为学习的引导者与伙伴，为学生提供个性化的学习支持与指导。此外，财经职业教育还需加强与业界的紧密联系与合作。通过建立实习实训基地、开展校企合作项目等方式，为学生提供更多接触实际工作场景的机会与挑战。这种理论与实践相结合的学习方式不仅有助于提升学生的实践能力与职业素养，还能帮助他们更好地适应未来的职业发展道路。同时，通过与业界的深入交流与合作，财经职业教育还能及时了解市场需求与行业趋势，为人才培养方案的调整与优化提供有力支撑。

最后，终身学习理念的深化践行还需依赖于教育资源的优化与整合。

财经职业教育机构应积极引入先进的信息技术手段与教育资源平台，为学生提供更加丰富、便捷的学习资源与服务。同时，通过加强与其他教育机构的交流与合作，实现教育资源的共享与互补，共同推动财经职业教育的持续健康发展。

2. 促进财经职业教育的视野与使命深远拓展

在终身学习教育理念指引下，财经职业教育的格局发生了根本性的转变。它不再仅仅满足于为学生提供校园内的短期培训或学历教育这一狭窄的舞台，而是将视野投向了更加广阔的天地，聚焦于学生的长远发展与终身成长。这一转变，不仅体现了教育对个体潜能的无限信任与期待，更是对财经行业快速变迁、市场环境日新月异的深刻洞察与积极应对。

在财经职业教育的全新版图中，学生的自主学习能力被视为核心竞争力的关键所在。在这个信息爆炸的时代，知识的更新速度超乎想象，唯有具备强大的自主学习能力，学生才能在未来的职业生涯中不断汲取新知，保持领先。因此，财经职业教育致力于培养学生的自我驱动力与自我管理能力，鼓励他们主动探索、积极求知，将学习内化为一种生活方式和人生追求。

同时，创新思维的培养也被提到了前所未有的高度。财经领域作为经济发展的核心驱动力，其每一次进步都离不开创新的力量。财经职业教育因此将激发学生的创新潜能作为重要目标，通过设计富有挑战性的学习任务、营造开放包容的学习氛围、鼓励跨领域的思维碰撞等方式，让学生敢于突破常规、勇于尝试新事物，为未来的职业发展奠定坚实的创新基础。

跨学科素养的培育同样不容忽视。在全球化、信息化的今天，财经行业与其他领域的交叉融合日益加深，单一的知识结构已难以满足复杂多变的市场需求。因此，财经职业教育积极引入跨学科的教学内容与方法，如经济学与计算机科学、法律、环境科学等领域的交叉课程与实践项目，旨在帮助学生构建起多元化的知识体系与综合应用能力，以更好地适应未来职场的挑战。

为实现上述目标，财经职业教育不断探索并引入先进的教学方法与手段。项目式学习、探究式学习等教学模式因其强调实践导向、问题解决与团队协作而备受青睐。这些教学方法不仅能够有效激发学生的内在学习动力与探索精神，还能让他们在解决实际问题的过程中不断积累经验、提升智慧。同时，这些教学方法还鼓励学生走出教室、走进社会、深入行业一线进行实地考察与调研，从而加深对财经领域的理解与认识。

在终身学习理念的指导下，财经职业教育正迈向新的发展阶段。它不再满足于现状、不再局限于传统框架之内，而是积极拥抱变革、勇于探索未知领域。通过关注学生的长远发展、培养自主学习能力、激发创新思维与跨学科素养等举措的实施与推进，财经职业教育正努力为国家的经济发展与繁荣培养出更多高素质、复合型财经人才。

三、知识经济与技能型社会构建推动财经职业教育的转型与升级

知识经济的崛起对财经职业教育提出了更高的要求。在知识经济时代，知识更新速度加快，技能要求不断提升。财经职业教育必须紧跟时代步伐，及时更新教学内容和方法，培养适应市场需求的财经技能型人才。同时，技能型社会的构建要求财经职业教育注重实践能力的培养，加强校企合作和产教融合，为学生提供更多实践机会和就业岗位。在数字化转型过程中，应充分利用信息技术手段，构建仿真实训环境和实践教学平台，提升学生的实践能力和职业素养。

1. 知识经济的崛起

随着科技的飞速发展，人类社会正逐步迈入知识经济的新纪元。知识经济，这一以知识为基础、以创新为驱动的经济形态，不仅改变了传统的产业结构与经济增长模式，也对职业教育体系提出了新的挑战与要求。在这样一个时代背景下，财经职业教育作为培养未来财经领域专业人才的重要阵地，其地位与作用愈发凸显。知识经济的核心在于知识的创造、传播与应用。随着全球化的深入发展，知识更新速度日益加快，新技术、新业态层出不穷。财经领域作为连接实体经济与金融市场的桥梁，其变化更是日新月异。因此，财经职业教育必须紧跟时代步伐，密切关注市场动态与行业趋势，及时调整教学内容与方法，确保所培养的人才能够迅速适应市场需求的变化。

在知识经济时代，财经职业教育面临着前所未有的挑战。一方面，知识更新的快速性要求教学内容必须保持高度的时效性与前瞻性；另一方面，技能要求的提升则强调了学生必须具备扎实的专业基础与强大的实践能力。因此，财经职业教育需要不断探索创新教学模式与方法，如引入项目式学习、案例式教学等先进理念与手段，以激发学生的学习兴趣与主动性，培养其自主学习与解决问题的能力。

2. 技能型社会的构建

与知识经济的崛起相伴随的是技能型社会的逐步形成。技能型社会强调以技能为核心的人才评价体系与激励机制，鼓励个人通过不断学习与实践提升自身技能水平以实现个人价值与社会贡献。在这一背景下，财经职业教育不仅承担着传授财经知识与技能的职责，更肩负着培养具备高素质、高技能的财经人才的重任。

为了实现技能型社会的构建目标，财经职业教育需要注重实践能力的培养与提升。这要求教育机构加强与企业的合作与交流，通过校企合作、产教融合等方式为学生提供更多实践机会与就业岗位。同时，财经职业教育还应积极引入信息技术手段，构建仿真实训环境与实践教学平台，以模拟真实工作环境中的业务流程与操作规范，从而有效提升学生的实践能力与职业素养。在校企合作方面，财经职业教育可以与企业共同制定人才培养方案、设计课程体系与实践项目，确保所培养的人才能够紧密贴合市场需求与行业标准。通过参与企业的实际项目运作与产品研发过程，学生不仅能够深入了解财经领域的最新动态与前沿技术，还能够积累宝贵的实践经验与项目经验，为未来的职业发展奠定坚实基础。此外，财经职业教育还应积极构建多元化的评价体系与激励机制以全面反映学生的技能水平与综合素质。这包括建立科学的技能认证体系、开展各类技能竞赛与展示活动以及加强与行业协会、职业资格认证机构的合作等方式以激发学生的学习动力与创造力促进其全面发展与成长。

3. 财经职业教育的创新之路

在数字化转型的大背景下，财经职业教育迎来了前所未有的发展机遇与挑战。数字化转型不仅改变了传统的教育方式与方法，还为财经职业教育注入了新的活力与动力。通过充分利用信息技术手段，财经职业教育可以构建更加智能化、个性化的教学环境与平台为学生提供更加丰富、便捷的学习资源与服务。

在数字化转型过程中财经职业教育可以引入大数据、人工智能等先进技术对学生的学习行为、成绩表现等数据进行深入分析，以精准把握学生的学习需求与特点，从而为其提供更加个性化的学习路径与资源推荐。同时财经职业教育还可以利用虚拟现实、增强现实等先进技术手段，构建仿真实训环境与互动式教学场景让学生在虚拟环境中进行模拟操作与实践演练，从而提升其实践能力与职业素养。数字化转型还为财经职业教育带来了教学模式的创新与升级。通过引入混合式学习、翻转课堂等新型教学模式，财经职业教育可以实现线上与线下教学的有机结合，打破时间与空间的限制，为学生提供更加灵活多样的学习选择。同时数字化转型还促进了财经职业教育与国际教育的交流与合作，通过引进国外优质教育资源与先进教育理念，不断提升我国财经职业教育的国际化水平与国际竞争力。

知识经济的崛起与技能型社会的构建为财经职业教育提出了新的挑战与要求。面对这些挑战与要求，财经职业教育必须紧跟时代步伐，不断创新教学模式与方法，加强校企合作与产教融合，充分利用信息技术手段推动数字化转型进程，以培养出更多适应市场需求、具备高素质与高技能的财经人才。

四、现代职业教育理念的深度践行与财经职业教育数字化转型的融合

在财经职业教育领域，随着信息技术的飞速发展和社会对人才需求的不断变化，现代职业教育理念的应用显得尤为重要。其中，产教融合、校企合作作为现代职业教育体系的核心支柱，为财经职业教育的数字化转型提供了强大的动力和方向指引。同时，终身学习、跨界融合等现代教育理念的融入，更是为财经职业教育的未来发展开辟了更加广阔的空间。

1. 以产教融合构筑深化校企合作新生态

产教融合是现代职业教育发展的必然趋势，它强调教育与产业的深度融合，通过学校与企业的紧密合作，共同推动教育资源的优化配置与高效利用。在财经职业教育的数字化转型过程中，产教融合的理念被赋予了新

的内涵与要求。一方面，教育机构应主动寻求与企业的深度合作，共同开发符合市场需求的专业课程与实训项目，确保教学内容与行业标准紧密对接；另一方面，企业也应积极参与教育过程，提供实习实训机会、技术支持与资金援助等，助力财经职业教育质量的全面提升。

为了实现产教融合的深度推进，财经类职业院校需要采取一系列具体措施。建立校企合作的长效机制，明确双方的权利与义务，确保合作关系的稳定与持久；共同制订人才培养方案与教学计划，确保教育内容与产业需求的无缝对接；加强师资队伍建设，通过引进企业专家、派遣教师到企业实践等方式，提升教师的专业能力与实践经验；充分利用信息技术手段，构建线上线下相结合的混合式教学模式，打破时间与空间的限制，为学生提供更加灵活多样的学习体验。

2. 以校企合作推动教育资源优化配置

校企合作是产教融合的具体体现与实现途径。在财经职业教育的数字化转型中，校企合作不仅有助于教育资源的优化配置与高效利用，还能为学生提供更加贴近市场需求的实践机会与就业岗位。通过与企业建立紧密的合作关系，财经类职业院校可以深入了解市场需求与行业动态，及时调整课程设置与教学内容；同时，企业也能借助教育机构的智力资源与人才优势，推动技术创新与产业升级。

为了实现校企合作的深度与广度拓展，财经类职业院校需要注重以下几个方面的努力。一是加强双方沟通与协调机制的建设，确保合作过程中的信息畅通与决策高效；二是共同探索多样化的合作模式与路径，如共建实训基地、联合研发项目、互派人员交流等，以满足不同层次的合作需求；三是注重合作成果的转化与应用推广，将合作成果及时转化为教学资源与生产力要素，推动教育与产业的共同发展。

3. 以终身学习构建持续成长的财经人才生态系统

终身学习理念强调个体在不同生命阶段持续学习的重要性与必要性。在财经职业教育领域，终身学习理念的融入不仅有助于提升学生的自主学习能力与职业素养水平，还能为财经人才的持续成长与发展提供有力支撑。随着数字化转型的加速推进，财经职业教育机构更应注重培养学生的终身学习能力与跨界整合能力，以适应快速变化的市场需求与行业趋势。

为了实现终身学习的有效实践与推广，财经类职业院校可以从几方面入手。一是构建开放灵活的学习体系与平台支持学生随时随地进行自主学习与交流互动；二是引入跨学科课程与项目式学习等教学模式打破学科壁垒促进知识融合与技能交叉；三是加强与行业协会、职业资格认证机构的合作为学生提供多样化的学习资源与认证渠道；四是建立跟踪评估与反馈机制及时了解学生的学习进展与成长需求以便提供针对性指导与支持。

4. 以跨界融合打造具有创新精神的财经人才培养平台

跨界融合是现代职业教育发展的重要趋势之一。在财经职业教育领域，跨界融合的理念强调打破传统学科界限，促进不同领域知识与技能的交叉融合，以培养出具有创新精神与实践能力的复合型人才。随着数字化转型的深入推进跨界融合的理念在财经职业教育中得到了更加广泛的应用与实践。

为了实现跨界融合的深度推进财经职业教育机构需重视几方面的工作。加强跨学科课程体系的建设将经济学、管理学、信息技术等多学科知识有机融合形成具有特色的财经专业课程体系；引入项目式学习等先进教学模式鼓励学生在解决实际问题的过程中综合运用多学科知识与技能提升综合应用能力；加强与行业外企业的合作与交流，拓宽学生的视野与思路，激发其创新思维与创造力；建立创新激励机制鼓励学生积极参与创新创业活动，为其提供资金支持与指导服务促进其创新成果的转化与应用推广。

产教融合、校企合作、终身学习以及跨界融合等现代职业教育理念在财经职业教育的数字化转型过程中发挥了重要作用。通过深入践行这些理念财经职业教育机构不仅能够培养出更多适应市场需求、具备高素质与高技能的财经人才，还能推动教育与产业的深度融合与共同发展，为社会经济发展注入新的活力与动力。

第三节　理论与实践探讨

当前，教育与技术的深度融合已成为推动教育变革的重要力量。财经职业教育，作为连接理论与实践、服务于经济社会发展的重要环节，正面临着前所未有的机遇与挑战。在此背景下，“双向赋能，技能交叉”理念的提出，不仅是对财经类专业与计算机类专业深度融合的积极探索，更是对现代职业教育理论的深刻实践与创新发展，无疑为财经领域的人才培养注入了新的发展思路。

一、“双向赋能，技能交叉”理念的内涵与价值

“双向赋能，技能交叉”这一理念的核心，在于打破学科壁垒，促进财经知识与其他领域技能的深度融合与互补，实现学生能力与市场需求的双向奔赴。

1. 双向赋能

“双向赋能”，即信息技术赋能财经职业教育，财经知识强化计算机职业教育。

（1）双向赋能理念

“双向赋能”强调财经类专业与计算机类专业之间的相互促进与提升。通过引入信息技术手段对财经类专业进行赋能改造，可以提升教学效果和学生的学习体验；同时，将财经知识融入计算机类专业课程体系中，可以增强其专业特色和市场竞争力。这种双向赋能的过程不仅促进了两个专业大类之间的深度融合与协同发展，也为财经职业教育数字化转型提供了新的发展方向。

（2）双向赋能内涵

“双向赋能”意指教育过程中，学生不仅从财经专业知识中获得力量，更通过跨学科的学习和实践，将非财经技能（如信息技术、数据分析、跨文化交际等）内化为自身竞争力的一部分。同时，这种赋能也是双向的，学生在掌握综合技能后，能反向作用于财经领域，推动行业创新与发展，形成良性循环。这种模式下的教育，不再是单向的知识灌输，而是双向互动、共同成长的生态体系。

2. 技能交叉

（1）技能交叉理念

“技能交叉”进一步推动了财经类专业与计算机类专业的跨界融合。通过构建跨学科课程体系和模块化教学平台等方式打破学科壁垒、促进知

识融合与技能交叉。这不仅可以拓宽学生的知识面和视野范围，还可以提升其跨界整合能力和创新思维水平；同时也有助于增强毕业生的就业竞争力和职业发展空间。

（2）技能交叉内涵

技能交叉的价值，在于它赋予了学生解决复杂财经问题的多元化视角和工具。例如，在金融科技迅猛发展的今天，掌握编程技术的财经专业学生能更好地理解并应用区块链、人工智能等前沿技术于金融市场分析、风险管理等领域，从而开辟出全新的职业路径。这种跨界融合，不仅拓宽了学生的就业渠道，也为企业输送了更具创新力和适应性的复合型人才。

3. “双向赋能，技能交叉”理念的价值

“双向赋能，技能交叉”理念的核心在于通过财经与信息技术的深度融合，实现知识与技能的双向提升。这种融合并非简单地叠加，而是在深入理解两者内在联系的基础上，进行有机整合。财经知识为信息技术提供了广阔的应用场景，而信息技术则为财经领域带来了新的分析方法和工具。在这种双向赋能的过程中，学生的技能得到了全面提升，更好地适应了市场的需求。

这一理念为财经职业教学体系带来了创新性的变革。课堂不再局限于传统的黑板与讲台，而是转变为一个充满互动与探索的数字空间。财经课程中，学生们不再仅仅埋头于枯燥的财务报表和复杂的经济模型，而是通过大数据分析软件，直观地观察市场动态，预测经济趋势。他们学会了如何利用信息技术挖掘隐藏在数据背后的规律，将抽象的财经理论转化为解决实际问题的钥匙。

同时，信息技术课程也焕发了新的生机。编程不再是冰冷的技术堆砌，而是成为财经智慧的延伸。学生们在编写算法时，会不自觉地融入财经思维，设计出能够优化投资策略、降低金融风险的智能系统。这种跨学科的融合，让信息技术的学习不再孤立无援，而是与现实生活紧密相连，充满了实践的意义和价值。

随着“双向赋能，技能交叉”理念的深入实践，财经与信息技术的界限变得越来越模糊，两者之间的融合也愈发紧密。这种融合不仅推动了学科的发展，更为社会培养了一批批既懂财经又懂信息技术的复合型人才。

他们将成为未来社会的中坚力量，用智慧和汗水书写属于自己的辉煌篇章。

该理念的价值不仅体现在理论层面，更在于其在实际应用中所展现出的特殊潜力。以笔者所在院校为例，该校在个别专业实施了“双向赋能，技能交叉”模式，巧妙地将理论教学与实践操作深度融合，一方面，通过引入行业前沿的案例分析、模拟交易系统等手段，让学生在课堂上就能触摸到市场的脉搏，感受经济运行的真实逻辑；另一方面，鼓励学生跨专业学习，如财会专业的学生可选择修读市场营销、数据分析等课程，而市场营销的学生也能涉足人工智能、财务管理等领域，这种交叉融合的课程设置，极大地拓宽了学生的知识视野，让他们的技能更加全面，综合素质和就业竞争力得到了显著提升。

另一个例子，该校引入“金融科技实验室”，将经济学原理与编程课程相结合，学生在模拟的金融市场环境中，运用 Python 等编程语言进行大数据分析、量化交易策略设计等实践。此外，学院还定期举办“财经 + 创新”挑战赛，鼓励学生跨专业组队，将市场营销、法律知识与财经智慧融合，解决真实世界中的经济问题。这些实践案例生动展示了“双向赋能，技能交叉”理念在职业教育中的巨大潜力与成效。

二、现代职业教育理论支撑下的“双向赋能，技能交叉”实践

在现代职业教育理论的支撑下“双向赋能，技能交叉”理念得以在实践中得到深入贯彻与落实。以下将从教育技术学与终身学习理论、知识经济与技能型社会构建、产教融合与校企合作以及跨界融合等多个维度出发探讨其具体应用与实现路径。

1. 教育技术学与终身学习理论的融合应用

教育技术学强调信息技术在教育领域的应用与创新为“双向赋能”提供了坚实的技术支撑。通过引入大数据、云计算、人工智能等先进技术手段，财经教育机构可以开发出更加智能化、个性化的教学系统与平台从而提升教学效果与学生的学习体验。同时终身学习理论则要求财经职业教育

关注学生的长远发展培养他们的自主学习能力与创新思维。在“双向赋能”的过程中财经教育机构应注重培养学生的信息素养与终身学习习惯引导他们利用信息技术手段进行自主学习与探索创新。

2. 知识经济与技能型社会构建的积极响应

在知识经济与技能型社会的背景下财经职业教育必须紧跟时代步伐不断更新教学内容与方法以适应市场需求的变化。“双向赋能，技能交叉”理念的提出正是对这一背景的积极响应。通过引入信息技术手段对财经类专业进行赋能改造并融入财经知识于计算机类专业课程体系中财经职业教育不仅能够培养出更多适应市场需求的高素质技能型人才还能够推动教育与产业的深度融合与协同发展。这样的教育模式不仅有助于提升财经职业教育的核心竞争力，还能够为经济社会发展注入新的活力与动力。

3. 产教融合与校企合作的深度推进

产教融合与校企合作是实现“双向赋能，技能交叉”的重要途径之一。通过与企业建立紧密的合作关系财经职业教育机构可以深入了解市场需求与行业动态从而及时调整专业设置与课程内容。同时企业也可以借助教育机构的智力资源与人才优势推动技术创新与产业升级。在“双向赋能”的过程中财经职业教育机构应积极寻求与企业的合作机会共同开发课程、制定人才培养方案并为学生提供实习实训机会与就业岗位。通过这样的合作模式财经职业教育不仅能够培养出更多符合市场需求的高素质技能型人才还能够为企业的发展提供有力的人才支撑与智力支持。

4. 跨界融合与综合素质提升的全面促进

跨界融合是现代职业教育发展的重要趋势之一。“双向赋能，技能交叉”理念的提出正是对这一趋势的深刻把握与积极回应。通过构建跨学科课程体系和模块化教学平台等方式打破学科壁垒促进知识融合与技能交叉财经职业教育不仅拓宽了学生的知识面与视野范围还提升了他们的跨界整合能力与创新思维水平。这样的教育模式不仅有助于培养学生的综合素质与创新能力还能够为他们未来的职业发展打下坚实基础。同时跨界融合还有助于推动财经职业教育与其他领域的深度合作与交流从而为学生的全面发展提供更加广阔的空间与机会。

“双向赋能，技能交叉”理念是现代职业教育理论在财经职业教育领域的深入实践与创新发展。它不仅促进了财经类专业与计算机类专业的深度融合与协同发展还为财经职业教育的数字化转型提供了新的动力源泉。在未来的发展中我们有理由相信“双向赋能，技能交叉”理念将为财经职业教育提供一条切实可行的人才培养之路。

三、“双向赋能，技能交叉”理念的深入分析

国内外关于财经职业教育数字化转型的研究已经取得了一定成果，但大多侧重于单一专业的数字化改造或信息技术在教学中的简单应用。而“双向赋能，技能交叉”理念则突破了这一局限，提出了财经类专业与计算机类专业深度融合与交叉发展的新路径。这一理念不仅具有创新性和前瞻性价值，也为财经职业教育的数字化转型提供了新的思路和方向。通过对比分析国内外相关研究成果可以发现，“双向赋能，技能交叉”这一理念在课程设置、教学模式、实践教学等方面具有显著的优势和独特性。例如，在课程设置上注重跨学科整合与模块化设计；在教学模式上强调智能化、个性化与互动性；在实践教学上加强校企合作与产教融合等。这些优势使得“双向赋能，技能交叉”理念在财经职业教育数字化转型中展现出强大的生命力和广阔的发展前景。

1. “双向赋能，技能交叉”理念的独特性

虽然国内外关于财经与信息技术融合的研究已有不少成果，但“双向赋能，技能交叉”理念仍具有其独特性和创新性。该理念不仅强调了财经与信息技术的深度融合，更关注了在融合过程中如何实现知识与技能的双向提升。这种全新的视角和思路，为财经职业教育的改革创新提供了新的方向。

事实上，国内一些前沿的财经类院校开始重构课程体系，增设了诸如“金融科技应用”“大数据财务分析”等跨学科课程，这些课程不仅要求学生掌握扎实的财经理论基础，还强调信息技术工具的使用与数据分析能力，让学生在解决实际财经问题的过程中，自然而然地实现财经素养与信息技术能力的双向提升。同时，通过建立校企合作实训基地，学生有机会参与到真实的财经项目中，与业界专家共同工作，这种“学中做，做中

学”的模式极大地促进了学生技能交叉能力的形成。这些都是对“双向赋能，技能交叉”理念的实践。

当前，欧美等发达国家的教育机构纷纷推出“数字财经转型计划”，旨在通过引入最新的信息技术手段，如人工智能、区块链等，对财经教育进行深度改造。他们不仅重视技术的引入，更强调财经思维与信息技术思维的融合教育，通过组织国际研讨会、工作坊和在线学习社群，促进全球范围内的知识共享与经验交流，共同推动财经职业教育向更高层次迈进。

国内外的财经职业教育现在都开始注重培养学生的创新思维与跨界合作能力。学生们被鼓励跳出专业界限，与不同领域的学生组队，共同解决复杂的财经与信息技术融合问题。这种跨学科的团队协作模式，不仅激发了学生的创造力，也为他们未来在快速变化的职场环境中脱颖而出奠定了坚实基础。“双向赋能，技能交叉”理念不仅为财经职业教育注入了新的活力，更为培养适应未来社会需求的高素质财经人才指明了方向。在这一理念的指引下，财经与信息技术的融合将更加紧密。

2. “双向赋能，技能交叉”模式的可行性和有效性

对于“双向赋能，技能交叉”模式的理论基础和实践案例的分析，我们进一步发现其可行性和有效性。从理论上讲，该模式符合当前职业教育发展的趋势，顺应了市场对复合型人才的需求。从实践上看，有些财经类职业院校已经开始尝试实施类似的教育教学改革，并取得了一定的成效。这些实践案例充分证明了“双向赋能，技能交叉”模式在财经职业教育中的可行性和有效性。

（1）“双向赋能，技能交叉”模式的深层逻辑

在深入探讨“双向赋能，技能交叉”模式的理论与实践融合时，我们不得不提及其背后的深层逻辑与创新动力。此模式的核心，在于打破传统学科壁垒，促进知识体系的跨界融合，使学习者能够在掌握本专业核心技能的同时，汲取其他领域的知识与技能，形成“1 + X”的能力结构，即一个坚实的专业基础加上多项跨领域技能，从而适应快速变化的职业市场需求。

理论上，该模式植根于建构主义学习理论，强调学习者在真实情境中主动构建知识体系，通过项目驱动、案例分析、团队合作等多元化教学方

式，实现知识的内化与外显。它不仅关注技能的学习，更重视批判性思维、创新能力及解决复杂问题能力的培养，这与当前社会强调的终身学习、灵活适应的理念不谋而合。

实践层面，个别财经职业院校的先行先试也引人注目。例如，某财经职业学院创新性地开设了“金融科技与会计融合班”，通过引入大数据分析、人工智能等前沿技术课程，与传统会计课程深度结合，让学生在掌握会计实务操作的同时，也能理解并应用金融科技工具优化财务决策流程。这一举措不仅提升了学生的就业竞争力，还促进了校企合作的深化，满足了企业对复合型人才的需求，实现了学校、学生与企业的三方共赢。还有财经类职业院校尝试构建“跨境电商 + 国际贸易”的复合型人才培养模式，通过模拟跨境电商平台运营、国际贸易谈判等实战演练，使学生既熟悉国际贸易规则与流程，又掌握跨境电商平台的运营策略与技巧，有效应对全球化背景下国际贸易的新挑战。

这些实践案例不仅丰富了“双向赋能，技能交叉”模式的内涵，也为其他类型的职业院校提供了宝贵的经验与启示。“双向赋能，技能交叉”模式不仅是职业教育改革的重要方向，更是为培养未来社会所需复合型人才提供了可行的路径。随着技术的不断进步和市场的持续变化，该模式将不断演化与完善，可以为财经职业教育乃至职业教育体系注入新的动力。

（2）“双向赋能，技能交叉”为财经职业教育带来新发展机遇

通过深入剖析“双向赋能，技能交叉”理念的内涵、价值及实践案例，我们可以清晰地看到该理念在推动财经职业教育改革创新中的重要作用。未来，随着更多研究的深入和实践的探索，相信这一理念将在财经职业教育领域发挥出更大的潜力。

对这一模式的探索与完善，正逐步构建起一个多元化、融合性的财经职业教育系统。它不再局限于传统的会计、金融等单一技能传授，而是鼓励学生跨越学科界限，实现知识与技能的双向流动与深度融合。如果在财经职业教育的课堂上，学生们不仅能够精通财务报表分析，还能灵活运用大数据分析技术，预测市场趋势；他们既懂得宏观经济政策的解读，又能通过项目管理知识，优化企业资源配置。这种跨界融合的教育模式，无疑为培养复合型、创新型的财经职业人才铺设了全新的道路。

实践中，某财经职业学院与科技企业合作，共同打造“智慧财经实验室”，通过模拟真实商业环境，让学生在虚拟平台上操作股票交易、管理企业资金流，同时结合编程课程，学习如何利用算法优化投资策略。这样的教学模式，不仅极大地提升了学生的实践能力，还激发了他们对新兴技术的兴趣与探索欲，为未来的职业发展奠定了坚实的基础。这些都是“双向赋能，技能交叉”的理念证明案例。

随着在线教育的兴起，“双向赋能，技能交叉”的理念也被赋予了新的生命力。许多职业院校开始与国内外财经机构、在线教育平台合作，推出了一系列跨学科的在线课程，如“金融科技与区块链基础”“可持续发展与绿色金融”等，这些课程不仅涵盖了财经领域的最新动态，还融入了计算机科学、环境科学等多学科的知识，为学生提供了广阔的视野和丰富的选择。学生们可以根据自己的兴趣和职业规划，自由组合课程，形成个性化的学习路径，实现自我赋能。

随着技术的不断进步和社会的快速发展，期望能够看到更多以“双向赋能，技能交叉”理念为核心的创新教育模式和教学方法，虚拟现实、增强现实等技术在财经教育虚拟仿真中心的应用，将为学生提供更加沉浸式、互动性的学习体验。同时，随着国际交流的日益频繁，财经职业教育也将更加注重培养学生的全球视野和跨文化沟通能力，为他们在全球化经济中展现才华、贡献智慧创造更多机会。

“双向赋能，技能交叉”的财经职业教育理念不仅促进了学生个人能力的全面提升，更为社会经济的持续健康发展注入了新的活力。前面的这些实践案例，不仅是对“双向赋能，技能交叉”教育理念的有力诠释，更是对高等教育如何适应时代需求、培养符合社会期待的高素质人才的一次成功探索。教育的真正价值在于激发学生的潜能，培养他们成为具有创新精神、实践能力和社会责任感的未来职业人群。

第四节　研究框架构建

在研究“双向赋能，技能交叉”为核心理念的财经类高职院校人才培养数字化转型过程中，构建一个清晰、系统的研究框架至关重要。这不仅有助于明确研究的方向和目标，还能确保研究的科学性和严谨性。

一、明确研究边界

本研究专注于财经类高职院校在数字化转型背景下的人才培养模式创新，特别是"双向赋能，技能交叉"理念的实施路径与效果。我们将重点分析财经职业教育的现状、挑战及转型策略，同时探讨数字化转型对财经人才培养的深远影响。在划定这一研究领域的清晰边界后，我们深入剖析财经类职业院校的人才培养规律，发现其正处在传统教育模式与数字浪潮交汇的十字路口。当前，财经职业教育普遍面临着课程内容滞后于市场变化、实践教学资源不足、学生创新能力与跨界融合能力亟待提升等挑战。这些挑战是财经教育现代化发展的瓶颈，亟须我们以创新的思维与行动去打通堵点与痛点。

"双向赋能，技能交叉"理念的提出，为财经类高职院校的数字化转型注入了新的活力。这一理念强调双向互动，一方面，通过引入前沿的数字技术，如大数据分析、人工智能、区块链等，为财经教育赋能，使教学内容更加贴近数字社会实际，教学方法更加灵活多样；另一方面，财经专业的学生也需主动拥抱技术，将财经知识与数字技术深度融合，形成跨界融合的技能组合，为未来职业生涯的多元化发展奠定坚实基础。

实施路径上，首先，我们可以借鉴国内外成功案例，构建"课程体系重构—教学模式创新—实训平台建设—校企合作深化"四位一体的转型框架。首先，课程体系需紧密对接行业需求，融入数字技能模块，形成"财经＋科技"的复合型课程体系。其次，利用在线学习平台、虚拟仿真技术等现代教学手段，创新教学模式，增强学习的互动性和实效性。再次，建设集教学、实训、科研于一体的数字化实训平台，为学生提供真实或模拟的职场环境，提升其实践操作能力和问题解决能力。最后，深化校企合作、共同开发课程、共建实训基地，实现人才培养与产业需求的无缝对接。

对于效果的评估，可以采用多维度、定量与定性相结合的方法，不仅关注学生就业率、薪资水平等显性指标，更要对学生的创新能力、团队合作能力、持续学习能力等软实力的提升进行衡量。同时，通过跟踪调查毕业生在职场的表现，评估“双向赋能，技能交叉”理念对财经人才长远发展的影响，为持续优化人才培养模式提供数据支持。

财经类高职院校在数字化转型的浪潮中，应在“双向赋能，技能交叉”核心理念的指引下，不断探索与创新，培养出既精通财经知识又掌握数字技能的复合型技能人才。

二、构建理论支撑体系

为了深入研究“双向赋能，技能交叉”理念在财经职业教育中的应用，我们构建了一个理论支撑体系。该体系融合了教育技术学、终身学习理论、知识经济与技能型社会构建等多元理论视角，为财经职业教育的数字化转型提供了坚实的理论基础。同时，我们还借鉴了国内外关于教育数字化转型、职业教育理论以及财经与信息技术融合研究的最新成果，以确保研究的前瞻性和创新性。在此基础上，我们进一步细化了“双向赋能，技能交叉”理念的实施路径，旨在财经职业教育领域内探索出一场教学变革。

1. 聚焦于课程体系的重构

打破传统财经专业与信息技术课程的界限，设计了一系列跨学科融合课程。这些课程不仅涵盖了基础的会计、金融、管理等财经知识，还深度融合了大数据分析、云计算、人工智能等前沿信息技术，让学生在掌握财经技能的同时，也能熟练运用技术手段解决复杂经济问题。

2. 创新了教学模式

引入了项目式学习、翻转课堂等现代教学方法，鼓励学生主动探索、合作学习。通过模拟真实商业场景，如企业财务分析、市场预测与决策支持系统等项目，学生在解决实际问题的过程中，不仅锻炼了财经专业技能，还学会了信息技术在财经领域的应用，实现了“学中做，做中学”的良性循环。

3. 重视实践教学环节

与行业企业建立深度合作，共建实训基地和产学研合作平台。学生在这些平台上，能够接触到最新的财经信息系统、参与企业真实项目，将所学理论知识与实际操作紧密结合，实现从校园到职场的无缝对接。此外，我们还鼓励学生参与各类财经科技竞赛，如金融科技挑战赛、大数据分析竞赛等，以赛促学，激发学生的创新思维和团队协作能力。

4. 构建评价体系

对评价体系进行相应调整，构建了多元化、过程化的评价体系。除了传统的考试考核外，还增加了项目报告、团队合作能力、创新成果等多维度的评价指标，全面评估学生的财经素养、信息技术能力和综合素质。这种评价体系更加注重学生的实际应用能力和创新思维的培养，与“双向赋能，技能交叉”的核心理念相契合。

5. 持续关注教育技术的最新发展

关注应用生成式人工智能、虚拟现实、增强现实等技术在教育领域的应用，探索其在财经职业教育中的潜力。通过不断引入新技术、新工具，力争于打造一个更加智能化、个性化的学习环境，为每一位学生提供更加精准、高效的学习支持，助力他们在财经职业教育的道路上走得更远、更稳。

三、关键词定义与概念辨析

在构建研究框架的过程中，需要对关键词进行了明确定义，并对相关概念进行了辨析。例如，“双向赋能”指的是通过财经与信息技术的深度融合，实现知识与技能的双向提升；“技能交叉”则强调跨学科交叉培养，以提升学生的综合素质和就业竞争力。这些定义和辨析有助于更准确地把握研究的核心内容，避免概念上的模糊和混淆。

四、明确研究方法

本研究采用了多种研究方法，包括案例研究、调查研究等。通过深入剖析国内外财经职业教育数字化转型的成功案例，可以从中汲取经验，为提出切实可行的转型策略提供实践参考。同时，还将开展广泛的调查研究，收集一线教师、学生和行业专家的意见和建议，以确保研究的针对性和实效性。

在明确研究方法的基础上，进一步细化了实施路径，力求做到理论与实践的紧密结合。首先，在案例研究方面，精心挑选国内外财经职业教育领域的先行者，这些院校或机构在数字化转型上取得了显著成效，不仅教学模式有所创新，更在提升学生就业竞争力、促进产学研深度融合方面具有独特之处。

针对每个案例，可以采取“深潜式”研究方法，即不仅收集并分析其转型过程中的战略规划、技术应用、资源配置等宏观层面的信息，更深入课堂一线，观察教学互动、学习体验、学生反馈等微观层面的变化。通过对比分析，提炼出共性的成功要素，如领导力的远见卓识、师资队伍的信息化素养提升、教学资源的数字化整合以及学习平台的个性化定制等，这些要素为构建财经职业教育数字化转型的通用框架提供了坚实的支撑。

调查研究作为本研究不可或缺的一环，通过详尽设计问卷与访谈提纲，覆盖财经职业教育的多个维度，包括但不限于教学内容与方法创新、学生学习成效评估、校企合作模式探索、师资队伍能力建设等。通过线上线下的多渠道发放问卷，确保样本的广泛性和代表性；而一对一的深度访谈，则让研究者能够更直观地捕捉到一线教师、学生及行业专家内心的真实声音和迫切需求。

在数据收集与整理阶段，采用了定量与定性分析相结合的方法。利用统计学软件对问卷数据进行量化处理，揭示出数字化转型过程中存在的普遍问题与改进空间；而访谈记录则通过内容分析法，提炼出丰富的质性资料，为策略建议提供情感与认知层面的支撑。

最终，基于案例研究与调查研究的双重验证，形成了以“双向赋能，技能交叉”理念为核心的财经职业教育数字化转型的多维度策略体系。这一体系既包含了宏观层面的政策导向与战略规划，也涵盖了中观层面的组织架构调整与资源配置优化，更触及了微观层面的教学模式创新、学习支持服务升级等具体举措。这一策略体系将为财经职业教育领域的数字化转型提供一套可复制、可推广的解决方案。

五、数据收集和分析方法

1. 数据收集

在数据收集方面，将综合运用问卷调查、访谈、实地观察等多种手段，以获取全面、真实的研究数据。数据分析则采用定量与定性相结合的方法，通过统计分析软件对数据进行处理和分析，揭示“双向赋能，技能交叉”推动财经职业教育数字化转型的内在规律和影响因素。这些科学的数据收集和分析方法将为本研究提供有力的数据支撑和结论依据。

（1）设计问卷

首先精心设计了一份涵盖财经职业教育现状、数字化转型认知、技术应用情况、挑战与机遇等多维度的问卷。问卷不仅包含了封闭式的选择题，以便快速收集大样本的量化数据，还融入了开放性问题，鼓励受访者分享个人见解和具体案例，以丰富数据的质性与深度。为了确保问卷的有效性和针对性，还邀请了教育专家、一线教师及行业从业者进行预测试，并根据反馈进行了多次修订和完善。

（2）开展访谈

组织了一支由研究人员和志愿者组成的访谈团队，深入财经类职业院校、企业培训机构及行业协会，对关键人物进行一对一深度访谈。访谈对象包括校领导、专业教师、学生代表、企业雇主及行业专家，他们从不同视角为研究提供了宝贵的一手资料和深入见解。访谈过程中，采用录音与笔记相结合的方式，确保信息的完整性和准确性，并在访谈结束后及时整理成文字资料，为后续分析做准备。

（3）实地观察

这是数据收集过程中不可或缺的一环。通过选取了若干具有代表性的财经类职业院校，进行了一定时间的驻校观察。通过观察学校的课程设置、教学模式、实训基地建设、数字化教学资源的应用情况，以及学生的学习状态和反馈，获得了直观而生动的研究资料。同时，还利用现代科技手段，如无人机拍摄、虚拟现实体验等，对学校的整体环境和特色项目进行记录，为研究提供了更加多元的视角。

2. 数据分析

（1）数据与内容分析

首先将收集到的问卷数据进行编码和录入，运用 SPSS、Excel 等统计分析软件，进行描述性统计、相关性分析、回归分析等定量研究，以揭示财经职业教育数字化转型的现状、特征及其背后的统计学规律。同时，采用内容分析法对访谈记录和观察笔记进行编码、分类和归纳，提取出关键主题和概念框架，进行定性研究，以深入理解数字化转型的动因、路径和成效。

（2）定性定量研究

通过定量与定性研究的有机结合，我们不仅揭示了财经职业教育数字化转型的宏观趋势和微观细节，还深入剖析了影响其发展的内外部因素，如政策支持、资金投入、技术革新、教师素养、学生需求等。这些发现不仅为本次研究提供了坚实的数据支撑和结论依据，也为后续的政策制定、教育实践和技术创新提供了有价值的参考和启示。

（3）案例分析

在深入剖析与综合归纳的基础上，进一步开展了跨案例比较分析，旨在发现财经职业教育数字化转型中的成功模式与潜在障碍。通过选取几个在数字化转型上取得显著成效的财经类职业院校作为正面案例，以及面临挑战、进展缓慢的学校作为对比案例，详细剖析了它们在战略规划、资源配置、技术支持、教师培训、学生参与度提升等方面的异同。这种对比分析不仅帮助我们提炼出可复制、可推广的经验做法，也揭示了制约转型成功的关键因素和瓶颈所在。

（4）专题研讨

通过组织专题研讨会和圆桌论坛，邀请政府代表、教育学者、企业领袖、技术专家及师生代表共同参与，就财经职业教育数字化转型的热点问题进行深入交流与讨论。鼓励各方代表基于各自领域的实践经验和研究成果，提出富有见地的观点和建议，为研究的深化和完善提供了宝贵的智力支持。

（5）策略建议

在研究的最后阶段，聚焦于未来趋势预测与策略建议。基于对当前财经职业教育数字化转型现状的深刻理解，结合国内外教育科技发展的最新动态，运用SWOT分析（优势、劣势、机会、威胁）等方法，对未来几年内财经职业教育数字化转型可能面临的挑战与机遇进行了全面评估。在此基础上，我们提出了一系列具有前瞻性和可操作性的策略建议，包括加强顶层设计、优化资源配置、深化产教融合、促进技术创新、提升教师能力等，以期为财经职业教育的高质量发展提出可行性方案。

本研究通过科学严谨的数据收集、深入细致的分析探讨以及前瞻性的策略建议，既可以全面揭示财经职业教育数字化转型的现状与趋势，也能够为推动其向更高水平发展提供有力支撑。

结　语

通过深入剖析财经职业教育数字化转型的理论基础与实践路径，可以为后续章节的研究奠定较为坚实的基础。在对国内外研究现状的梳理过程中能够清晰地发现，财经职业教育在数字化浪潮的冲击下，正面临着前所未有的机遇与挑战。教育技术学、终身学习理论、知识经济与技能型社会构建等现代职业教育理论，为财经职业教育的数字化转型提供了丰富的理论资源和实践指导。

教育技术学强调信息技术在教育领域的应用与创新，为财经职业教育的数字化转型提供了技术支撑和方法论指导；终身学习理念的深度渗透，促使财经职业教育应该更加关注学生的长远发展，培养他们的自主学习能力与创新思维，以适应数字经济时代对人才的多元化需求；知识经济与技能型社会的构建，凸显了财经职业教育在培养适应市场需求的高素质技能型人才中的重要作用。随着经济结构的调整和产业升级，市场对财经人才的专业素养、实践能力和创新精神提出了更高的要求。“双向赋能，技能交叉”理念的提出，不仅是对财经类专业与计算机类专业深度融合的积极探索，更是对现代职业教育理论的深刻实践与创新发展。这个理念可以为财经职业教育的数字化转型提供新的思路和方向，有助于培养出更多适应未来社会需求的高素质财经人才。

对职业教育理论的发展及其对财经职业教育的启示、理论与实践探讨以及研究框架构建等多方面的深入分析，为财经职业教育数字化转型的理论研究与实践探索提供了全面而系统的理论支持。本书后面的章节将进一步探讨如何将这些理论应用于具体的教学实践。通过“双向赋能，技能交叉”的策略，推动财经职业教育的创新发展，培养出更多具备创新精神和实践能力的复合型财经人才。

第三章 财经类高职院校各类专业数字化转型的“双向赋能”策略

第一节 “双向赋能，技能交叉”理念融入人才培养的总体策略与实施途径

在财经类高职院校的数字化转型过程中，“双向赋能，技能交叉”理念不仅是理论上的创新，更是实践中的引领。这一理念强调财经类专业与计算机类专业的深度融合，通过信息技术的赋能和财经知识的渗透，实现专业能力的双向提升与交叉培养。在财经类高职院校中，将“双向赋能，技能交叉”理念融入人才培养，需要一系列精心设计的策略与途径。这些策略旨在确保学生不仅能够掌握扎实的财经专业知识，还能具备信息技术方面的实践能力，从而实现知识与技能的双向提升。

一、总体策略

1. 明确人才培养目标

首先需要明确财经类高职院校在新时代背景下的人才培养目标。这一目标应着眼于培养既具备扎实的财经理论基础，又精通信息技术应用的复合型人才。通过“双向赋能，技能交叉”理念的实施，使学生不仅能够熟练掌握财经专业技能，还能灵活运用信息技术手段解决实际问题，从而适应数字经济时代对财经人才的新需求。

2. 重构课程体系

课程体系是实施“双向赋能，技能交叉”理念的关键。财经类高职院校应重新审视并重构现有课程体系，打破传统学科界限，实现财经与信息

技术的深度融合。具体而言，可以在财经类专业中增设信息技术相关课程，如大数据分析、人工智能应用、区块链技术等；同时，在计算机类专业中融入财经知识模块，如金融会计基础、经济学原理等。通过模块化课程设计，学生可以根据自己的兴趣和职业规划灵活选择学习模块，实现个性化发展。

（1）计算机类专业群向财经类专业群赋能的课程重构

①引入数据分析技能课程

课程内容：在财经类专业中增设“大数据与财务数据分析”等课程，不仅教授基础的财务数据分析方法，还引入 Python 编程、SQL 查询等计算机技术，使学生能够利用 Python 进行数据处理和可视化分析，从而具备将财务数据转化为有价值洞察的能力。

教学方式：采用项目制教学，模拟真实企业财务数据分析场景，让学生在解决实际问题的过程中掌握技能。

②强化信息系统应用能力

课程内容：在财经类专业中增设“企业信息系统应用与管理”等课程，内容涵盖 ERP 系统、CRM 系统等现代企业管理信息系统的使用与管理。通过案例分析和实践操作，使学生了解企业信息系统的运行原理，掌握信息系统的基本配置、数据维护和优化策略。

合作教学：邀请计算机类专业教师参与授课，特别是在技术实现层面给予指导，确保学生既能理解业务需求，又能掌握技术实现方法。

（2）财经类专业群向计算机类专业群赋能的课程重构

①增设财经基础知识模块

课程内容：在计算机类专业中增设“财经基础知识与应用”等课程，介绍会计原理、财务报表分析、成本管理等财经领域的基础知识，并结合编程实践，让学生编写简单的财务处理程序，如财务报表自动生成、成本预测模型等。

实践环节：组织学生进行模拟企业运营，利用计算机技术辅助进行财务决策，增强他们对财经领域的理解和应用能力。

②强化金融科技应用

课程内容：在计算机类专业中开设“金融科技应用”等课程，内容涵盖区块链、人工智能、大数据等技术在金融领域的应用案例，如智能投顾、区块链金融等。通过案例分析和项目实践，使学生了解金融科技的前沿趋势，掌握相关技术的应用方法。

跨学科项目：与财经类专业合作，共同开展金融科技项目，如开发智能财务决策支持系统、区块链供应链金融平台等，促进两个专业群的深度交流与合作。

（3）共同构建双向赋能课程体系

①建立跨学科教学团队

鼓励和促进财经类专业与计算机类专业的教师进行深入合作，共同组建跨学科的教学团队，致力于设计、开发和实施一系列跨专业的课程，旨在将财经知识与计算机技术相结合，使学生能够在学习过程中掌握两方面的知识和技能。通过这种跨学科的合作，教师们可以相互借鉴和学习对方的专业知识，从而丰富自身的教学内容和方法；同时，学生不仅能够学到单一学科的知识，还能在实际应用中将不同学科的知识融会贯通，提高解决复杂问题的能力。这样的跨学科教学模式将有助于培养学生的创新思维和综合素质，为他们未来在职场上的发展打下坚实的基础。

②搭建资源共享平台

平台将充分利用学校现有的实验室设施、数据资源库以及多样化的软件工具等，为学生提供一个跨学科的学习与实践环境。通过共享平台，学生不仅能够接触到自己专业领域之外的知识和技能，还能够与其他专业的同学进行交流与合作，共同完成跨学科的项目和研究。这样的资源共享机制将有助于打破学科壁垒，激发学生的创新思维，培养他们的综合素养和解决复杂问题的能力，也为学校创造了一个更加开放和多元的学术氛围，有助于提升学校的整体教育质量和学术影响力。

③实施双导师制

每一个开展跨学科教学的班级将会配备两位导师，一位是来自财经类专业的专家，另一位则是计算机类专业的专兼职教师。通过这种双导师制，学生能够同时获得来自财经和计算机两个领域的专业知识和技能。财经类导师将帮助学生理解项目在经济、金融和管理等方面的应用，而计算机类导师则会指导学生掌握相关的技术工具和编程技能。两位导师将共同制订学习计划，定期进行讨论和评估，确保学生在跨学科领域中获得全面而深入的教育体验，培养他们在跨学科领域中的创新能力和实践能力。由于两位导师来自不同领域，这种双导师制还能够为学生提供更多的资源和支持，更多地为学生提供实习、项目合作和就业机会。

以上课程重构措施，不仅能够提升学生的综合素质和跨领域解决问题的能力，还能够促进两个专业群的深度交流与合作，实现共同发展。

3. 创新教学模式

教学模式的创新是实现“双向赋能，技能交叉”的重要途径。财经类高职院校应积极引入混合式学习、翻转课堂、项目式学习等现代教学模式，打破传统课堂的时空限制，提升学生的学习主动性和参与度。例如，可以采用翻转课堂的形式，让学生在课前通过观看教学视频、阅读相关资料进行自主学习；在课堂上则通过小组讨论、案例分析、实践操作等方式进行深入探究。同时，还可以利用虚拟现实等现代信息技术手段构建虚拟仿真教学环境，让学生在模拟真实工作场景中学习财经与信息技术知识。

4. 加强师资队伍建设

师资队伍是实现“双向赋能，技能交叉”理念的重要保障。财经类高职院校应加大对教师的培养力度，提升他们的专业素养和信息技术应用能力。一方面，可以通过组织教师参加专业培训、学术交流等活动拓宽其知识视野；另一方面，鼓励教师跨学科合作与交流，共同开发跨学科课程和教学项目。此外，还可以引进具有财经与信息技术双重背景的高素质人才加入教学团队，为“双向赋能，技能交叉”理念的实施提供有力支持。

二、实施途径

1. 构建跨学科课程体系，实施“双向赋能，技能交叉”理念

在推动财经职业教育迈向新高度，实现财经类专业与计算机类专业深度融合的过程中，构建跨学科课程体系无疑是实施“双向赋能，技能交叉”理念的核心举措。这一举措不仅要求学校勇于突破传统学科界限，更需前瞻性地洞察未来发展趋势，精准对接市场需求，为学生铺设一条跨越知识鸿沟、融合技能边界的宽广道路。

学校需要彻底打破财经类专业与计算机类专业之间长久以来的壁垒。课程设计不再局限于单一学科的知识体系，而是致力于构建一个融合财经智慧与信息技术精髓的全新教育生态。例如，“大数据与财务管理”课程不仅深入剖析大数据技术在财务管理中的应用原理，还引导学生亲手操作数据分析工具，探索数据背后的经济规律；“区块链在金融市场应用”则让学生近距离观察这一前沿技术如何重塑金融市场的信任机制与交易流程；“智能会计信息系统”更是将会计学的基础知识与信息系统开发技术紧密结合，培养学生在数字化时代下的会计管理与创新能力。

课程内容的设计上，坚持理论与实践并重，力求让学生在掌握扎实理论知识的同时，也能具备将知识转化为解决实际问题的能力。案例分析环节精选具有代表性的财经案例，引导学生运用信息技术手段进行深入剖析，培养他们的批判性思维与问题解决能力；模拟交易活动则让学生身临其境地体验金融市场的波动与挑战，锻炼他们的决策能力与风险管理意识；编程实训则强调动手实践，让学生在编写代码、调试程序的过程中，深刻理解信息技术如何为财经工作赋能。

还要注重教学形式的多样化与互动性。通过小组讨论、角色扮演、翻转课堂等多种形式，激发学生的学习兴趣与参与热情，让他们在交流中碰撞思想火花，在合作中共同成长。同时，鼓励教师与学生保持开放沟通的态度，共同探讨学术前沿与行业动态，为课程的持续优化与创新注入源源不断的活力。

2. 实施模块化教学与项目驱动学习，深化学生技能交叉能力

在推进“双向赋能，技能交叉”教育目标的过程中，实施模块化教学与项目驱动学习成为深化学生技能交叉能力的关键策略。学校应设计一系列跨学科的模块化课程单元，每个模块聚焦特定的财经与信息技术交叉领域，如“金融科技产品设计”“财务数据分析与可视化”等。这些模块不仅涵盖财经知识，还融入了数据分析、编程、用户体验设计等计算机类技能，确保学生在完成每个模块后都能获得综合性的技能提升。

项目驱动学习则是将模块化课程知识应用于实际问题的有效途径。学校可以组织学生参与跨学科项目，如开发一个基于区块链的供应链金融平台、构建一个智能投资顾问系统等。在项目执行过程中，学生需要运用财

经分析、数据科学、软件开发等多领域知识，通过团队协作、需求分析、方案设计、编码实现、测试优化等完整流程，锻炼其跨领域协作、问题解决及创新思维等多方面的能力。这种实战化的学习方式不仅能加深学生对理论知识的理解，更能有效促进其技能交叉能力的形成与发展。

3. 搭建多元化创新平台，培养创新精神与实践能力

为了培养学生的创新精神和实践动手能力，学校应当积极搭建多种创新平台，例如创新实验室、科研兴趣小组、创业孵化器等。这些平台不仅为学生提供了实践创新想法的空间，还为他们提供了与导师、同学及业界专家交流的机会。通过参与实际应用项目、创业计划等，学生可以深入了解企业工作流程，锻炼解决问题的能力，为未来的职业发展打下坚实基础。

创新实验室可以配备先进的实验设备和丰富的实验材料，让学生在实际操作中掌握科学原理和技术方法。科研兴趣小组则可以围绕特定的学科领域或研究方向，组织定期的讨论和交流活动，激发学生的学术兴趣和研究热情。创业孵化器则可以提供创业指导、资金支持和市场对接等服务，帮助有志于创业的学生将创新想法转化为实际产品和服务。学校还可以定期举办各类创新竞赛和学术讲座，邀请知名学者和企业家分享他们的经验和见解，进一步拓宽学生的视野。通过这些活动，学生不仅能够获得宝贵的实践经验和知识储备，还能培养团队合作精神和领导能力。最终，这些创新平台将成为学生展示才华、实现梦想的舞台，为社会培养出更多具有创新精神和科研能力的优秀人才。

4. 关注学生的个性化发展，提供定制化的教育方案

个性化发展是未来职业教育中的一个重要组成部分，每个学生都有自己独特的兴趣爱好、优势领域和学习需求。为了实现“双向赋能，技能交叉”的培养目标，学校应当充分关注学生的个性化发展，为他们量身定制教育方案。这不仅包括根据学生的兴趣和能力调整课程设置，还应提供个性化的学习辅导，以满足他们在不同学科上的需求。此外，学校还可以开设各种特色选修课程，让学生有机会探索自己感兴趣的领域，从而进一步激发他们的学习动力。

通过这些措施，学校能够更好地满足学生的个性化需求，帮助他们发

掘和发展自己的潜力和优势。这样，学生不仅能够在学术上取得优异的成绩，还能在个人兴趣和特长方面得到充分的培养和发展。最终，这种定制化的教育方案将有助于培养出更多具有创新精神和实践能力的复合型人才。

5. 建立反馈机制，持续优化教育体系

为了确保教育体系能够持续优化并适应不断变化的市场需求，学校应当建立一个完善的反馈机制。这不仅包括定期收集学生、教师以及企业界的意见和建议，还应当对课程体系和教学效果进行定期的评估和审查。通过这些反馈机制，学校能够及时发现存在的问题和不足之处，并迅速采取相应的改进措施。此外，学校还可以积极借鉴国内外先进的教育理念和实践经验，不断吸收和融合，从而不断提升自身的教学水平和教育质量。通过这种持续的反馈和改进过程，教育体系将能够更好地满足学生和社会的需求，培养出更多具备实际应用能力和创新精神的优秀人才。

6. 建立校企合作平台，实施“产学研用”一体化教学模式

学校应当积极主动地与各类金融机构、科技公司以及其他相关企业建立紧密的合作关系，共同携手开发富有成效的教学项目、实训基地以及实习岗位。通过邀请企业导师进入校园进行指导、安排学生进入企业进行实习，以及开展联合科研攻关等多种方式，使学生们能够在真实的工作环境中锻炼和提升他们在财经与信息技术方面的综合应用能力。增强对未来职业发展的认知和理解。

7. 强化师资队伍建设，提升教师跨学科教学能力

学校应积极鼓励和支持财经专业的教师们学习和掌握信息技术相关的知识，使他们能够更好地适应现代教育的需求；对于计算机专业的教师，学校也应鼓励他们通过到金融企业挂职锻炼等方式深入了解财经业务，以便在教学过程中更好地将信息技术与财经知识相结合。学校可以组织各种形式的培训活动，让教师们有机会系统地学习新知识、新技能。通过安排教师进行交流访学，使他们充分借鉴其他院校的成功经验，拓宽视野，提升自身的教学水平；合作研究也是提升教师队伍素质的重要途径，通过与同行的深入合作，教师们可以在实践中不断提高自己的研究能力和教学能力。还可以通过引进具有复合背景的人才来充实教学团队，具有跨学科背

景的教师不仅能够为学生提供更全面的知识结构，还能在教学过程中实现“双向赋能，技能交叉”的理念。通过他们的加入，学校能够更好地实施这一理念，为学生提供更加多元化和高质量的教育。

8. 建立多元化评价体系，全面评估学生的综合素质

为了全面评估学生的综合素质，建立一个多元化的评价体系显得尤为重要。除了传统的考试和作业评价方式，学院还应注重对学生实践能力、团队协作能力、创新能力等多方面的评价。通过项目报告、团队竞赛、技能认证等多种形式，可以全面展示学生的学习成果和综合素质，从而激励学生积极参与跨学科学习和实践。项目报告可以要求学生在完成一个实际项目后，撰写一份详细的报告，展示他们的研究过程、分析方法和最终成果。这种方式不仅能够检验学生的理论知识掌握情况，还能考查他们的实际操作能力和问题解决能力；团队竞赛则可以设置各种具有挑战性的任务，让学生在团队合作中发挥各自的优势，共同完成目标。通过这种方式，可以有效评估学生的团队协作能力和领导能力；技能认证可以让学生通过参加各种专业技能认证考试，获得相应的证书，证明他们在某一领域的专业能力。这种评价方式不仅能够激发学生的学习热情，还能为他们未来的就业增加竞争力。

通过建立多元化的评价体系，学校可以更全面地评估学生的综合素质，帮助他们在学术和实践方面取得更好的发展。

9. 加强校园文化建设，营造“双向赋能，技能交叉”的良好氛围

学校可以通过举办一系列丰富多彩的活动，如学术论坛、科技文化节、创新创业大赛等，来激发学生们对财经与信息技术领域的浓厚兴趣和高涨热情。这些活动不仅能够提供一个展示学生才华的平台，还能让学生在实践中学习和成长。与此同时，学校还应当积极宣传“双向赋能，技能交叉”这一理念的先进性和重要性，通过各种渠道和方式，如讲座、研讨会、宣传册等，向学生详细解释这一理念的内涵和意义。引导学生树立正确的职业观和成才观，帮助他们认识到在当今社会，跨学科的知识和技能是多么重要。通过这样的引导和教育，学生能够更好地规划自己的未来，为他们的全面发展奠定坚实的基础，使他们在未来的职业道路上更具竞争力和适应力。

将“双向赋能，技能交叉”理念融入财经类职业院校的人才培养之中，需要学校从课程体系、实践平台、校企合作、反馈机制、师资队伍、评价体系以及校园文化建设等多个方面入手，精心设计实施途径，确保学生能够在掌握扎实财经专业知识的同时，也具备信息技术方面的实践能力，成为适应数字时代需求的复合型技能人才。

第二节　信息技术为财经类专业赋能

当前，财经类专业面临着就业岗位不多、岗位层次低，以及人才培养目标过于传统等问题。这些问题使得财经类专业毕业生在数字化时代背景下难以适应企业需求，进而影响了其就业竞争力。为了解决这些问题，财经类专业需要通过数字化转型，引入信息技术类课程，实施“双向赋能”，可以显著提升财经类专业的教学效率和质量，并增强学生的实践能力和创新能力，提升毕业生的综合素质和就业能力，提升其在职场中的竞争力。许多信息技术类课程可以与财经类专业群的核心课程相结合，实现课程互补优势的目标。

一、重构财经类专业课程体系

1. 引入计算机类具体课程内容

根据对多所财经类职业院校的调研，通过研究相关人才培养方案、课程教学内容、动手实践操作，尤其是对用人单位的调查，针对用人单位的岗位需求，结合作者所在院校的实际情况，探索出在财经类专业中可以引入的部分信息技术类课程。

（1）Python 实务及应用

①选择理由

Python 作为一种广泛使用的通用编程语言，在数据分析、人工智能、大数据处理以及许多其他领域都具有极其重要的地位和广泛的应用前景。

对于财经类专业的学生来说，掌握 Python 编程技能不仅可以帮助他们在学术研究和实际工作中更加高效地处理和分析数据，还能够使他们更好地适应数字化时代企业对财经人才的多样化需求。通过学习 Python，学生们可以掌握一种强大的工具，从而在数据挖掘、金融建模、市场分析等方面具备更强的竞争力。此外，Python 的简洁语法和丰富的库支持使得编程变得更加容易上手，这无疑为财经类专业的学生提供了一个高效学习和应用编程技能的良好契机。因此，学习 Python 不仅能够提升他们的数据处理和分析能力，还能够为他们未来的职业发展奠定坚实的基础。

②引入方式

作为一门专业选修课程，这门课程的引入方式允许学生根据自己的兴趣爱好和未来的职业规划来选择是否学习。课程内容涵盖了多个模块，旨在全面培养学生在 Python 编程方面的技能。首先，课程会介绍 Python 的基础知识，包括语法、数据类型、控制结构等，确保学生掌握编程的基本技能。其次，课程将深入讲解数据处理与分析模块，帮助学生学会使用 Python 进行数据清洗、数据转换和数据可视化等操作，提高数据处理能力。最后，课程还会涉及数据挖掘模块，介绍常见的数据挖掘算法和应用场景，使学生能够运用所学知识进行实际的数据挖掘工作。通过这些模块的学习，学生将具备扎实的 Python 编程基础和数据分析能力，为未来的职业发展打下坚实的基础。

③课程目标

使学生熟练掌握 Python 编程语言，特别是其在财经数据分析中的高级应用，为财经决策提供支持；培养学生运用 Python 进行金融市场数据抓取、清洗、分析的能力，提升财经数据处理效率；让学生了解并掌握常用的财经数据分析模型和算法，能够独立完成基础的财经数据挖掘项目；强化学生的财经思维与编程能力的结合，使他们能够在金融、会计、投资等领域展现出更强的竞争力；通过实战项目，锻炼学生的团队协作、财经报告撰写及展示能力，为财经职场做好准备。

④课程内容

Python 实务及应用与财经数据分析的一般课程内容如表 3 - 1 所示。

表 3-1　　Python 实务及应用与财经数据分析课程内容

序号	知识点	具体内容
1	Python 基础与财经环境搭建	• 介绍 Python 语言特点及其在财经领域的应用前景，安装并配置 Python 开发环境 • 学习 Python 基础语法，包括变量、数据类型、控制结构等，为后续财经数据处理打基础
2	财经数据处理实战	• 使用 Pandas 库进行财经数据的抓取、清洗与预处理，掌握数据筛选、排序、去重等技巧 • 学习 NumPy 库进行大规模数据的数学运算与统计分析，为财经模型构建提供数据支持 • 实战演练：抓取并分析股票、债券、基金等金融市场数据，制作基础的数据分析报告
3	财经数据分析与可视化	• 掌握 Matplotlib 与 Seaborn 库在财经数据可视化中的应用，创建直观的数据图表 • 学习如何通过图表揭示财经数据的内在规律与趋势，为投资决策提供依据 • 实战项目：对特定财经指标进行时间序列分析，并通过可视化展示分析结果
4	财经数据挖掘与模型应用	• 介绍基本的财经数据挖掘流程与方法，包括数据探索、特征选择、模型训练与评估等 • 学习常见的财经预测模型（如时间序列分析、回归分析、分类模型等）及其在 Python 中的实现 • 实战项目：利用机器学习算法对金融市场趋势进行预测，评估模型效果并提出改进建议
5	财经项目实践与报告撰写	• 分组进行财经数据分析项目，从数据收集、处理、分析到报告撰写全程参与 • 学习如何撰写专业的财经分析报告，包括问题定义、方法介绍、结果展示与结论提炼等 • 展示与反馈：进行项目成果展示，接受教师与同学的点评，不断改进与提升

⑤预期效果

通过系统地学习 Python 编程语言，学生们将能够掌握一系列重要的数据处理和分析技能。这些技能不仅包括基本的数据操作和管理，还包括数据可视化和统计分析等高级应用。掌握这些技能将为学生们的未来职业生涯奠定坚实的基础，使他们在数据驱动的各行各业中具备更强的竞争力和适应能力。通过上述课程内容的系统学习与实践操作，财经类高职学生将能够熟练运用 Python 编程语言进行财经数据分析与挖掘工作，为未来的财经职业生涯奠定坚实的基础。

（2）Power BI 财务分析与可视化

①选择理由

Power BI 是一款功能强大的数据分析工具，它具备将复杂且庞大的数据集转化为直观且易于理解的图表和报表的能力。通过使用 Power BI，用户可以轻松地洞察数据背后隐藏的规律和趋势，从而做出更加明智的决策。对于财经类专业的学生来说，掌握 Power BI 技能尤为重要。这是因为数据可视化在财务分析和报告中扮演着至关重要的角色。通过熟练运用 Power BI，学生们不仅能够提升自己的数据可视化能力，还能够更加高效地展示和分析财务数据。这不仅有助于他们在学术研究中取得更好的成绩，还能在未来的职场竞争中脱颖而出，成为具备核心竞争力的专业人才。

②引入方式

此课程可作为专业选修课程开设，与财务管理、会计等专业课程相结合，通过案例分析、实践操作等方式进行教学。这种方式不仅能够让学生在理论学习的基础上，进一步深化对专业知识的理解，还能够通过实际操作，提高学生的实践能力。通过案例分析，学生可以了解到实际工作中可能遇到的各种问题，从而提前做好准备，提高应对能力。而实践操作则可以让学生在实际操作中发现问题、解决问题，从而更好地掌握专业知识和技能。这种教学方式不仅能够提高学生的学习兴趣，还能够培养学生的综合素质，为他们未来的职业生涯打下坚实的基础。

③课程目标

使学生全面掌握 Power BI 的基本操作与高级功能，能够独立完成财务数据的导入、处理、分析及可视化展示；培养学生运用 Power BI 进行高效财务数据可视化的能力，提升其在财务报告中数据解读与故事讲述的专业性；引导学生理解财务数据的内在逻辑与业务含义，通过 Power BI 实现数据洞察，为财务决策提供有力支持；强化学生的团队协作与项目管理能力，能够在团队项目中有效运用 Power BI 完成财务分析与可视化任务；提升学生的创新思维与问题解决能力，鼓励其在 Power BI 应用中探索创新解决方案，满足财经领域的多样化需求。

④课程内容

Power BI 财务分析与可视化的一般课程内容如表 3 – 2 所示。

表 3 – 2　　　　Power BI 财务分析与可视化课程内容

序号	知识点	具体内容
1	Power BI 基础与界面介绍	• Power BI 概述与安装部署 • 界面布局与功能区域介绍 • 基本操作与导航技巧
2	数据源连接与数据处理	• 支持的数据源类型与连接方式 • 数据查询编辑器的使用：数据导入、清洗、转换 • DAX 函数基础：计算列、度量值的创建与应用
3	财务数据可视化设计	• 图表类型与适用场景分析（如柱状图、折线图、饼图、散点图等） • 自定义视觉对象的引入与配置 • 报表页面布局与交互设计：切片器、书签、筛选器的使用
4	高级分析功能探索	• 时间智能函数的应用 • 预测分析：趋势预测、季节性分解 • R 脚本与 Python 脚本集成，进行复杂数据分析
5	案例分析与实战演练	• 真实财经数据分析案例分享：财务报表分析、预算控制、投资回报率分析等 • 分组实践：学生分组完成特定财务数据分析项目，从数据准备到报告生成全程操作 • 成果展示与反馈：每组进行项目汇报，教师与同学共同评审，提出改进建议
6	财务报告撰写与展示技巧	• 财经报告的结构与内容规划 • 如何将 Power BI 报表嵌入其他应用或网站中 • 演讲技巧与观众互动策略，提升报告说服力

⑤预期效果

通过学习 Power BI，学生将能够掌握数据可视化的基本方法和技巧，从而显著提升他们在数据展示和分析方面的能力。具体来说，学生将学会如何利用 Power BI 的强大功能，将复杂的数据集转化为直观、易于理解的图表和报告。他们将了解如何选择合适的图表类型来展示不同类型的数据，并掌握调整图表样式和布局的技巧，以确保信息传达得清晰、准确。

此外，学生还将学习如何通过数据建模和数据关系的管理，进一步优化数据展示的效果。通过这些技能的提升，为学生未来的职业生涯增添重要能力点，他们将能够在各种业务场景中，更有效地利用数据进行决策支持，从而在实际工作中表现出色。

（3）大数据财务管理

①选择理由

随着大数据技术的蓬勃发展和日益成熟，财务管理领域对于数据分析和应用的重视程度也在不断提升。因此，需要开设一门专门针对大数据财务管理的课程，这不仅能够帮助学生深入理解大数据技术的基本原理和操作方法，而且能够指导学生如何将这些技术有效地应用于财务管理的各个方面，包括但不限于财务报告、预算编制、成本控制、风险管理和投资决策等。通过学习这门课程，学生将能够掌握如何利用大数据工具进行财务数据的收集、处理、分析和解读，从而提升他们的数据分析能力，增强他们在未来职场中的竞争力。大数据财务管理课程还能够培养学生的批判性思维和解决问题的能力，使他们能够更好地适应数字化时代财务管理的新要求，为企业的战略规划和决策提供更加科学、精准的支持。

②引入方式

此课程可作为专业必修课程开设，与财务管理、会计等专业课程紧密衔接，形成一个完整的知识体系。通过案例分析、项目实训等多种教学方式，使学生能够更好地理解和掌握相关知识。在案例分析中，教师可以选择具有代表性的企业案例，引导学生深入分析企业的财务状况、经营策略等，从而提高学生的实际操作能力和解决问题的能力。在项目实训中，教师可以设计一些与实际工作相关的项目任务，让学生在模拟的工作环境中进行实践操作，进一步提升学生的专业技能和综合素质。通过这种理论与实践相结合的教学方式，学生不仅能够掌握专业知识，还能够提高实际操作能力，为未来的职业生涯打下坚实的基础。

③课程目标

学生能够理解大数据的基本概念、特征、处理流程以及关键技术原理，为后续在财务管理中的应用奠定基础；通过课程学习，学生能够熟练运用大数据工具进行财务数据的收集、清洗、转换、存储与分析，准确解读数据背后的财务信息；结合财务管理理论，学生能够将大数据分析技术应用于财务报告编制、预算编制、成本控制、风险管理和投资决策等多个领域，解决实际问题；通过对大数据在财务管理中的应用案例分析，培养学生的批判性思维，提升其在复杂财务环境中做出科学决策的能力；通过项目实训，培养学生的团队协作精神、时间管理能力和项目管理能力，为未来职场生涯做好准备。

④课程内容

大数据财务管理的一般课程内容如表 3 - 3 所示。

表 3 - 3　　　　大数据财务管理课程内容

序号	知识点	具体内容
1	大数据基础与概论	• 大数据定义、特征与价值 • 大数据处理流程与关键技术 • 大数据在财务管理中的应用前景
2	大数据工具与平台	• 常用大数据处理与分析工具介绍（如 Hadoop、Spark、Python 数据分析库等） • 数据仓库与数据湖概念及构建 • Power BI、Tableau 等可视化工具在财务管理中的应用
3	财务数据收集与预处理	• 财务数据来源与采集方法 • 数据清洗与转换技术 • 数据质量控制与校验
4	大数据在财务管理中的应用	• 基于大数据的财务报告编制与分析 • 预算编制与成本控制的大数据支持 • 风险管理中的大数据预测模型 • 投资决策中的大数据分析与应用
5	大数据财务分析与决策	• 财务数据深度挖掘与模式识别 • 财务报表趋势分析与预测 • 基于大数据的绩效评估体系构建 • 大数据驱动的财务决策支持框架
6	案例分析与实践操作	• 国内外知名企业大数据财务管理案例分析 • 分组进行大数据财务管理项目实训，如预算编制、成本控制优化、风险评估等 • 项目报告撰写与成果展示，教师点评与反馈

续表

序号	知识点	具体内容
7	伦理、安全与法规	• 大数据时代的隐私保护与数据安全 • 财务管理中的合规性问题探讨 • 国际国内相关法规解读与应对策略

⑤预期效果

通过系统地学习大数据财务管理课程，学生们将能够深入理解并掌握大数据技术在财务管理领域的具体应用方法。这门课程不仅涵盖了大数据的基本概念和技术原理，还结合了财务管理的实际需求，详细讲解了如何利用大数据技术进行财务数据分析、预测和决策。学生们将通过大量的案例分析和实际操作，提升他们的数据分析能力，增强他们在财务决策中的敏锐度和准确性。最终，学生们将能够熟练运用大数据工具，为企业的财务管理和战略规划提供有力支持，从而在未来的职场竞争中脱颖而出。

（4）数据库管理与 SQL 查询语言

①选择理由

数据库管理与 SQL 查询语言是现代信息技术领域中不可或缺的技能。随着数据量的爆炸性增长，有效地存储、管理和检索数据变得越来越重要。掌握数据库管理技术，可以帮助我们构建和维护高效、安全的数据库系统，确保数据的完整性和一致性。而 SQL 作为标准的数据库查询语言，广泛应用于各种关系型数据库管理系统中，它不仅用于数据查询，还涉及数据的插入、更新和删除等操作。熟练掌握 SQL 语言，能够让我们在处理大量数据时更加得心应手，提高工作效率。此外，数据库管理和 SQL 查询语言的学习，有助于我们更好地理解数据结构和数据处理流程，为数据分析和数据科学等后续学习打下坚实的基础。因此，无论是在学术研究还是在职场工作中，掌握这些技能都具有极高的实用价值和广阔的应用前景。

②引入方式

无论是企业的运营管理，还是科研项目实施，都离不开对数据的有效管理和高效查询，掌握数据库管理与 SQL 查询语言是必备的技能。课程将以选修的形式引入，从数据库的基础知识讲起，逐步深入到 SQL 查询语言的精髓。学生将学习如何设计合理的数据库架构，如何创建高效的表结构，以及如何利用 SQL 语句来实现复杂的数据查询、更新和删除操作。在这个过程中，将结合大量的实例和案例，帮助学生更好地理解并掌握这些技能。通过学习数据库的索引技术、查询优化策略以及安全控制机制，构建出既高效又安全的数据库系统。在整个学习过程中，教师通过分享自己的见解和经验，与学生们共同解决遇到的问题，将更深入地理解并掌握数据库管理与 SQL 查询语言的精髓。

③课程目标

学生能够理解数据库的基本概念、体系结构和数据类型，熟悉关系型数据库的设计原则和方法；学生能够熟练编写 SQL 语句，实现数据的增、删、改、查操作，理解并应用 SQL 高级特性，如子查询、连接查询、分组聚合等；学生能够根据业务需求设计合理的数据库架构，创建高效、可扩展的表结构，掌握数据库索引的创建与管理方法，以提高查询效率，同时，理解并掌握基本的数据库查询优化策略；学生能够了解数据库安全的重要性，掌握用户权限管理、数据加密、访问控制等安全机制，确保数据库系统的安全性；学生将初步了解数据库备份与恢复策略、事务处理、并发控制以及分布式数据库系统的基本原理与管理方法，为进阶学习打下基础。

④课程内容

数据库管理与 SQL 查询语言的一般课程内容如表 3－4 所示。

表 3－4　　　　数据库管理与 SQL 查询语言课程内容

序号	知识点	具体内容
1	数据库基础	• 数据库系统概述：数据库的概念、特点、发展历程 • 数据模型与数据库系统结构：层次模型、网状模型、关系模型 • 数据库管理系统（DBMS）介绍：主要功能、分类与选择标准
2	SQL 基础语法	• 数据定义语言（DDL）：创建、修改、删除数据库和表结构 • 数据操纵语言（DML）：INSERT、UPDATE、DELETE 语句的使用 • 数据查询语言（DQL）：SELECT 语句的详细用法，包括选择列表、条件过滤、排序与分组等
3	高级 SQL 查询	• 子查询与关联子查询：多层嵌套查询、相关子查询的应用 • 连接查询：内连接、外连接、交叉连接的实现与区别 • 聚合函数与分组查询：COUNT、SUM、AVG、MAX、MIN 等函数的使用，GROUP BY 与 HAVING 子句

续表

序号	知识点	具体内容
4	数据库设计与优化	• 数据库设计范式：第一范式至第三范式的理解与应用 • 数据库索引：索引的概念、类型、创建与管理 • 查询优化：执行计划分析、查询重写、索引优化策略 • 实战项目：利用机器学习算法对金融市场趋势进行预测，评估模型效果并提出改进建议
5	数据库安全管理	• 用户权限管理：用户角色的创建与管理、权限分配 • 数据加密与解密：透明数据加密、列级加密等技术 • 审计与日志管理：了解审计日志的重要性，配置日志记录策略
6	高级数据库管理技术	• 数据备份与恢复：备份策略制定、恢复操作演练 • 事务处理：ACID 特性、事务的提交与回滚 • 并发控制与锁机制：理解锁的类型、死锁的预防与处理 • 分布式数据库系统简介：架构、数据分布策略、查询处理与优化

⑤预期效果

学生将能够熟练地设计和实现一个完整的数据库系统。他们将掌握如何根据实际需求进行数据库架构设计，创建高效且可扩展的表结构，并能够运用 SQL 语言进行复杂的数据操作。学员们将能够独立完成数据的查询、插入、更新和删除任务，同时能够对数据库进行优化，确保其性能和安全性。学生们还将了解并掌握数据库的高级管理技术，如数据备份与恢复策略、分布式数据库系统的设计与管理等。这些知识将使他们在面对复杂的数据管理任务时更加游刃有余。

（5）大数据与云计算在财经领域的应用

①选择理由

随着信息技术的发展，大数据与云计算已经成为推动财经领域变革的重要力量。掌握这些技术，不仅能够显著提高工作效率，还能为决策提供更加精准的数据支持。在金融、投资、保险等行业，大数据分析能够帮助人们更好地理解市场动态，预测风险，优化资源配置。云计算平台则为数据存储和处理提供了更为灵活、高效、安全的解决方案。大数据技术的应用使得海量数据的收集、处理和分析成为可能。通过大数据分析，金融机构可以更深入地了解客户的需求和行为模式，从而提供更加个性化的服务。投资公司可以通过分析历史数据和实时数据，更准确地预测市场趋势，制定更为科学的投资策略。保险公司则可以通过大数据分析，更有效地评估风险，制定合理的保险产品和定价策略。云计算平台为数据存储和处理提供了更为灵活、高效、安全的解决方案。云计算技术使得数据存储不再依赖于本地硬件设备，而是可以随时随地通过网络访问存储。这不仅降低了企业的硬件成本，还提高了数据处理的灵活性和可扩展性。同时，云计算平台通常具备强大的安全保障措施，能够有效防止数据泄露和攻击，确保数据的安全性和完整性。

②引入方式

在课程中将采用理论与实践相结合的方式，让学生在掌握基础知识的同时，通过实际案例分析和动手实践，加深对大数据与云计算技术在财经领域应用的理解。通过课堂讲授和在线视频资料，介绍大数据与云计算的基本概念、原理以及相关技术和工具；通过案例分析，让学生了解这些技术在金融、投资、保险等行业的实际应用情况，分析成功案例和可能遇到的挑战。课程将安排实验室实践环节，让学生亲自动手搭建和使用 Hadoop 生态系统、云计算平台等工具，进行数据存储、处理和分析的实操练习。通过模拟实际工作场景，学生将学会如何运用大数据分析技术解决财经领域的问题，如市场趋势预测、风险评估、资源配置优化等。同时，课程还将邀请行业专家举办讲座和交流，分享他们在大数据与云计算应用方面的经验和见解，帮助学生更好地了解行业需求和发展趋势。

③课程目标

学生能够深入理解大数据与云计算的基本概念、原理、技术架构及其在财经领域的重要性；通过案例分析与实践操作，学生能够熟练运用大数据分析工具（如 Hadoop、Spark 等）和云计算平台（如 AWS、Azure、阿里云等）进行财经数据的收集、处理、分析和可视化；学生能够运用所学知识和技能，针对财经领域的具体问题（如市场趋势预测、风险评估、投资决策优化等）提出解决方案，并进行有效实施；培养学生的创新思维和跨界融合能力，鼓励他们在财经与信息技术之间寻找新的结合点，推动财经业务的数字化转型；增强学生对财经行业的认知，了解行业发展趋势，明确个人职业规划，为未来职场竞争做好准备。

④课程内容

大数据与云计算在财经领域的应用的一般课程内容如表3－5所示。

表3－5　　大数据与云计算在财经领域的应用课程内容

序号	知识点	具体内容
1	大数据与云计算基础	• 大数据与云计算概述：定义、发展历程、应用领域 • 技术架构与原理：分布式计算、存储、虚拟化技术等基础概念 • 财经领域的应用价值：大数据与云计算如何助力财经决策、提升业务效率
2	大数据处理与分析技术	• Hadoop生态系统介绍：HDFS、MapReduce、YARN等组件的作用与原理 • Spark大数据处理框架：RDD、DataFrame、Dataset操作，流处理Spark Streaming • NoSQL数据库与数据仓库：HBase、Cassandra、Hive等存储解决方案 • 数据清洗与预处理：缺失值处理、异常值检测、数据标准化等
3	云计算平台与服务	• 主流云计算平台概览：AWS、Azure、阿里云等平台的服务与特性 • 虚拟机与容器化技术：Docker、Kubernetes在云计算中的应用 • 云存储与数据库服务：对象存储、块存储、云数据库解决方案 • 云服务安全与管理：身份认证、访问控制、安全审计等策略
4	财经领域大数据分析应用	• 金融风险管理：信用评分、欺诈检测案例分析 • 投资策略优化：基于历史数据的量化投资策略制定 • 市场趋势预测：时间序列分析、机器学习模型在股市预测中的应用 • 保险精算与定价：基于大数据的保险产品设计与定价策略
5	实践操作与案例分析	• Hadoop/Spark环境搭建与数据加载 • 使用SQL或PySpark进行数据查询与分析 • 财经数据可视化：利用Tableau、Power BI等工具展示分析结果 • 实战案例分析：分组进行项目实践，模拟解决财经领域实际问题
6	行业趋势与职业规划	• 财经行业数字化转型现状与挑战 • 大数据与云计算人才市场需求分析 • 职业规划指导：如何根据兴趣与市场需求制订个人发展计划 • 行业专家讲座与交流：邀请业界精英分享经验，拓宽学生视野

⑤预期效果

通过本课程的学习，学生将能够全面掌握大数据与云计算在财经领域的应用知识和技能。学生不仅能够理解这些技术的基本原理和操作方法，而且能够将理论知识应用于实际问题的解决中。熟悉大数据与云计算的基本概念和原理，了解其在财经领域的应用背景和价值；掌握 Hadoop 生态系统、云计算平台与服务的使用，能够进行基本的数据存储、处理和分析操作；分析和理解大数据分析在金融、投资、保险等行业的应用案例，能够识别和解决实际工作中的相关问题；利用云计算平台进行数据存储和处理，提高数据处理的灵活性和可扩展性，确保数据的安全性和完整性；通过实际案例分析和动手实践，培养解决财经领域问题的能力，如市场趋势预测、风险评估和资源配置优化等；了解行业需求和发展趋势，为未来的职业生涯做好准备。

（6）数据可视化技术

①选择理由

在财经领域，数据可视化技术不仅是信息展示的重要手段，更是洞察市场趋势、评估项目绩效、优化资源配置的关键工具。财经类高职学生掌握数据可视化技术，能够更直观、高效地理解和分析财务数据，发现隐藏的市场规律，为企业决策提供更加有力的数据支持。通过数据可视化，复杂的财务数据可以转化为易于理解的图表、图像等形式，帮助决策者快速把握全局，提升决策效率与准确性。

②引入方式

本课程将以财经案例为引导，结合理论知识与实践操作，逐步引导学生掌握数据可视化技术。通过课堂讲授，介绍数据可视化的基本概念、原则及常用工具；通过案例分析，展示财经领域数据可视化的实际应用，让学生理解其在解决实际问题中的价值；通过软件实操，让学生亲自动手制作数据可视化作品，体验从数据处理到图表生成的完整流程。此外，课程还将邀请财经行业专家举办讲座，分享数据可视化在财经实践中的前沿应用与经验，拓宽学生视野。

③课程目标

学生能够理解数据可视化的基本概念、原则及流程，了解不同可视化图表的特点与适用场景；学生能够熟练掌握至少一种数据可视化软件（如 Tableau、Power BI、Excel 等），独立完成数据导入、处理、分析及可视化展示的全过程；学生能够针对财经领域的数据特点，设计并制作出具有财经特色的数据可视化作品，如财务报表分析图、市场趋势预测图等；通过数据可视化技术的应用，学生能够更准确地把握财经数据背后的规律与趋势，为财经决策提供有力支持。

④课程内容

数据可视化技术的一般课程内容如表 3－6 所示。

表 3－6　数据可视化技术课程内容

序号	知识点	具体内容
1	数据可视化基础	• 介绍数据可视化的定义、发展历程、重要性及基本原则
2	常用可视化图表	• 讲解条形图、折线图、饼图、散点图等常用图表的制作方法与适用场景
3	数据可视化软件操作化	• 以 Tableau、Power BI 或 Excel 为例，详细讲解软件界面、功能及数据可视化流程
4	财经数据可视化实践	• 通过财经案例，引导学生运用所学技术完成财务报表分析、市场趋势预测等可视化项目
5	交互式设计	• 如何为数据可视化作品添加交互功能 • 提升用户体验与数据洞察深度
6	优化与分享	• 如何优化数据可视化作品的布局、色彩搭配与信息传递效率 • 如何将作品分享至网络平台

⑤预期效果

通过本课程的学习，学生将能够全面掌握数据可视化技术的基本原理与操作方法，能够独立完成财经领域的数据可视化项目。学生将能够熟练运用数据可视化软件，将复杂的财经数据转化为直观、易懂的图表形式，为财经决策提供有力支持。同时，学生还将提升数据分析与决策能力，增强对财经市场的敏感度与洞察力，为未来职业生涯奠定坚实基础。

（7）财经信息系统分析与设计

①选择理由

在数字化时代，财经信息系统已成为企业管理和决策的重要支撑。财经类高职学生掌握财经信息系统分析与设计的能力，不仅能够满足企业对高效、精准财经管理的需求，还能在职业生涯中具备更强的竞争力。本课程通过系统学习财经信息系统的规划、分析、设计与实施过程，旨在培养学生综合运用信息技术解决财经问题的能力，使其能够在财经领域发挥更大的作用。通过本课程的学习，学生将能够深入理解财经信息系统的核心要素与构建方法，为企业财经管理提供有力支持。

②引入方式

本课程将以案例驱动的方式引入财经信息系统的概念、作用及发展趋势。首先，通过企业财经管理中的实际问题作为切入点，引导学生认识到财经信息系统的重要性；其次，通过详细讲解财经信息系统的组成、功能及实现过程，逐步引导学生进入课程主题；再次，在理论讲授的基础上，结合项目实训、小组讨论等多种形式，加深学生对财经信息系统分析与设计流程的理解与掌握；最后，邀请财经领域专家进行专题讲座，分享财经信息系统建设的成功案例与经验教训，帮助学生拓宽视野、积累经验。

③课程目标

学生能够理解财经信息系统的基本概念、作用、发展历程及未来趋势；能够掌握财经信息系统的需求分析、业务流程分析、数据流程分析等方法，以及系统设计、数据库设计、界面设计等关键技术；通过项目实训，学生能够独立完成财经信息系统的规划、分析、设计与初步实施工作，提升解决实际问题的能力；鼓励学生在财经信息系统分析与设计过程中发挥创新思维，提出新颖、实用的解决方案。

④课程内容

财经信息系统分析与设计的一般课程内容如表 3－7 所示。

表 3－7　　财经信息系统分析与设计课程内容

序号	知识点	具体内容
1	财经信息系统概论	• 深入解析财经信息系统的定义、分类及其在现代企业管理中的重要性 • 探讨财经信息系统的发展历程，包括从传统的手工记账到现代自动化、智能化系统的演变 • 分析财经信息系统如何支持企业的财务管理、会计核算、成本控制、预算管理等关键业务流程

续表

序号	知识点	具体内容
2	财经信息系统规划	• 制定财经信息系统的战略规划，包括确定系统目标、范围、约束条件等 • 掌握需求调研的方法与技巧，包括访谈、问卷调查、现场观察等，以全面了解企业财经管理的实际需求 • 理解并应用 SWOT 分析、PEST 分析等工具，对财经信息系统建设的环境进行评估
3	业务流程与数据流程分析	• 详细讲解如何对企业财经业务流程进行梳理与优化，识别关键节点与瓶颈 • 学习数据流程图的绘制方法，明确数据在业务流程中的流动路径与转换规则 • 分析业务流程与数据流程之间的关系，识别系统边界与接口需求
4	系统设计	• 介绍分层架构、微服务架构等常见系统架构模式，并讨论其在财经信息系统中的应用 • 根据业务流程与数据流程分析结果，将系统划分为若干功能模块，并明确各模块的功能职责与交互关系 • 学习关系型数据库与非关系型数据库的选择依据，掌握 ER 图绘制、数据表设计、索引优化等关键技术 • 注重用户体验，学习界面布局、色彩搭配、交互设计等原则，设计直观、易用、美观的用户界面
5	项目实施与管理	• 了解项目生命周期、项目管理知识体系等基本概念，掌握项目计划制订、进度控制、风险管理等核心技能 • 学习敏捷开发、Scrum 等现代项目管理方法，提升团队协作效率与沟通效果 • 理解软件测试的重要性，掌握测试用例设计、自动化测试、性能测试等测试方法，确保系统质量
6	案例分析与实践	• 选取多个具有代表性的财经信息系统建设案例，进行深入剖析，包括系统需求、设计方案、实施过程、成果评估等方面 • 分组讨论与汇报，鼓励学生结合所学知识对案例进行分析与评价，提出改进建议 • 模拟真实的企业财经信息系统建设项目，让学生在实践中巩固所学知识，提升综合能力

⑤预期效果

通过本课程的学习，学生将能够全面掌握财经信息系统分析与设计的基本知识与技能，具备独立完成财经信息系统规划、分析、设计与初步实施的能力。学生将能够深入理解财经业务流程与数据流程之间的关系，掌握系统设计中的关键技术与方法。同时，通过项目实训与案例分析，学生将积累丰富的实践经验，提升解决实际问题的能力与创新能力。最终，学生将能够在财经领域发挥更大的作用，为企业财经管理提供有力支持。

（8）人工智能与机器学习在财经预测中的应用

①选择理由

随着大数据时代的到来，财经领域面临着前所未有的数据量增长。传统的预测方法往往难以处理如此庞大的数据量，且难以捕捉数据中的复杂关系和模式。人工智能与机器学习技术以其强大的数据处理能力和模式识别能力，为财经预测带来了新的可能。通过应用这些技术，财经类高职学生能够更准确地预测市场趋势、评估投资风险、优化资源配置等，为企业决策提供有力支持。因此，掌握人工智能与机器学习在财经预测中的应用，对于提升财经类高职学生的专业技能和市场竞争力具有重要意义。

②引入方式

本课程将以财经预测的实际问题为切入点，通过案例分析和实践操作的方式，引导学生逐步了解并掌握人工智能与机器学习在财经预测中的应用。首先，通过介绍财经预测的重要性和传统预测方法的局限性，激发学生对新课程内容的兴趣；其次，通过展示人工智能与机器学习在财经预测中的成功案例，让学生直观感受到这些技术的强大潜力；再次，逐步深入讲解相关技术和算法的原理、应用及实践技巧，并通过项目实训让学生亲身体验这些技术的应用过程；最后，通过总结与讨论，巩固所学知识，拓宽学生的视野和思维。

③课程目标

学生能够理解人工智能与机器学习的基础概念、原理及其在财经预测中的应用背景；学生能够掌握常用的机器学习算法（如线性回归、决策树、神经网络等）及其在财经预测中的应用方法；通过项目实训，学生能够独立完成财经预测模型的构建、训练与评估工作；培养学生运用所学知识解决实际财经预测问题的能力，提高决策的科学性和准确性；鼓励学生发挥创新思维，探索新的财经预测方法和应用场景。

④课程内容

人工智能与机器学习在财经预测中应用的一般课程内容如表 3 - 8 所示。

表 3 - 8　人工智能与机器学习在财经预测中的应用课程内容

序号	知识点	具体内容
1	人工智能与机器学习基础	• 介绍人工智能与机器学习的发展历程、基本概念与原理 • 分析机器学习在财经预测中的优势与挑战
2	财经预测基础	• 讲解财经预测的基本概念、流程与重要性 • 分析传统财经预测方法的局限性与不足
3	常用机器学习算法及其在财经预测中的应用	• 介绍其原理、应用场景及在财经预测中的实现方法 • 讲解其构建过程、优缺点及在财经预测中的应用实例 • 分析其原理、架构及在复杂财经预测问题中的表现
4	数据预处理与特征工程	• 讲解财经数据的获取、清洗、转换与规范化方法 • 分析特征选择、降维等特征工程技术在财经预测中的作用与实现
5	模型训练与评估	• 介绍交叉验证、过拟合与欠拟合等概念及其在模型训练中的应用 • 讲解准确率、召回率、F1 分数等评估指标及其在财经预测模型评估中的使用
6	项目实训与案例分析	• 组织学生进行财经预测项目实训，从数据收集、预处理到模型构建、训练与评估的全过程操作 • 分析实际财经预测案例，探讨模型在实际应用中的表现与改进方向

⑤预期效果

通过本课程的学习，学生将能够深入理解人工智能与机器学习在财经预测中的应用原理与技术细节。他们将能够熟练掌握常用的机器学习算法及其在财经预测中的实现方法，具备独立完成财经预测模型构建、训练与评估的能力。同时，学生将提升解决实际财经预测问题的能力，增强决策的科学性和准确性。此外，学生还将培养创新思维和实践能力，为未来的职业发展奠定坚实的基础。

（9）RPA 财务机器人开发与应用

①选择理由

随着企业数字化转型的加速，自动化技术在财务管理领域的应用日益广泛。RPA（Robotic Process Automation，机器人流程自动化）作为自动化技术的重要分支，以其高效、准确、可重复执行的特点，正逐步成为财务管理中不可或缺的工具。RPA 财务机器人能够模拟人类操作，自动执行重复性高、规则明确的任务，如数据录入、报表生成、发票处理等，从而显著提升工作效率，降低人力成本，减少人为错误。对于财经类高职学生而言，掌握 RPA 财务机器人的开发与应用技能，不仅能够满足企业对高效财务管理的需求，还能为自身职业发展增添竞争力。

②引入方式

以实际案例为切入点，通过展示 RPA 财务机器人在财务管理中的实际应用效果，激发学生的学习兴趣。首先，通过介绍 RPA 技术的基本原理、发展历程及在财务管理领域的应用前景，让学生对该技术有一个初步的认识；其次，通过演示 RPA 财务机器人的操作流程和实际效果，让学生直观感受到其带来的便利和效率提升；再次，逐步深入讲解 RPA 财务机器人的开发环境、编程语言、工具使用等关键技术，为学生后续的实践操作奠定基础；最后，通过项目实训、小组讨论等形式，让学生亲自动手开发 RPA 财务机器人，体验从需求分析、设计开发到测试部署的全过程。

③课程目标

学生能够理解 RPA 技术的基本原理、发展历程及其在财务管理中的应用场景；学生能够熟练掌握 RPA 财务机器人的开发环境、编程语言、工具使用等关键技术；通过项目实训，学生能够独立完成 RPA 财务机器人的需求分析、设计开发、测试部署等全过程；培养学生运用 RPA 技术解决财务管理中实际问题的能力，提升工作效率和准确性；鼓励学生结合财经领域实际需求，探索 RPA 技术在财务管理中的创新应用场景。

④课程内容

RPA 财务机器人开发与应用的一般课程内容如表 3－9 所示。

表 3-9　　RPA 财务机器人开发与应用课程内容

序号	知识点	具体内容
1	RPA 技术基础	• RPA 技术概述：定义、特点、发展历程及优势 • RPA 在财务管理中的应用场景与价值分析
2	RPA 开发环境与工具	• 常用 RPA 开发平台介绍（如 UiPath、Automation Anywhere 等） • 开发环境搭建与配置 • RPA 开发工具与组件详解
3	RPA 编程语言与逻辑	• RPA 脚本语言基础（如 VB. NET、Python 等） • 流程设计与逻辑控制：顺序、条件、循环等结构 • 变量、函数与异常处理
4	RPA 财务机器人开发实战	• 需求分析：明确 RPA 财务机器人的应用场景与目标 • 设计开发：流程设计、界面布局、脚本编写 • 测试部署：功能测试、性能测试、部署上线
5	RPA 在财务管理中的高级应用	• 集成与扩展：与外部系统（如 ERP、CRM 等）的数据交互 • AI 与 RPA 融合：智能识别、预测与决策支持 • 安全与合规：数据加密、访问控制、审计日志
6	项目实训与案例分析	• 分组进行 RPA 财务机器人开发项目实训 • 案例分析：成功与失败经验分享 • 成果展示与评估：项目汇报、师生点评

⑤预期效果

通过本课程的学习，学生将全面掌握 RPA 财务机器人的开发与应用技能，能够独立完成财务管理中 RPA 项目的需求分析、设计开发、测试部署等全过程。学生将能够运用 RPA 技术显著提升财务工作效率和准确性，降低人力成本，减少人为错误。同时，学生还将具备解决财务管理中实际问题的能力，以及探索 RPA 技术在财务管理中创新应用场景的能力。最终，学生将能够在未来的职业生涯中展现出更强的竞争力和适应能力。

（10）区块链技术在财经领域的应用

①选择理由

区块链技术作为一种去中心化、不可篡改、安全可靠的分布式账本技术，正逐渐改变着财经领域的运作模式。在支付清算、供应链金融、资产管理、证券交易等多个财经细分领域，区块链技术展现出巨大的应用潜力和价值。对于财经类高职学生而言，掌握区块链技术在财经领域的应用，不仅能够拓宽其专业知识视野，还能提升其解决实际财经问题的能力，增强在就业市场中的竞争力。通过本课程的学习，学生将能够深入了解区块链技术的核心原理、特点及其在财经领域的具体应用案例，为未来的职业生涯打下坚实基础。

②引入方式

将以财经领域的实际需求为导向，通过案例分享、技术演示和实践操作等多种方式引入区块链技术。首先，通过介绍几个典型的区块链财经应用案例，如比特币、以太坊等加密货币的交易机制，以及供应链金融中的区块链解决方案，激发学生对区块链技术的兴趣。其次，逐步深入讲解区块链技术的核心原理、技术架构和运行机制，让学生对其有全面认识。再次，结合财经领域的实际场景，展示区块链技术如何解决传统财经业务中的痛点问题。最后，通过实践操作环节，让学生亲自动手搭建区块链环境，体验区块链技术在财经领域的应用过程。

③课程目标

掌握区块链技术的核心原理、特点和发展历程，理解其在财经领域的应用价值；了解区块链的技术架构、共识机制、加密算法等关键技术，以及智能合约的开发与部署方法；通过分析区块链技术在支付清算、供应链金融、资产管理、证券交易等财经领域的应用案例，能够理解其解决实际问题的方式和效果；通过搭建区块链环境、开发智能合约等实践操作，学生能够提升区块链技术的应用能力；结合财经领域实际需求，探索区块链技术的创新应用场景，培养创新思维和实践能力。

④课程内容

区块链技术在财经领域应用的一般课程内容如表 3 - 10 所示。

表 3 - 10　　区块链技术在财经领域的应用课程内容

序号	知识点	具体内容
1	区块链技术基础	• 区块链技术概述：定义、发展历程、特点与价值 • 区块链核心原理：去中心化、不可篡改、共识机制等 • 区块链技术架构：数据层、网络层、共识层、激励层等
2	智能合约与 DApp 开发	• 智能合约概念与特点 • Solidity 编程语言基础 • 智能合约编写、部署与测试 • DApp（去中心化应用）设计与开发流程

续表

序号	知识点	具体内容
3	区块链在财经领域的应用案例	• 支付清算领域的区块链应用：跨境支付、数字货币等 • 供应链金融中的区块链解决方案：应收账款融资、库存融资等 • 资产管理领域的区块链应用：数字资产证券化、版权保护等 • 证券交易市场的区块链探索：去中心化交易所、自动化执行交易等
4	区块链技术安全与监管	• 区块链安全威胁与防护策略 • 区块链监管政策与合规要求 • 区块链技术在财经领域的法律与伦理问题
5	实践操作与项目实训	• 搭建区块链开发环境（如 Ganache、Remix 等） • 开发简单的智能合约并进行部署与测试 • 参与财经领域区块链应用项目的模拟开发或案例分析

⑤预期效果

通过本课程的学习，学生将全面掌握区块链技术的核心原理、技术架构和财经领域应用案例。他们将能够运用所学知识分析财经领域的实际问题，提出基于区块链技术的解决方案。同时，学生将提升区块链技术的实践操作能力和创新思维，为未来的职业生涯奠定坚实基础。此外，学生还将了解区块链技术的安全与监管要求，增强法律意识和伦理观念，为在财经领域从事区块链相关工作做好准备。

上述课程的引入，可以以必修课或选修课的方式，也可以以自修或讲座的形式开展，选择哪些课程，选择的课程中选用哪些知识点，可以根据学校的实际情况以及专业建设方向来进一步确定。

2. 课程内容的整合与优化

在引入信息技术类课程的同时，需要对财经类专业群的课程内容进行整合和优化，确保其与信息技术类课程的有机衔接。

（1）课程内容的整合策略

课程内容的整合策略是要构建财经与信息技术的桥梁。在财经类专业中整合计算机类课程，关键在于构建一个既体现财经特色又融入信息技术的课程体系。这要求对现有课程进行深入剖析，识别出哪些知识点需要强化，哪些可以与信息技术相结合，以及如何安排这些课程以形成逻辑清晰、层次分明的教学路径。

①明确财经类专业学生所需掌握的核心技能

这包括但不限于财务管理、会计、金融分析、风险管理等。接着，我们应考虑如何将计算机科学的基础知识（如编程语言、数据结构、算法设计等）以及高级应用（如大数据分析、机器学习、区块链等）融入这些核心课程中。例如，在财务管理课程中，可以引入基于 Python 的数据分析工具，让学生学习如何使用 Python 进行财务报表分析、财务指标计算等；在金融分析课程中，则可以教授学生如何利用 Excel VBA 或 R 语言进行金融时间序列分析和模型预测。为了实现课程内容的无缝衔接，可以采用模块化教学设计。每个模块都围绕一个特定的财经主题展开，同时融入相应的信息技术知识。例如，可以设计一个“财经数据分析”模块，该模块首先介绍数据分析的基本概念和流程，然后逐步深入到数据收集、清洗、处理、分析和可视化的具体步骤，每一步都结合财经领域的实际案例进行讲解。通过这样的设计，学生不仅能够掌握数据分析的技能，还能深刻理解这些技能在财经领域的应用价值。

②关注课程之间的横向联系

财经类专业的各门课程之间往往存在紧密的逻辑关系，因此在整合信息技术类课程时，要确保这些课程之间能够形成有效的衔接和互补。比如，在教授大数据分析课程时，可以引导学生回顾先前学过的统计学原理、计量经济学等课程中的相关知识，帮助他们更好地理解大数据分析的方法和结果。同时，还需要定期评估课程整合的效果，并根据反馈进行调整和优化。这可以通过问卷调查、学生访谈、教学评估等多种方式实现。通过收集和分析这些反馈信息，可以了解学生对课程内容的接受程度、学习兴趣的变化情况以及实际技能的掌握情况等，从而及时调整教学策略和课程内容，确保课程整合的持续性和有效性。

（2）实践教学的加强与深化

实践教学是财经类专业教育中不可或缺的一环。为了使学生能够将所学的财经知识和信息技术技能真正应用于实际工作中，学校需要加大实践教学的力度并深化其实施效果。

①丰富实践教学的形式和内容

除了传统的案例分析、模拟实训外，还可以引入项目式学习、翻转课堂等新型教学模式。项目式学习可以让学生围绕一个具体的财经问题或项目展开研究和实践，通过团队合作、资料收集、数据分析等环节来解决问题；翻转课堂则可以通过预习视频、在线讨论等方式将理论知识的传授移至课外进行，以便在课堂上留出更多时间进行实践操作和深入讨论。

②加强与企业的合作与交流

通过与企业建立合作关系，可以为学生提供更多的实习机会和真实的工作环境。企业不仅可以提供实际的项目案例和数据资源供学生实践使用，还可以派遣经验丰富的导师对学生进行指导和培训。这种校企合作模式不仅能够帮助学生更好地了解财经行业的最新动态和实际需求，还能够提升他们的职业素养和就业竞争力。

③注重培养学生的创新思维和解决问题的能力

这要求教师在设计实践任务时充分考虑其开放性和挑战性，鼓励学生尝试不同的方法和思路来解决问题。同时，还要建立科学的评价体系来评估学生的实践成果和创新表现。这个评价体系应该能够全面反映学生的实践能力、创新精神和团队协作能力等多个方面的情况，以便为他们提供有针对性的反馈和指导。为了进一步提升实践教学的效果和质量，还可以引入先进的技术手段和资源支持。例如，可以利用云计算、大数据等技术构建虚拟实验室或在线实训平台来模拟真实的工作环境；利用人工智能等技术对学生的学习过程进行智能分析和个性化推荐；利用社交媒体等渠道促进师生之间的交流与合作等。这些技术手段和资源支持不仅可以提高实践教学的效率和趣味性，还可以拓宽学生的视野和知识面。

(3) 课程思政的融入与引导

在财经类专业教育中融入课程思政元素是培养德才兼备财经人才的重要途径。课程思政旨在通过课堂教学这一主渠道，将思想政治教育贯穿于专业知识传授和能力培养的全过程之中，引导学生树立正确的世界观、人生观和价值观。

①要深入挖掘财经类专业课程中的思政元素

财经类专业课程往往蕴含着丰富的思政教育资源。例如，在财务管理课程中可以通过分析企业财务状况的变化来引导学生关注国家经济发展的大局；在会计课程中可以通过讲解会计职业道德来培养学生的诚信意识和责任感；在金融课程中则可以通过分析金融风险和监管政策来引导学生树立正确的风险意识和法律意识等。通过深入挖掘这些思政元素并将其融入课堂教学之中，我们可以使学生在学习专业知识的同时接收到思想政治教育的熏陶和启迪。

②全面创新课程思政的教学方式和方法

传统的思想政治教育往往采用填鸭式的教学方式来灌输理论知识，这种方式往往难以引起学生的兴趣和共鸣。因此，需要创新课程思政的教学方式和方法，采用启发式、讨论式、案例式等多种教学手段来激发学生的学习兴趣和参与度。例如，可以组织学生进行小组讨论或辩论来探讨财经领域的热点问题或争议话题；可以邀请业界专家或校友来校分享他们的职业经历和人生感悟以激发学生的职业理想和责任感；可以利用虚拟现实或增强现实等技术手段来模拟真实的工作环境以提升学生的实践能力和职业素养等。

③注重培养学生的社会责任感和职业道德

财经类专业人才作为经济社会发展的重要支撑力量之一，他们的行为举止和职业道德水平直接影响着社会的稳定和发展。因此，需要通过课程思政来引导学生树立正确的职业观念和行为规范，培养他们的社会责任感和职业道德感。这要求在教学过程中注重引导学生关注社会热点问题和民生福祉问题，培养他们的公民意识和人文关怀精神；同时还需要加强学生的职业道德教育和法治教育，让他们明确自己的职业责任和义务以及可能面临的法律风险和挑战等。

（4）创新性与学术性的提升

财经类专业的教育不仅需要关注实用技能的培养，还需要注重创新性和学术性的提升。只有不断创新教育模式和方法、加强学术研究与实践应用的结合，才能推动财经教育的持续发展并培养出具有创新精神和实践能力的高素质财经人才。

①鼓励教师和学生积极参与学术研究活动

通过参与学术研究活动，教师可以不断更新自己的知识储备和教学理念；学生则可以锻炼自己的科研能力和创新思维。因此，学校需要建立完善的学术研究激励机制和支持体系来鼓励教师和学生积极参与学术研究活动并取得更多成果。

②加强财经教育与产业界的联系与合作

产业界是财经类专业人才的主要就业方向之一，也是推动财经教育创新发展的重要力量之一。通过加强与产业界的联系与合作，可以及时了解行业发展趋势和人才需求变化，从而调整和优化课程设置和教学内容；同时还可以借助产业界的资源和平台来提升学生的实践能力和职业素养。因此，需要建立与产业界的紧密合作关系来共同推动财经教育的创新与发展。

③注重教学方法和手段的创新与改革

传统的教学方法往往注重知识的传授和技能的训练而忽视了学生创新思维和实践能力的培养；同时传统的教学手段也往往难以满足现代财经教育的需求和发展趋势。因此我们需要探索新的教学方法和手段来激发学生的学习兴趣和参与度并提升他们的学习效果和质量。例如，可以采用混合式教学模式将线上学习与线下实践相结合；可以利用大数据和人工智能技术来分析学生的学习行为和表现以便为他们提供更加个性化和精准的教学服务；还可以引入游戏化学习等新型教学模式来增强学习的趣味性和互动性等。

④培养具有国际视野和跨文化交流能力的财经人才

随着全球化的不断深入和发展，国际间的经济交流与合作日益频繁和紧密。因此财经类专业人才需要具备国际视野和跨文化交流能力来适应这一发展趋势并为企业和国家的发展作出贡献。可以通过开设国际化课程、组织国际交流活动等方式来培养学生的国际视野和跨文化交流能力；同时还可以鼓励学生参与国际竞赛和项目合作等活动来锻炼自己的实践能力和团队协作能力等。通过这些措施我们可以为财经教育的创新与发展注入新的活力和动力并推动其不断向前发展。

3. 教学效果的评估与反馈

在财经类专业中引入信息技术类课程，其成功与否不仅在于课程的设置与内容设计，更在于教学效果的有效评估与持续反馈。一个科学、全面的评估体系能够准确反映学生的学习成效，而及时的反馈则能指导教学团队不断优化教学策略，确保教育目标的实现。

（1）建立多元化的评估方式

为了确保对学生学习成效的全面评估，必须采用多元化的评估方式，以覆盖知识掌握、技能运用、创新思维及实践能力等多个维度。

①闭卷与开卷考试结合

闭卷考试侧重于检验学生对理论知识的掌握程度，如编程基础、数据结构、财经数据分析方法等；而开卷考试则鼓励学生在更宽松的条件下展示其分析能力和知识应用能力，如通过案例分析报告来评估学生对财经信息技术应用的理解。

②课程论文与项目实训并重

课程论文要求学生深入研究某一财经信息技术领域的问题，撰写研究报告，以此评估其文献综述、理论分析及批判性思维能力；项目实训则通过模拟真实工作环境中的任务，如构建财经数据分析模型、开发 RPA 财务机器人等，直接检验学生的实践能力和团队协作能力。

③过程性评估不可或缺

除了结果性评估外，过程性评估同样重要。它关注学生的学习态度、参与度以及在学习过程中展现出的创新思维。通过课堂互动、小组讨论、在线作业提交等方式收集数据，形成对学生学习过程的全面记录和评价。

（2）加强反馈与沟通

有效的反馈机制是教学改进的重要驱动力。它不仅能够帮助学生明确自己的学习状况，还能促使教师及时调整教学策略，提升教学质量。

①建立定期的反馈会议

定期组织学生与教师之间的反馈会议，鼓励学生就课程内容、教学方法、作业难度等方面提出意见和建议。教师应认真听取并记录学生的反馈，对合理建议给予积极回应并实施改进。

②利用在线平台促进即时反馈

借助学习管理系统（LMS）等在线平台，教师可以方便地发布作业、测验和调查问卷，并即时获取学生的完成情况。同时，学生也可以在这些平台上提问、讨论和分享学习心得，形成活跃的在线学习社区。

③个性化反馈与指导

为了确保每位学生都能在学习过程中取得最佳进步，教师需要根据每个学生的独特学习特点和进度，提供定制化的反馈和指导，对那些在学习上遇到困难的学生给予更多的关注和帮助，通过耐心的辅导和适宜的教学策略，帮助他们克服障碍，增强信心。对于那些表现出色的学生，教师应设计更高层次的挑战性任务，以激发他们的潜能，鼓励他们追求卓越。教师还应为所有学生提供持续的鼓励和支持，无论是通过正面的反馈来强化他们的学习动力，还是通过建立一个包容和积极的学习环境，让每个学生都感到被重视和鼓励，从而促进他们的全面发展。

（3）跟踪毕业生就业情况

毕业生的就业情况是衡量财经信息技术教育成效的重要指标之一。通过跟踪调查毕业生的就业去向、工作表现及职业发展路径，可以深入了解市场对财经信息技术人才的需求和变化，从而指导教育教学的持续优化。

①建立毕业生跟踪数据库

系统地收集毕业生的就业信息，包括但不限于他们的工作单位、所担任的职位，以及薪资水平等关键数据。这些信息对于建立一个详尽的跟踪数据库至关重要，该数据库不仅记录了毕业生的就业状况，还能够反映出教育质量与市场需求之间的关系。通过定期更新和分析这些数据，可以深入了解毕业生的职业发展轨迹，评估不同专业和课程设置对于就业的影响，以及识别教育体系中可能存在的不足之处。

②定期回访与访谈

为了更好地了解毕业生在职场中的实际表现以及他们所面临的各种挑战，可以实施定期的回访计划，并对他们进行深入的访谈。通过这些交流，能够收集到他们在工作中积累的宝贵经验，以及他们在职业道路上遇到的难题和困惑。并征询他们对于财经信息技术教育的意见和建议，包括课程设置、教学方法、实践机会等方面的看法。这些宝贵的第一手资料将为我们的教学改革提供重要的参考依据，帮助学校不断优化课程内容，改进教学策略，增强学生的实践能力和就业竞争力。

③分析市场需求与趋势

通过对毕业生就业情况的详细数据分析以及对市场的深入调研，可以全面了解市场对财经信息技术人才的具体需求以及这些需求的变化趋势。这些数据和调研结果为学校提供了宝贵的参考信息，能够根据市场的实际需求，对现有的课程设置和教学内容进行科学合理的调整。学校人才培养的目标是确保教育教学工作能够紧密贴合市场需求，提高毕业生的就业竞争力，同时也增强教育的针对性和实效性，使学生能够更好地适应未来职场的挑战。

（4）强化教学团队的专业能力

①专业素养的提升

教学效果的评估与反馈机制的高效运作，离不开教学团队扎实的专业素养。这要求团队成员不仅精通财经领域知识，还需深入理解信息技术的前沿动态。因此，需定期组织专业研讨会、工作坊等活动，邀请行业专家进行分享交流，以拓宽团队成员的知识视野，深化其对财经与信息技术融合的理解。

②市场洞察力的培养

面对快速变化的市场需求，教学团队还需具备敏锐的市场洞察力。通过参与市场调研、行业报告分析等活动，团队可以更加准确地把握财经信息技术领域的最新趋势和发展方向。同时，鼓励团队成员与业界保持紧密联系，了解企业实际需求，为教学内容的优化提供有力依据。

③专业培训和继续教育

为了保持教学团队的专业竞争力，应持续加强对其的专业培训和继续教育。这包括定期举办培训课程、提供在线学习资源、鼓励教师参加国内外学术会议等。通过这些措施，可以有效支持教学团队不断更新知识结构、提升教学能力，从而更好地适应财经信息技术教育的发展需求。

④激励机制与团队建设

为了激发教学团队的工作热情和创造力，还应建立完善的激励机制和团队文化。通过设立教学成果奖、科研创新奖等奖项，表彰在教学和科研方面作出突出贡献的团队成员。同时，加强团队内部的沟通与协作，营造积极向上的工作氛围，共同推动财经信息技术教育的进步与发展。

（5）促进跨学科交流与合作

①拓宽教学视野

跨学科交流与合作首先能够极大地拓宽财经类专业教师的教学视野。

通过与信息技术领域的专家、学者交流，财经教师可以了解到最新的信息技术进展，理解其在财经领域的应用潜力，从而在设计课程和教学内容时更加前瞻和全面。

②丰富教学资源

跨学科合作不仅意味着教学思路的碰撞，也带来了教学资源的共享。信息技术专业的教师能提供最新的技术工具、软件平台等资源，而财经专业的教师则能提供丰富的财经案例和数据。这种资源共享使得教学内容更加充实，教学方法更加多样。

③提升教学效果

跨学科团队共同开发的课程，往往能更好地融合财经知识与信息技术，使课程内容更加贴近实际工作需求。同时，不同专业背景的教师通过相互学习和借鉴，能够不断优化教学策略，提升教学效果，为学生提供更优质的教育体验。

④搭建交流平台

为了促进跨学科交流与合作，学校或学院应积极搭建跨学科交流平台，如定期举办跨学科研讨会、工作坊等，为教师提供面对面的交流机会。同时，还可以利用线上平台，建立跨学科交流群组，方便教师随时随地进行学术探讨和经验分享。

（6）关注学生个性化发展

①尊重个性，定制学习路径

在评估与反馈过程中，教师应深入了解每位学生的兴趣、特长及学习风格，尊重其个性化发展需求。通过提供定制化的学习资源和路径，确保每位学生都能在适合自己的节奏下成长，最大化地发挥潜能。

②兴趣导向，激发学习动力

鼓励学生根据自身兴趣选择学习内容或项目，如财经数据分析、区块链应用探索等，从而激发其内在学习动力。通过兴趣导向的学习，学生不仅掌握专业知识，还能培养持久的探索精神和创新能力。

③实践探索，丰富学习经历

除了课堂学习外，鼓励学生积极参与课外活动、社会实践和创新创业等活动。这些实践经历不仅能让学生将所学知识应用于实际情境中，还能锻炼其团队协作、问题解决等综合能力，丰富其人生体验，为未来的职业生涯打下坚实基础。

④持续反馈，调整支持策略

在关注学生个性化发展的同时，教师应保持与学生的紧密沟通，定期给予反馈和指导。根据学生的学习进展和表现，及时调整支持策略，确保学生能够在适合自己的道路上持续进步，实现全面发展。

（7）利用技术手段提升评估效率

①大数据分析优化评估流程

在评估与反馈过程中，大数据分析技术能够处理海量学习数据，识别学生的学习模式、进度及难点。通过深度挖掘数据间的关联，系统能自动调整评估标准，确保评估结果既全面又精准。同时，大数据分析还能为教师提供教学改进的宝贵见解，促进教学方法的优化。

②人工智能辅助个性化评价

人工智能技术的引入，使得评估过程更加智能化、个性化。通过自然语言处理、机器学习等技术，AI 能够模拟人类评价者的思维过程，对学生的学习成果进行快速、客观的评价。更重要的是，AI 能根据学生的学习习惯、兴趣偏好等因素，提供个性化的学习建议和指导，帮助学生制订更高效的学习计划。

③在线平台与移动应用助力即时反馈

利用学习管理系统（LMS）和移动应用等在线平台，教师能够即时发布作业、测验和反馈，而学生则能随时随地进行学习和提交作业。这种即时反馈机制不仅提高了评估效率，还增强了学生的学习动力和参与度。同时，平台还能自动收集学生的学习数据，为教师提供全面的学习分析报告。

④智能工具辅助精准指导

结合语音识别、图像识别等智能工具，系统能够自动识别学生的发音、笔迹等特征，从而提供更为精准的语音、书写指导。这种指导方式不仅直观易懂，还能帮助学生及时纠正错误，提高学习效率。同时，智能工具还能根据学生的学习进度和难点，推荐适合的学习资源和练习题目，为学生提供全方位的学习支持。

教学效果的评估与反馈是财经信息技术教育持续优化和改进的关键环

节。通过建立多元化的评估方式、加强反馈与沟通以及跟踪毕业生就业情况等措施可以全面而准确地衡量学生的学习成效并为未来的教育教学改革提供有力支持。同时还需要不断深化评估与反馈机制的内涵和外延，关注教学团队的专业发展、跨学科交流与合作以及学生的个性化发展等方面以实现财经信息技术教育的全面提升和发展。

二、构建财经大数据平台

在数字化转型的浪潮中，财经大数据平台作为信息技术赋能财经类专业的重要载体，正逐步成为推动财经教育改革与创新的关键力量，构建财经大数据平台也是信息技术赋能财经教育的核心引擎。这一平台的构建，不仅是对传统财经教育模式的深刻变革，更是对财经领域数据资源深度挖掘与价值创造的全新探索。

1. 财经大数据平台的定义与意义

财经大数据平台，简而言之，是一个集数据采集、存储、处理、分析及可视化于一体的综合性信息系统。它利用现代信息技术手段，对海量的财经数据进行全面整合与深度挖掘，旨在为财经教育、科研及决策支持提供强有力的数据基础和技术支撑。该平台的意义在于，它打破了传统财经数据来源单一、处理效率低下的局限，实现了财经数据的跨领域、跨时空共享，为财经类专业的教学改革、科研创新及社会服务开辟了新路径。

2. 财经大数据平台构建的必要性

（1）适应财经领域数字化转型趋势

随着信息技术的飞速发展，财经领域正经历着前所未有的数字化转型。构建财经大数据平台，有助于财经类专业紧跟时代步伐，把握数字化转型带来的机遇，提升教育质量和学生竞争力。

（2）满足财经教学与科研需求

财经类专业的教学与科研高度依赖数据支持。财经大数据平台能够为学生提供丰富的数据资源和实战演练机会，培养其数据处理与分析能力；同时，也为教师提供了更广阔的研究视野和更深入的研究工具，推动财经科研的创新与发展。

（3）提升财经决策的科学性与精准度

财经决策往往涉及复杂的经济环境、市场趋势及风险因素。财经大数据平台通过深入挖掘数据背后的价值，为决策者提供了更为全面、准确的信息参考，有助于提升决策的科学性和精准度。

3. 财经大数据平台的构建要素

财经大数据平台的构建涉及多个关键要素，包括数据采集、存储、处理、分析及可视化等模块。这些要素相互关联、相互作用，共同构成了财经大数据平台的完整体系。

（1）数据采集

数据采集是财经大数据平台的基础工作。通过多渠道、多方式的数据收集策略，如互联网抓取、社交媒体分析、企业年报收集等，确保数据的全面性和时效性。同时，还需关注数据的合法性和隐私保护问题，确保数据采集过程的合规性。

（2）数据存储

面对海量的财经数据，如何高效、安全地存储成为一大挑战。财经大数据平台需采用先进的存储技术和管理策略，如分布式存储、云存储等，确保数据的可扩展性、可靠性和安全性。同时，还需建立数据备份与恢复机制，以应对可能的数据丢失或损坏风险。

（3）数据处理

数据处理是财经大数据平台的核心环节。通过数据挖掘、机器学习等技术手段，对原始数据进行清洗、转换和集成处理，提高数据的质量和可用性。此外，还需关注数据的标准化和归一化问题，确保不同来源、不同格式的数据能够进行有效的整合和分析。

（4）数据分析

数据分析是财经大数据平台的核心价值所在。通过建立经济模型、进行趋势预测、关联规则挖掘等方式，深入挖掘数据背后的价值。同时，还需关注数据分析的时效性和准确性问题，确保分析结果能够真实反映市场动态和趋势变化。

（5）数据可视化

数据可视化是将分析结果以直观、易懂的形式呈现给用户的重要手段。财经大数据平台需采用图表、动画等多种可视化技术手段，将复杂的财经数据转化为易于理解的视觉元素。这有助于用户快速把握数据的关键信息和趋势变化，提升决策效率和准确性。

4. 财经大数据平台的技术实现

财经大数据平台的技术实现涉及多个方面，包括架构设计、系统开发、算法优化及安全保障等。

（1）架构设计

采用微服务架构或分布式架构等先进设计理念，确保平台的可扩展性、灵活性和可维护性。同时，还需考虑系统的负载均衡、容错处理及高可用性等关键问题，确保平台的稳定运行。

（2）系统开发

采用前后端分离的开发模式，前端注重用户体验和交互设计；后端则关注数据处理与分析的逻辑实现。同时，还需利用成熟的开发框架和工具链（如 Spring Boot、React 等），提高开发效率和代码质量。

（3）算法优化

针对财经数据的特殊性和复杂性，需对数据挖掘、机器学习等算法进行优化和定制。例如，采用更高效的特征选择方法、优化模型训练过程等策略，提升数据分析的准确性和效率。

（4）安全保障

建立完善的安全防护体系和数据加密机制，确保财经数据的安全性和隐私性。同时，还需定期进行安全审计和漏洞扫描工作，及时发现并修复潜在的安全风险。

5. 财经大数据平台的应用场景

财经大数据平台在财经教育、科研及决策支持等领域具有广泛的应用场景。

（1）财经教学

通过先进的财经大数据平台，为学生提供海量的数据资源和丰富的实战演练机会，使他们能够熟练掌握大数据分析的各种工具和技能。这一教学模式不仅注重理论知识的传授，更强调实践能力的培养，让学生在实际操作中深化对财经知识的理解和应用。教师可以结合具体的财经案例，进行深入的教学演示和互动讨论。这些案例通常涵盖了市场分析、投资决策、风险管理等多个方面，让学生能够将理论与实践相结合，提高解决实际问题的能力。通过这种方式，学生不仅能够学习到如何分析和解读财经数据，还能够培养他们的批判性思维和创新思维。财经教学还鼓励学生积极参与到模拟投资、市场预测等活动中，通过模拟真实的市场环境，让学生在风险可控的条件下，体验投资决策的过程，从而更好地理解财经市场的动态变化。这种互动性和体验性的教学方法，极大地提高了学生的学习兴趣和参与度，激发了他们的创造力和创新精神。

（2）财经科研

财经大数据平台为科研人员提供了广阔的研究视野和深入的数据分析工具。通过挖掘财经数据背后的规律和趋势变化，科研人员可以开展更具创新性和前瞻性的研究工作。例如，利用机器学习算法预测金融市场走势、分析消费者行为特征等。

（3）财经决策支持

财经大数据平台通过深入挖掘和分析财经数据背后的价值信息，为决策者提供了更为全面、准确的信息参考。这有助于决策者更加科学地制定战略规划和政策措施，提升决策的科学性和精准度。例如，在金融监管、风险评估及投资策略制定等方面发挥重要作用。

6. 实践案例

以作者所在的职业学院为例，该校成功构建了“金融市场大数据分析平台”。该平台整合了股票、债券、期货等多种金融市场的实时和历史数据资源，为学生提供了丰富的数据分析案例和实战演练机会。

在平台构建过程中，该校注重数据采集的全面性和时效性。通过与多家金融机构合作获取权威数据源，并结合互联网抓取技术获取更多公开信息。同时，采用分布式存储和云存储技术确保数据的可扩展性和安全性。在数据处理和分析方面，该校引入了先进的数据挖掘和机器学习算法。通过对海量财经数据进行清洗、转换和集成处理，提高了数据的质量和可用性。同时，结合经济模型和趋势预测方法深入挖掘数据背后的价值信息。在可视化展示方面，该平台采用了多种图表和动画形式直观呈现分析结果。学生可以通过平台查看市场动态、分析趋势变化及风险因素等关键信息，从而更好地理解金融市场运作机制和投资策略制定过程。

通过该平台的学习和实践锻炼，学生不仅掌握了大数据分析工具的使用方法，还学会了如何利用数据进行市场分析和风险管理。这不仅提升了他们的专业素养和实践能力，也为他们未来的职业发展奠定了坚实基础。同时，该平台还为该校财经科研提供了有力支持，推动了科研成果的产出和应用转化。

三、推广智能化教学工具

智能化教学工具是信息技术赋能财经类专业的重要手段之一。这些工具包括但不限于智能辅导系统、在线学习平台、虚拟仿真软件等。通过引入这些智能化教学工具，可以为学生提供更加个性化、高效的学习体验。例如，智能辅导系统可以根据学生的学习进度和能力水平提供定制化的学习资源和辅导建议；在线学习平台则可以打破时空限制，让学生随时随地进行自主学习和互动交流；虚拟仿真软件则可以模拟真实的工作环境场景，让学生在实际操作中学习和掌握财经专业技能。

1. 智能化教学工具的定义与分类

智能化教学工具是指利用现代信息技术，特别是人工智能、大数据、云计算等先进技术，设计开发的旨在辅助教学、提升学习效率的一系列工具与平台。这些工具通过模拟人类教师的教学行为，结合学生的学习特点和需求，提供个性化、智能化的学习支持。根据功能和应用场景的不同，智能化教学工具大致可以分为几类。

（1）智能辅导系统

这类系统通过分析学生的学习数据，如作业完成情况、测试成绩等，智能评估学生的学习进度和能力水平，进而提供定制化的学习资源和辅导建议。它们能够根据学生的学习习惯和能力差异，动态调整教学策略，确保每位学生都能得到最适合自己的指导。

（2）在线学习平台

在线学习平台打破了传统课堂的时空限制，使学生能够在任何时间、任何地点进行自主学习。这些平台通常包含丰富的课程资源、互动论坛、在线测试等功能模块，支持学生自主选择学习内容、参与讨论交流、检验学习成果。同时，平台还能利用大数据技术分析学生的学习行为，为他们推荐个性化的学习资源。

（3）虚拟仿真软件

虚拟仿真软件通过模拟真实的工作环境或实验场景，使学生在虚拟环境中进行实践操作。在财经类专业中，这类软件能够帮助学生熟悉业务流程、掌握操作技能，提高实践能力和问题解决能力。例如，会计虚拟仿真平台可以模拟账务处理、税务申报等场景，让学生在模拟环境中进行实战演练。

（4）智能评估与反馈系统

这类系统能够实时分析学生的学习表现，给出即时反馈和评估结果。它们不仅关注学生的学习成果，还关注学习过程和学习态度等方面的表现。通过提供全面的学习报告和改进建议，帮助学生明确自己的优势和不足，制订针对性的学习计划。

2. 智能化教学工具的优势

智能化教学工具在财经类专业教育中的应用，带来了诸多显著优势。

（1）个性化学习

智能化教学工具能够根据学生的学习特点和需求，提供定制化的学习资源和辅导建议。这种个性化学习方式有助于激发学生的学习兴趣和积极性，提高学习效率和质量。

（2）高效学习

在线学习平台和虚拟仿真软件打破了传统课堂的时空限制，使学生能够在任何时间、任何地点进行自主学习。这种高效学习方式有助于节省学生往返学校的时间成本和经济成本，同时提高学习灵活性和自主性。

（3）实践能力提升

虚拟仿真软件通过模拟真实的工作环境或实验场景，使学生在虚拟环境中进行实践操作。这种实践学习方式有助于提高学生的实践能力和问题解决能力，为将来的职业生涯打下坚实的基础。

（4）全面评估与反馈

智能评估与反馈系统能够实时分析学生的学习表现并给出即时反馈和

评估结果。这种全面评估方式有助于帮助学生明确自己的优势和不足，制订针对性的学习计划并持续改进。

3. 智能化教学工具的实施策略

为了充分发挥智能化教学工具在财经类专业教育中的作用和优势，需要制定科学合理的实施策略。

（1）明确教学目标与需求

在实施智能化教学工具之前，需要明确教学目标和学生的学习需求。通过调研和分析确定哪些教学工具和平台能够最有效地支持教学目标的实现和学生的学习需求满足。

（2）制订详细的实施计划

制订详细的实施计划包括培训教师掌握工具的使用方法、组织学生进行工具试用和反馈收集等环节。通过逐步推进确保工具能够顺利融入教学流程并发挥最大效用。

（3）加强教师培训与支持

教师培训是智能化教学工具成功实施的关键环节之一。需要组织专门的培训课程帮助教师掌握工具的使用方法和教学策略调整方法。同时建立教师支持体系提供技术支持和问题解决服务以确保教师在使用过程中能够得到及时有效的帮助。

（4）建立持续评估与反馈机制

建立持续评估与反馈机制对智能化教学工具的实施效果进行定期评估和反馈收集。通过分析学生的学习成果和行为数据了解工具的实际效果并针对性地进行改进和优化。同时鼓励学生和教师提出反馈意见以便不断完善工具的功能和服务水平。

4. 实践案例

某财经职业学院引入了“智能会计虚拟仿真平台”作为财经类专业教学的重要辅助工具之一。该平台利用虚拟现实技术模拟了真实的会计工作环境场景让学生在虚拟环境中进行账务处理、税务申报等操作实践。通过该平台的学习和实践学生不仅掌握了会计实务操作技能，还学会了如何运用信息技术手段提高工作效率和质量。在具体实施过程中学院采取了以下措施。

（1）明确教学目标与需求

学院首先明确了会计实务操作技能的培养目标以及学生对于实践操作技能的需求。通过调研发现传统课堂教学方式难以满足学生的实践操作需求，因此需要引入虚拟仿真平台来提供更加丰富和真实的实践操作场景。

（2）选择合适的智能化教学工具

在对比多家虚拟仿真平台后学院选择了功能完善、易用性高且成本效益合理的“智能会计虚拟仿真平台”。该平台能够模拟真实的会计工作环境场景，提供丰富的账务处理、税务申报等操作实践内容满足学生的实践操作需求。

（3）制订详细的实施计划

学院制订了详细的实施计划包括组织教师进行工具使用培训、安排学生进行平台试用和反馈收集等环节。通过逐步推进确保平台能够顺利融入教学流程并发挥最大效用。

（4）加强教师培训与支持

学院组织了专门的培训课程帮助教师掌握平台的使用方法和教学策略调整方法，同时建立了教师支持体系来提供技术支持和问题解决服务以确保教师在使用过程中能够得到及时有效的帮助。

（5）建立持续评估与反馈机制

学院建立了持续评估与反馈机制对平台的实施效果进行定期评估和反馈收集。通过分析学生的学习成果和行为数据了解平台的实际效果并针对性地进行改进和优化，同时鼓励学生和教师提出反馈意见以便不断完善平台的功能和服务水平。

通过“智能会计虚拟仿真平台”的应用，该财经职业学院成功地将信息技术手段融入财经类专业教学中，提升了学生的实践能力和问题解决能力。同时该平台也为学院的教学改革和创新提供了有力支持，推动了财经类专业教育的现代化发展进程。

第三节　财经知识为计算机类专业赋能

在传统的财经类职业院校，计算机类专业一般都起步较晚，往往是由会计电算化或计算机公共基础课程逐渐发展出来的。这些专业建设基础较为薄弱，专业特色不够明显，与其他以工科为主导的高职院校相比，计算机类专业在成果与荣誉方面存在差距。为了提升计算机类专业的竞争力，需要引入财经类专业课程，通过“双向赋能”的人才培养模式，培养出独具财经特色的信息技术人才。财经知识与技能引入计算机类专业是“双向赋能，技能交叉”理念的另一重要方面。通过将财经知识融入计算机类专业课程体系中可以增强计算机类专业学生的财经素养和就业市场竞争力。

一、重构计算机类专业课程体系

1. 引入财经类课程或财经知识模块的具体内容

在计算机类专业课程体系中增设财经类课程或财经知识模块是实现财经知识赋能计算机人才的重要途径之一。具体而言可以在计算机类专业课程中增加与财经相关的选修课程或必修模块如金融会计基础、经济学原理、金融市场分析等。这些课程不仅可以帮助学生了解财经领域的基本知识和理论，还可以培养他们的财经思维和市场敏锐度，从而在未来的职场中更具竞争力。例如，职业院校的软件技术专业中增设了“金融信息系统设计与实现”课程。该课程不仅涵盖了软件技术的基础知识还融入了金融学、会计学等相关领域的知识。通过学习该课程，学生不仅可以掌握软件系统的设计与实现技能，还可以了解金融信息系统的应用场景和业务流程，从而在未来的职场中更具竞争力。

（1）会计学基础

①选择理由

在财经类职业院校中，计算机类专业的学生不仅需要掌握扎实的计算机技术，还需具备财经领域的基础知识，以实现技术与财经的深度融合。会计学基础作为财经教育的核心课程之一，能够为学生提供一个理解企业财务运作、财务报告编制与财务分析的基本框架。通过引入会计学基础课程，计算机类专业的学生能够更好地理解财经数据背后的经济含义，从而在开发财经信息系统、进行数据分析与可视化等方面发挥更大的作用。此外，掌握会计学基础知识也有助于学生未来在财经科技、金融科技等领域寻求就业机会时具备更强的竞争力。

②引入方式

会计学基础课程将以理论与实践相结合的方式引入。首先，通过生动的案例和互动式教学激发学生的学习兴趣，让学生初步了解会计学的基本概念、原则和框架。随后，通过系统的理论讲授，详细讲解会计循环、财务报表编制、会计要素确认与计量等核心内容。同时，结合模拟实训和真实企业案例，让学生亲手操作会计分录、账簿登记、报表编制等实践环节，加深对理论知识的理解和应用能力。此外，鼓励学生参与小组讨论和项目作业，通过团队协作解决实际问题，培养综合运用会计学知识的能力。

③课程目标

能够理解会计学的基本原理、会计循环及财务报表的基本结构；通过模拟实训和案例分析，学生能够熟练掌握会计分录的编制、账簿的登记及财务报表的编制方法；培养学生解读财务报表、分析企业财务状况和经营成果的能力，提升财经素养；引导学生将会计学知识与计算机技术相结合，思考如何运用计算机技术优化会计工作流程和提高会计信息质量。

④课程内容

会计学基础的一般课程内容如表 3 – 11 所示。

表 3 – 11　　会计学基础课程内容

序号	知识点	具体内容
1	会计学导论	• 会计学的定义、作用及其在经济活动中的重要地位 • 会计学的历史发展脉络，包括从单式记账到复式记账的演变过程 • 会计学的四大基本假设、会计原则及其在经济决策中的作用
2	会计要素与会计等式	• 资产、负债、所有者权益、收入、费用和利润六大会计要素的定义、特征和分类 • 会计等式（资产 = 负债 + 所有者权益）的构成及其在经济业务中的应用 • 理解各会计要素之间的关系，掌握会计等式的平衡原理及其在账务处理中的验证作用

续表

序号	知识点	具体内容
3	账户与复式记账法	• 会计账户的设置原则、命名规则及分类体系 • 复式记账法的基本原理、操作步骤和记录规则，包括借贷记账法的应用 • 掌握会计分录的编制方法，理解每笔经济业务对会计等式两边的影响，确保会计记录的准确性和完整性
4	会计凭证与账簿	• 会计凭证的种类（如原始凭证、记账凭证）、填制要求和审核流程 • 不同类型账簿（如日记账、分类账、总账）的设置方法、登记规则及核对技巧 • 实例演示会计凭证的编制和账簿的登记过程，强调会计凭证与账簿之间的勾稽关系及其在经济业务记录中的重要性
5	成本计算	• 产品成本的构成（直接材料、直接人工、制造费用等） • 成本核算的基本方法（如品种法、分批法、分步法等）及其适用条件 • 成本计算与会计循环的关系，掌握成本分配和结转的原则与技巧，为产品定价和盈利分析提供依据
6	财务报表编制	• 资产负债表、利润表、现金流量表三大财务报表的编制原理、格式要求和披露规范 • 通过案例分析展示如何根据会计账簿数据编制财务报表 • 掌握财务报表各项目的数据来源和计算方法，理解财务报表之间的勾稽关系及其反映的企业财务状况和经营成果
7	会计循环与内部控制	• 会计循环的各个阶段（如凭证编制、账簿登记、成本计算、报表编制等）及其相互衔接关系 • 内部控制的基本框架、要素和实施方法 • 理解会计循环的完整性和系统性对于保证会计信息质量的重要性。掌握内部控制的设计原则和执行要求，提高会计信息处理的效率和准确性 • 如何利用计算机技术加强内部控制和风险管理

⑤效果预期

通过会计学基础课程的学习，计算机类专业的学生将能够建立起对会计学的基本认识和理解框架。他们将能够熟练掌握会计循环和财务报表编制的基本技能，具备解读和分析企业财务状况的能力。更重要的是，学生将学会如何将会计学知识与计算机技术相结合，思考如何运用计算机技术优化会计工作流程、提高会计信息处理效率和准确性。这种跨学科的知识融合将为学生未来的职业发展打开更广阔的空间，使他们成为既懂技术又懂财经的复合型人才。

（2）财务管理

①选择理由

在财经类职业院校中，计算机类专业的学生不仅需要掌握计算机技术，还需深入了解财务管理的核心理念和实践方法。财务管理作为财经领域的重要分支，涉及资金筹集、投资、运营和分配等多个方面，直接关系到企业的盈利能力和持续发展。通过引入“财务管理”课程，计算机类专业的学生将能够学习到如何运用财务管理工具进行资金运作、风险控制和绩效评估，从而提升他们在财经科技领域的综合能力。此外，财务管理知识还有助于学生理解企业运营的全貌，为他们在未来开发财经信息系统、进行数据分析时提供更加全面和深入的视角。

②引入方式

作为专业选修课程开设，与计算机类专业课程相结合，以理论与实践相结合的方式引入。首先，通过课堂讲授的方式，系统介绍财务管理的基本理论、原则和方法，帮助学生建立对财务管理的整体认识。其次，通过案例分析、小组讨论等形式，引导学生深入剖析企业财务管理的实际案例，理解财务管理理论在实践中的应用。再次，鼓励学生参与模拟企业财务管理决策的过程，通过角色扮演、沙盘模拟等方式，亲身体验财务管理的各个环节。最后，通过项目实训，让学生运用所学知识解决具体的财务管理问题，提升他们的实践能力和创新思维。

③课程目标

理解财务管理的基本概念、原则和方法，掌握资金的时间价值、风险与收益等基本理论；运用财务管理工具进行资金预算、投资决策、资本结构优化等实际操作，提升财务分析能力；培养财务管理决策能力，使他们能够根据企业实际情况制定合理的财务策略；提升学生的团队协作能力、沟通能力和创新思维，为未来的职业发展打下坚实基础。

④课程内容

账务管理的一般课程内容如表 3 - 12 所示。

表 3 - 12　　财务管理课程内容

序号	知识点	具体内容
1	财务管理基础	• 财务管理的定义、范围及其在企业管理中的核心地位 • 明确财务管理的目标（如股东财富最大化、企业价值最大化等），并介绍实现这些目标所需遵循的基本原则 • 企业内部与外部财务环境对财务管理决策的影响，包括宏观经济环境、行业特点、企业内部资源与能力等
2	财务分析	• 阅读和理解资产负债表、利润表、现金流量表等财务报表，识别关键财务指标 • 介绍偿债能力、营运能力、盈利能力、发展能力等各类财务比率的分析方法及应用场景 • 通过趋势分析和垂直分析揭示企业财务状况的变化趋势及结构特点
3	资金时间价值与风险价值	• 资金时间价值的本质，通过复利计算、现值计算等方法展示资金在不同时间点的价值变化 • 投资活动中风险与收益的关系 • 通过风险调整贴现率等方法评估投资项目
4	长期投资决策	• NPV、IRR、Payback Period 等投资项目评价指标的计算方法及适用条件 • 引入敏感性分析和情景分析技术，理解投资项目中不确定性因素的影响及应对策略
5	资本成本与资本结构	• 债务成本、股权成本的估算方法，以及加权平均资本成本（WACC）的计算 • 通过权衡债务融资与股权融资的利弊，确定企业的最优资本结构
6	营运资金管理	• 现金流入流出的特点 • 现金预算的编制方法及现金持有量的优化策略 • 信用政策制定、应收账款回收管理以及存货成本控制等关键环节的操作要点
7	利润分配管理	• 企业利润分配应遵循的公平性、持续性、合规性等基本原则 • 固定股利政策、稳定增长股利政策、剩余股利政策等多种股利政策类型及其适用条件

续表

序号	知识点	具体内容
8	财务风险管理	• 识别企业面临的财务风险（如市场风险、信用风险、流动性风险等） • 采用定量与定性方法评估风险程度 • 风险规避、风险减轻、风险转移、风险接受等多种风险应对策略，讨论其在实际操作中的应用

⑤效果预期

通过“财务管理”课程的学习，学生将能够深入理解财务管理的核心理念和实践方法，掌握财务分析、投资决策、资金管理等关键技能。他们将能够运用所学知识解决企业财务管理中的实际问题，提升财务管理决策能力。同时，课程还将培养学生的团队协作能力、沟通能力和创新思维，为他们在未来的职业生涯中成为既懂技术又懂管理的复合型人才奠定坚实基础。

（3）成本会计

①选择理由

在财经类职业院校中，成本会计是连接财务会计与管理会计的重要桥梁，它不仅是企业内部管理的重要工具，也是企业制定价格、做出生产决策和评估经营绩效的基础。对于计算机类专业的学生而言，掌握成本会计知识不仅有助于他们理解企业运营过程中的成本构成与变化，还能为他们未来在财经信息系统开发、数据分析等领域提供更为全面和深入的数据视角。因此，引入成本会计课程，对于提升计算机类专业学生的财经素养、增强其在财经科技领域的竞争力具有重要意义。

②引入方式

成本会计课程将以理论与实践相结合的方式引入。首先，通过系统讲授成本会计的基本概念、原理和方法，帮助学生建立对成本会计的整体认识；其次，结合案例分析、小组讨论等互动环节，引导学生深入理解成本计算、成本分配、成本控制等关键环节；再次，鼓励学生参与模拟成本会计实践，通过实际操作掌握成本会计软件的应用和成本报表的编制；最后，通过项目实训，让学生综合运用所学知识解决具体的成本会计问题，提升其实践能力和创新思维。

③课程目标

全面理解成本会计的基本概念、原理和方法，掌握成本计算的基本流程；熟练运用成本会计软件进行成本计算、成本分配和成本控制，具备编制成本报表的能力；理解成本信息在企业决策中的重要作用，为企业的成本管理和经营决策提供有力支持；提升学生的分析能力、沟通能力和团队协作能力，为未来的职业发展奠定坚实基础。

④课程内容

成本会计的一般课程内容如表 3－13 所示。

表 3－13 成本会计课程内容

序号	知识点	具体内容
1	成本会计基础	• 成本会计的基本概念、作用及与其他会计分支的关系 • 成本会计的原则、假设和程序
2	成本分类与成本习性	• 成本按经济用途、经济内容和与业务量关系等进行分类的方法 • 分析固定成本、变动成本和混合成本等成本属性及其特点
3	成本计算对象与方法	• 不同生产类型下成本计算对象的选择 • 品种法、分批法、分步法等成本计算方法及其应用场景
4	要素费用的归集与分配	• 材料费用、外购动力费用、职工薪酬等要素费用的归集与分配原则 • 讲解辅助生产费用的归集与分配方法
5	生产费用在完工产品与在产品之间的分配	• 分析在产品数量核算的方法及其适用条件 • 约当产量比例法、定额比例法等生产费用分配方法
6	成本报表编制与分析	• 产品成本表、主要产品单位成本表等成本报表的编制方法 • 分析成本报表的结构、内容及分析方法
7	成本计划与成本控制	• 成本计划的编制依据、内容及步骤 • 讨论标准成本制度、作业成本法等成本控制方法及其应用
8	成本会计信息系统	• 成本会计信息系统在企业中的应用及其优势 • 成本会计软件的基本功能及操作流程

⑤效果预期

通过成本会计课程的学习，学生将能够全面掌握成本会计的基本理论、方法和技能，具备独立进行成本计算、成本分析和成本控制的能力。同时，学生将能够深入理解成本信息在企业决策中的重要性，为企业的成本管理和经营决策提供有力支持。此外，课程还将提升学生的综合素质，包括分析能力、沟通能力和团队协作能力等，为未来的职业发展奠定坚实基础。

（4）税法与税务筹划

①选择理由

在财经领域，税法与税务筹划是企业运营中不可或缺的重要组成部分。随着全球经济一体化的加深和税收法规的不断完善，企业面临的税务环境日益复杂多变。对于财经类职业院校的计算机类专业学生而言，掌握税法知识及税务筹划技巧不仅有助于他们更好地理解企业运营中的税务成本，还能为他们未来在财经信息系统开发、数据分析等领域提供更为全面的视角。此外，了解税法与税务筹划还能提升学生的法律意识和合规意识，为他们在职场中避免税务风险、维护企业利益提供有力保障。因此，引入“税法与税务筹划”课程对于提升计算机类专业学生的财经素养和综合能力具有重要意义。

②引入方式

税法与税务筹划课程将以理论与实践相结合的方式引入。首先，通过系统讲授税法基础知识、税收体系、主要税种及其计算方法等内容，帮助学生建立对税法框架的基本认识；其次，结合案例分析、小组讨论等互动环节，深入探讨不同企业类型、业务模式下的税务筹划策略与技巧；再次，鼓励学生关注最新的税收政策动态和税费改革趋势，培养他们对税法变化的敏感度和适应能力；最后，通过模拟税务筹划项目实训，让学生亲身体验税务筹划的全过程，从方案设计、风险评估到实施监控等各个环节进行实战演练。

③课程目标

全面了解我国现行税法体系、主要税种及其计算方法；掌握税务筹划的基本原则、方法和技巧，具备初步的税务筹划能力；培养学生的税务合规意识，了解税务风险及防范措施；激发学生对税法与税务筹划领域的兴趣，鼓励其持续关注税收政策动态和税费改革趋势。

④课程内容

税法与税务筹划的一般课程内容如表 3－14 所示。

表 3－14 税法与税务筹划课程内容

序号	知识点	具体内容
1	税法基础知识	• 税收的基本原理、税收体系及税收职能 • 税收立法、执法与司法的基本框架
2	主要税种及其计算	• 增值税、企业所得税、个人所得税等主要税种的征税对象、税率、计算方法及优惠政策 • 分析不同税种对企业财务的影响及应对策略
3	税务筹划原理与策略	• 税务筹划的基本概念、原则及合法合规性要求 • 不同企业类型、业务模式下的税务筹划策略与技巧
4	税务风险管理与合规	• 税务风险的来源、类型及防范措施 • 企业如何建立健全税务风险管理体系
5	国际税收与跨境税务筹划	• 国际税收制度、双重征税协定及国际反避税措施 • 跨境贸易、投资活动中的税务筹划策略与合规要求
6	案例分析与实战演练	• 通过具体案例分析税务筹划的成功与失败经验 • 进行模拟税务筹划项目实训，提升实战能力

⑤效果预期

通过税法与税务筹划课程的学习，学生将能够全面掌握税法基础知识及主要税种的计算方法；具备初步的税务筹划能力，能够根据企业实际情况制定合理的税务筹划方案；同时增强税务合规意识，了解税务风险及防范措施；此外还能持续关注税收政策动态和税费改革趋势，为未来的职业发展奠定坚实基础。课程旨在培养既懂计算机技术又具备财经素养的复合型人才，为他们在财经科技领域发挥更大作用提供有力支持。

（5）经济学原理

①选择理由

经济学原理是理解社会经济运行规律、分析经济现象和预测经济趋势的基础学科。对于财经类职业院校的计算机类专业学生来说，掌握经济学原理不仅有助于他们深入理解财经数据的背后逻辑，还能为他们在财经信息系统开发、数据分析、市场预测等领域提供重要的理论支撑。此外，经济学原理还能培养学生的经济思维能力，使他们在面对复杂经济问题时能够运用理性分析和逻辑推理来寻找解决方案。因此，引入“经济学原理”课程对于提升学生的财经素养、增强他们的跨学科综合能力具有重要意义。

②引入方式

经济学原理课程应以理论与实践相结合的方式引入。首先，通过系统讲授经济学的基本概念、理论框架和主要原理，帮助学生建立起对经济学的基本认识；其次，结合案例分析、小组讨论等互动环节，引导学生运用经济学原理分析现实生活中的经济现象和问题；再次，鼓励学生关注国内外经济动态和政策变化，培养他们的经济敏感度和分析能力；最后，还可以组织学生进行市场调研、经济预测等实践活动，让他们亲身体验经济学的应用价值。

③课程目标

掌握经济学的基本原理、概念和方法论，了解市场经济的运行机制；培养经济思维能力，使学生能够运用经济学原理分析现实经济问题；能够运用所学知识进行市场调研、经济预测等实践活动，提升实践能力；引导学生将经济学原理与计算机技术相结合，为财经信息系统的开发和数据分析提供理论支持。

④课程内容

经济学原理的一般课程内容如表 3 – 15 所示。

表 3 – 15　　经济学原理课程内容

序号	知识点	具体内容
1	导论与经济学基础	• 经济学的研究对象、任务和方法 • 稀缺性、选择、机会成本等经济学基本概念
2	供求理论	• 分析市场供求关系如何决定商品价格和市场均衡 • 探讨价格弹性理论及其对市场行为的影响
3	消费者行为与生产者行为	• 效用理论、预算约束和消费者选择行为 • 分析消费者如何根据个人偏好和收入水平做出最优消费决策 • 企业的生产函数、成本函数和利润最大化原则 • 分析不同市场结构下企业的定价和产量决策
4	市场结构理论	• 完全竞争、垄断竞争、寡头和垄断等市场结构的特点 • 分析不同市场结构下企业的行为模式和市场绩效

续表

序号	知识点	具体内容
5	宏观经济分析	• 国民收入核算体系、经济增长理论和经济周期理论 • 分析财政政策和货币政策对宏观经济的影响
6	国际贸易与国际金融	• 国际贸易理论、国际贸易政策及其影响 • 探讨汇率决定理论、国际收支平衡和国际金融市场运作

⑤效果预期

通过经济学原理课程的学习，学生将能够全面掌握经济学的基本原理和方法论，建立起对经济现象和问题的理性分析框架。他们将能够运用所学知识分析市场供求关系、消费者行为、生产者行为等微观经济问题，以及经济增长、经济周期、财政政策和货币政策等宏观经济问题。此外，学生还将培养出良好的经济思维能力，能够在面对复杂经济问题时运用理性分析和逻辑推理来寻找解决方案。最终，学生将能够把经济学原理与计算机技术相结合，为财经信息系统的开发和数据分析提供有力的理论支持和实践指导。

（6）计量经济学

①选择理由

计量经济学是经济学的一个重要分支，它运用数学、统计学和计算机科学的方法来分析和预测经济现象。在全球化背景下，经济数据的复杂性和规模不断增加，传统的定性分析方法已难以满足现代经济研究的需要。计量经济学通过构建经济模型，利用实际数据对模型进行估计和检验，为经济政策制定、市场预测和企业决策提供了科学依据。对于财经类职业院校的计算机类专业学生来说，掌握计量经济学不仅有助于他们提升数据处理和分析能力，还能促进他们在财经信息系统开发、市场预测、风险管理等领域的应用能力。因此，引入“计量经济学”课程对于提升学生的专业素养和综合能力具有重要意义。

②引入方式

计量经济学课程应采用理论与实践相结合的教学方式。首先，通过系统讲授计量经济学的基本理论、方法和模型，帮助学生建立扎实的理论基础。其次，结合具体案例和数据集，演示如何使用统计软件和编程工具进行数据分析、模型估计和检验。同时，鼓励学生参与课堂讨论、小组作业和项目实践，通过实际操作加深对计量经济学原理和方法的理解。此外，还可以邀请计量经济学领域的专家学者举办讲座或工作坊，分享最新研究成果和应用案例，拓宽学生的学术视野。

③课程目标

理解计量经济学的基本理论框架，熟悉常用的计量经济模型和估计方法；运用统计软件和编程工具进行数据处理、模型构建、估计和检验；培养学生将计量经济学方法应用于实际问题分析的能力，如经济政策评估、市场预测等；通过案例分析和项目实践，培养学生的批判性思维和问题解决能力。

④课程内容

计量经济学的一般课程内容如表 3－16 所示。

表 3－16　　　　计量经济学课程内容

序号	知识点	具体内容
1	计量经济学导论	• 介绍计量经济学的定义、发展历程及其在经济学研究中的作用 • 阐述计量经济学与统计学、经济学的关系
2	一元线性回归模型	• 讲解一元线性回归模型的基本原理、估计方法和假设检验 • 通过实例演示如何进行回归分析并解释结果
3	多元线性回归模型	• 扩展至多元线性回归模型，介绍变量选择、多重共线性等问题 • 使用统计软件进行多元回归分析
4	异方差性、自相关与序列相关	• 分析异方差性、自相关和序列相关对回归模型的影响 • 探讨相应的检验方法和修正策略
5	虚拟变量与交互作用	• 虚拟变量的概念及其在回归模型中的应用 • 分析交互作用对模型预测效果的影响
6	时间序列分析	• 时间序列数据的特点及分析方法 • 介绍平稳性检验、协整分析等时间序列分析技术
7	面板数据分析	• 面板数据的概念及其在经济研究中的应用优势 • 讲解固定效应模型、随机效应模型等面板数据模型
8	高级计量经济学专题	• 工具变量法、联立方程模型等高级计量经济学方法 • 分析这些方法在解决内生性、识别问题等方面的作用
9	软件应用与编程实践	• 使用 Stata、EViews、R 等统计软件进行计量经济学分析 • 鼓励学生通过编程实践加深对计量经济学原理和方法的理解

⑤效果预期

通过计量经济学课程的学习，学生将全面掌握计量经济学的基本理论、方法和技能。他们将能够熟练运用统计软件和编程工具进行数据处理、模型构建、估计和检验。同时，学生将具备将计量经济学方法应用于实际问题分析的能力，能够运用所学知识解决经济政策评估、市场预测等方面的实际问题。此外，课程还将培养学生的批判性思维和问题解决能力，为他们未来的学术研究和职业发展奠定坚实基础。

（7）金融学基础

①选择理由

金融学作为经济学的一个重要分支，是研究资金融通和资源配置的学科。在全球化经济背景下，金融市场日益复杂多变，金融产品不断创新，金融活动对经济的影响日益显著。对于财经类职业院校的学生而言，掌握金融学基础知识不仅有助于他们理解金融市场的运作机制，还能为他们未来在金融、投资、保险等领域的发展奠定坚实基础。此外，随着金融科技的发展，计算机技术与金融学的融合日益紧密，掌握金融学基础对于计算机类专业学生适应未来金融科技领域的职业需求同样具有重要意义。因此，引入“金融学基础”课程，旨在提升学生的金融素养，拓宽他们的知识视野，增强他们的金融分析和决策能力。

②引入方式

金融学基础课程应采用理论与实践相结合的教学方式。首先，通过系统讲授金融学的基本理论、金融市场、金融机构、金融工具等基础知识，帮助学生建立对金融学的整体认知。其次，结合案例分析、模拟交易、小组讨论等互动环节，引导学生深入理解金融市场的运作规律和金融产品的特性。再次，利用计算机技术和金融数据分析软件，进行金融市场数据收集、处理和分析的实践操作，培养学生的数据驱动决策能力。最后，还可以邀请金融行业专家举办讲座或工作坊，分享实战经验，增强学生的实践感知和职业规划能力。

③课程目标

全面了解金融学的基本理论、金融市场、金融机构、金融工具等方面的知识；培养学生运用金融学知识分析金融市场、评估金融产品、制定投资策略的能力；通过模拟交易、案例分析等实践活动，增强学生对金融市场的感性认识和实际操作能力；引导学生关注金融行业发展趋势，明确个人职业定位和发展方向。

④课程内容

金融学基础的一般课程内容如表 3 - 17 所示。

表 3 - 17　　金融学基础课程内容

序号	知识点	具体内容
1	金融学导论	• 金融学的定义、研究对象、研究方法及其在经济生活中的重要性 • 金融学的历史发展和现代金融体系的构成
2	金融市场与金融机构	• 分析金融市场的类型、功能及运行机制 • 介绍各类金融机构（如商业银行、证券公司、保险公司等）的组织结构、业务范围及监管要求
3	货币与金融政策	• 探讨货币的本质、职能及供应量调控机制 • 分析中央银行在金融体系中的作用及货币政策的目标与实施手段
4	金融工具与金融市场	• 介绍股票、债券、基金、衍生金融工具等金融产品及其特性 • 分析不同金融市场的结构、功能及交易规则
5	金融风险与监管	• 探讨金融风险的类型、成因及防范措施 • 介绍金融监管的目标、原则及主要监管措施
6	金融投资与理财	• 投资组合理论、资本资产定价模型等投资理论 • 分析个人及家庭理财规划的原则与策略
7	金融创新与金融科技	• 金融创新的动力、类型及对金融市场的影响 • 分析金融科技（如区块链、人工智能、大数据等）在金融领域的应用前景与挑战

⑤效果预期

通过金融学基础课程的学习，学生将全面掌握金融学的基础知识、理论框架和实践技能。他们将能够运用所学知识分析金融市场动态、评估金融产品价值、制定投资策略并进行风险管理。同时，学生还将增强对金融科技的认知和理解，为他们在未来金融科技领域的职业发展打下坚实基础。此外，课程还将引导学生关注金融行业发展趋势和职业规划路径，激发他们的学习兴趣和职业热情。

（8）投资学

①选择理由

在快速变化的全球经济环境中，投资已成为个人和企业实现财富增长和资产配置的重要手段。对于财经类职业院校的计算机类专业学生来说，掌握投资学知识不仅有助于他们理解金融市场的运作机制，还能为他们在财经信息系统开发、金融数据分析、投资策略制定等领域提供宝贵的视角和工具。此外，随着金融科技的发展，计算机技术与投资学的结合日益紧密，掌握投资学知识对于计算机类专业学生适应未来职业发展需求具有重要意义。因此，引入“投资学”课程旨在提升学生的财经素养，增强他们的投资决策能力和风险管理意识。

②引入方式

投资学课程应以理论与实践相结合的方式引入。首先，通过系统讲授投资学的基本理论、投资工具和投资策略，帮助学生建立起对投资学的整体认知。其次，结合案例分析、模拟投资、实时市场数据追踪等互动环节，引导学生深入理解投资市场的运作规律和投资者的行为特征。再次，鼓励学生参与金融市场调研、投资策略设计等活动，培养他们的实践能力和创新思维。最后，利用计算机技术和金融工程工具进行量化投资和风险管理的教学也是该课程的重要组成部分。

③课程目标

理解投资学的基本理论框架，熟悉各类投资工具及其特点；能够运用所学知识分析投资市场，评估投资项目，制定投资策略；培养风险管理意识，掌握投资组合管理和风险对冲技巧；了解量化投资的基本原理和方法，为金融科技领域的发展奠定基础。

④课程内容

投资学的一般课程内容如表 3 – 18 所示。

表 3 – 18　　投资学课程内容

序号	知识点	具体内容
1	投资学基础	• 投资学的基本概念、投资目标、投资环境及投资过程 • 分析投资与储蓄的区别，探讨投资在个人和企业财务管理中的重要性

续表

序号	知识点	具体内容
2	金融市场与投资工具	• 金融市场的分类、结构及其功能 • 介绍股票、债券、基金、期货、期权等投资工具及其特点
3	投资组合理论	• 马科维茨的均值——方差模型，分析如何构建有效投资组合 • 探讨资本资产定价模型（CAPM）及其在投资决策中的应用
4	基本面分析与技术分析	• 基本面分析的方法，包括宏观经济分析、行业分析和公司分析 • 阐述技术分析的基本原理，讲解图表形态、技术指标等工具的应用
5	投资策略与风险管理	• 分析不同类型的投资策略（如价值投资、成长投资、动量投资等） • 探讨投资组合管理、风险对冲等风险管理方法
6	量化投资与金融科技	• 量化投资的概念、优势及其在金融领域的应用 • 分析金融科技如何改变投资行业，探讨人工智能、大数据等技术在投资中的应用前景
7	实战模拟与案例分析	• 组织学生进行模拟投资竞赛，体验真实的投资决策过程 • 分析经典投资案例，总结成功经验与失败教训

⑤效果预期

通过投资学课程的学习，学生将全面掌握投资学的基本理论、投资工具和投资策略。他们将能够运用所学知识分析金融市场动态，评估投资项目的潜在价值，并制定出合理的投资策略。同时，学生将具备较强的风险管理意识，能够运用投资组合管理和风险对冲技巧来降低投资风险。此外，课程还将引导学生关注金融科技领域的发展动态，了解量化投资和大数据技术在投资领域的应用前景，为他们在未来职业生涯中适应金融科技的发展需求奠定坚实基础。最终，学生将能够将投资学知识与计算机技术相结合，为财经信息系统的开发和金融数据分析提供更加精准和有效的支持。

（9）金融市场技术分析

①选择理由

金融市场技术分析是一种通过研究市场历史价格数据来预测未来价格走势的方法，它在金融市场交易中扮演着至关重要的角色。对于财经类职业院校的计算机类专业学生来说，掌握金融市场技术分析不仅能够帮助他们深入理解市场行为，还能为他们开发交易策略、优化投资决策提供有力支持。随着金融科技的发展，计算机技术在金融市场分析中的应用日益广泛，技术分析工具与算法的不断进步使得技术分析更加精确和高效。因此，引入“金融市场技术分析”课程，旨在提升学生的市场分析能力和金融工程素养，为他们未来在金融科技领域的职业发展打下坚实基础。

②引入方式

金融市场技术分析课程应以理论与实践相结合的方式引入。首先，通过系统讲授技术分析的基本理论、图表形态、技术指标等基础知识，帮助学生建立起对技术分析框架的整体认知。其次，利用计算机技术和金融数据分析软件，进行实时市场数据追踪、图表绘制、指标计算等实践操作，加深学生对技术分析原理和方法的理解。再次，组织学生进行案例分析、模拟交易等活动，让他们亲身体验技术分析的应用过程和效果。最后，还可以邀请金融行业的专家举办讲座或工作坊，分享实战经验，拓宽学生的视野。

③课程目标

全面了解金融市场技术分析的基本理论、图表形态和技术指标；熟练运用技术分析工具进行市场数据分析，识别市场趋势和交易信号；培养根据技术分析结果制定和优化交易策略的能力；帮助学生建立风险管理意识，了解如何在技术分析中融入风险管理措施。

④课程内容

金融市场技术分析的一般课程内容如表 3 – 19 所示。

表 3 – 19 金融市场技术分析课程内容

序号	知识点	具体内容
1	技术分析基础	• 技术分析的定义、起源、基本原理及其在金融市场中的应用 • 讲解技术分析与基本面分析的区别与联系
2	图表形态分析	• 各种图表形态（如头肩顶、双底、三角形等）的识别方法和市场含义 • 分析不同图表形态对市场趋势的预示作用
3	技术指标分析	• 移动平均线、相对强弱指数（RSI）、随机指标（Stochastic Oscillator）等常用技术指标的计算方法和应用 • 分析技术指标在交易决策中的辅助作用

续表

序号	知识点	具体内容
4	量价关系分析	• 成交量与价格变动之间的关系，分析量价背离等异常现象的市场意义 • 利用量价关系辅助判断市场趋势和交易时机
5	综合应用与实战演练	• 结合具体市场案例，综合运用图表形态、技术指标和量价关系进行市场分析 • 进行模拟交易演练，体验技术分析在实际交易中的应用效果
6	高级技术分析策略	• 波浪理论、江恩理论等高级技术分析理论及其在交易中的应用 • 探讨如何利用计算机技术进行自动化交易和量化分析

⑤效果预期

通过金融市场技术分析课程的学习，学生将全面掌握技术分析的基本理论、方法和技巧。他们将能够熟练运用技术分析工具进行市场数据分析，准确识别市场趋势和交易信号。同时，学生将具备根据技术分析结果制定和优化交易策略的能力，能够在复杂多变的金融市场中做出更加明智的投资决策。此外，课程还将帮助学生建立风险管理意识，了解如何在技术分析中融入风险管理措施以降低投资风险。最终，学生将能够把技术分析知识与计算机技术相结合，为他们在金融科技领域的职业发展提供更加广阔的空间和可能。

（10）电子商务与网络营销

①选择理由

随着互联网的普及和数字化时代的到来，电子商务已成为现代商业活动的重要组成部分。它不仅改变了传统商业模式，还极大地拓宽了市场边界，为企业提供了前所未有的发展机遇。网络营销作为电子商务的核心环节，通过精准的市场定位、创意的营销策略和有效的客户互动，能够显著提升品牌知名度和销售额。对于财经类职业院校的计算机类专业学生来说，掌握电子商务与网络营销的知识与技能，不仅能够提升他们的互联网应用能力，还能增强他们在数字经济时代的竞争力。因此，引入“电子商务与网络营销”课程，旨在培养学生的电子商务思维、网络营销策略制定能力和实际操作技能，为他们未来在电商、互联网金融等领域的发展奠定坚实基础。

②引入方式

电子商务与网络营销课程应采用理论与实践相结合的教学方式。首先，通过理论讲授，使学生了解电子商务的基本概念、发展历程、主要模式及网络营销的基本原理和策略。其次，通过案例分析、小组讨论、模拟实训等互动环节，引导学生深入理解电子商务与网络营销的实际运作过程，掌握关键技能。再次，鼓励学生参与电商平台的实际操作，如开设网店、运营推广等，通过实战演练提升他们的综合能力。最后，还可以邀请电商行业专家举办讲座或工作坊，分享最新行业动态和实战经验，拓宽学生的视野。

③课程目标

全面了解电子商务的基本概念、发展历程、主要模式及网络营销的基本原理和策略；熟练掌握电商平台操作、网络营销工具使用、数据分析与挖掘等关键技能；培养学生具备制定电子商务与网络营销策略的能力，能够根据市场需求和竞争态势灵活调整策略；通过模拟实训和实际操作，提升学生的实战能力和应对复杂商业环境的能力。

④课程内容

电子商务与网络营销的一般课程内容如表 3 - 20 所示。

表 3 - 20　　电子商务与网络营销课程内容

序号	知识点	具体内容
1	电商平台操作	• 主流电商平台的特点、入驻流程、商品管理、订单处理等操作技巧 • 网店开设与日常运营管理
2	网络营销策略	• SEO 优化、SEM 推广、社交媒体营销、内容营销等网络营销策略 • 分析不同策略的优势与适用场景，制定个性化营销策略
3	用户行为分析	• 用户画像构建、用户行为追踪与分析的方法 • 引导学生运用数据分析工具进行用户行为研究，为营销策略提供依据
4	客户关系管理	• CRM 系统的功能、操作流程及其在电商领域的应用 • 分析如何通过 CRM 系统提升客户满意度和忠诚度

续表

序号	知识点	具体内容
5	物流与供应链管理	• 电商物流的基本流程、仓储管理、配送策略等 • 分析供应链优化对电商企业成本控制和效率提升的重要性
6	跨境电商与全球化战略	• 跨境电商的基本概念、市场机会与挑战、跨境电商平台操作 • 电商企业拓展国际市场的实施路径
7	法律与伦理	• 电子商务领域的法律法规、知识产权保护、隐私政策 • 树立合法合规的经营理念，注重商业伦理

⑤效果预期

通过电子商务与网络营销课程的学习，学生将全面掌握电子商务与网络营销的基本知识、技能和策略。他们将能够熟练操作电商平台、运用网络营销工具进行市场推广、分析用户行为以制定精准营销策略。同时，学生还将具备跨境电商运营能力和全球化战略思维，能够在复杂多变的商业环境中灵活应对。此外，课程还将培养学生的法律意识和商业伦理观念，为他们未来的职业发展奠定坚实基础。

通过引入上述财经类课程和商贸类课程，财经类职业院校的计算机类专业不仅能够提升学生的财经或商贸素养和跨领域能力，还能够促进计算机技术与财经商贸领域的深度融合，培养出既懂计算机技术又具备财经商贸知识的复合型人才。这种"双向赋能、技能交叉"的培养模式将有助于学生在未来的职场竞争中脱颖而出。

2. 课程内容的整合与优化

在引入财经类专业课程的同时，需要对计算机类专业群的课程内容进行整合和优化，确保其与财经类课程的有机衔接。从而实现"双向赋能，技能交叉"的人才培养目标，具体而言，需要采取多种措施。

（1）明确培养目标与课程体系定位

在财经类职业院校对计算机类专业课程体系进行重构，引入财经类专业相关课程的过程中，首要且核心的任务是明确培养目标与课程体系定位。这一步骤不仅关乎教育理念的更新，更是确保整个教学改革方向正确、路径清晰的关键。

①重新定位培养目标

学校需要深刻认识到，随着信息技术的飞速发展，尤其是大数据、云计算、人工智能等技术在财经领域的广泛应用，市场对既精通计算机技术又熟悉财经业务知识的复合型人才需求日益增长。因此，计算机类专业的培养目标必须与时俱进，从传统的专注于计算机技术培养转变为培养具有财经特色的复合型技术人才。新的培养目标可以涵盖几个方面：一是掌握扎实的计算机科学与技术基础知识，包括数据结构、算法设计、操作系统、数据库管理、网络技术等，为后续的财经应用打下坚实的技术基础；二是深入理解财经领域的核心概念和业务流程，包括会计、财务、金融、市场营销等方面的知识，能够运用计算机技术解决财经领域的实际问题；三是具备跨学科思维能力和创新能力，能够将计算机技术与财经知识有机结合，推动财经领域的数字化转型和创新发展；四是培养良好的职业素养和团队合作精神，适应快速变化的市场需求和技术发展趋势。

②整合课程体系

在明确了培养目标之后，接下来需要对课程体系进行重新定位。财经类职业院校计算机类专业的课程体系应紧密围绕培养目标进行设计，确保每一门课程都能为实现培养目标贡献力量。课程体系应体现出几个特点：一是跨学科融合性。课程体系不仅要包含计算机科学与技术的核心课程，还要引入财经类专业的相关课程，形成跨学科的知识体系。这些课程之间应相互支撑、相互渗透，共同促进学生的全面发展。二是实践导向性。课程体系应强调实践教学的重要性，通过设计丰富的实训项目、案例分析和模拟操作等环节，让学生在实践中掌握知识和技能。三是动态适应性。随着技术的发展和市场需求的变化，课程体系应保持一定的灵活性和开放性，能够及时调整和更新课程内容，确保学生所学知识与行业前沿保持同步。为了实现这一目标，学校需要对现有课程进行梳理和评估，识别出与财经领域结合紧密的课程作为重点发展对象；同时，积极引进和开发新的跨学科课程，如财经数据分析、金融科技应用等，以满足市场对复合型人才的需求。此外，还应加强与企业、行业的合作与交流，了解市场需求和技术发展趋势，为课程体系的持续优化提供有力支持。

明确培养目标与课程体系定位是财经类职业院校计算机类专业课程体

系重构的第一步也是至关重要的一步。只有明确了培养目标并科学合理地定位课程体系，才能为后续的教学改革提供明确的方向和有力的支撑。

（2）跨学科课程模块设计

在财经类职业院校计算机类专业的教学改革中，跨学科课程模块的设计是实现“双向赋能，技能交叉”目标的关键环节。这一设计是在通过合理的课程布局，确保学生在掌握扎实的计算机科学与技术基础的同时，也能深入理解并应用财经领域的知识，实现技术与财经的有机结合。

①通过基础模块巩固技术根基

基础模块作为整个课程体系的基石，其重要性不言而喻。在这一模块中，需要保留并优化计算机科学与技术的核心课程，这些课程构成了学生技术能力的坚实基础。数据结构课程不仅要求学生掌握基本的数据表示和处理方法，还通过案例分析引导学生思考如何在财经领域应用这些数据结构；算法设计课程则通过解决实际问题，培养学生的逻辑思维和算法设计能力，为将来处理复杂的财经数据问题打下坚实基础；操作系统课程则让学生理解计算机系统的运行原理，为他们开发高效、稳定的财经应用软件提供必要的知识储备；而数据库管理课程则侧重于数据的管理、存储和检索技术，这是财经数据分析与决策支持系统的核心所在。为了进一步提升教学效果，基础模块的课程设计还融入了财经领域的元素。例如，在数据库管理课程中，可以引入财务报表数据库的设计与管理案例，让学生在实际操作中体会数据库技术在财经领域的应用价值。通过这样的教学方式，不仅巩固了学生的计算机技术基础，还激发了他们对财经领域知识的兴趣。

②利用财经特色模块构建财经知识体系

财经特色模块是跨学科课程设计的另一重要组成部分。在这一模块中，通过引入并整合了已设计的财经类课程，如会计学基础、财务管理、成本会计等，旨在为学生构建一个完整的财经知识体系。会计学基础课程使学生了解会计的基本原理和核算方法，为后续深入分析财经数据奠定基础；财务管理课程则侧重于资金筹集、投资、运营和分配等方面的管理决策，培养学生的财务规划和控制能力；成本会计课程则通过成本计算、成本控制和成本分析等内容，让学生理解成本在企业运营中的重要性及其对企业盈利能力的影响。为了增强课程的实用性和吸引力，财经特色模块的课程设计注重理论与实践相结合。例如，在会计学基础课程中，可以通过模拟企业经营活动的方式，让学生亲自操作会计账簿和报表编制流程；在财务管理课程中，则可以引入真实的财务案例进行分析讨论，让学生感受财务管理的复杂性和挑战性。

③创新交叉融合模块实现技术与财经的深度交融

交叉融合模块是跨学科课程设计的精髓所在。在这一模块中，设计一系列跨学科交叉课程或项目，如“财经数据分析与可视化”“金融科技应用与开发”等，旨在促进计算机技术与财经知识的深度融合。财经数据分析与可视化课程结合统计学和数据分析技术，教授学生如何从海量财经数据中提取有价值的信息并进行可视化展示；金融科技应用与开发课程则侧重于区块链、人工智能等前沿技术在金融领域的应用开发实践，培养学生的创新能力和实践操作能力。这些交叉融合课程不仅要求学生具备扎实的计算机技术和财经知识基础，还要求他们具备跨学科的思维方式和团队协作能力。因此，在教学过程中需要采用项目式学习、翻转课堂等先进的教学方法，鼓励学生主动参与、积极探索和实践创新。通过这些课程的学习和实践经验的积累，学生将能够成为既懂技术又懂财经的复合型人才，在未来的职业生涯中展现出更强的竞争力和适应能力。

（3）课程内容与方法创新

在教育改革的浪潮中，财经类职业院校对于计算机类专业课程内容的整合与教学方法的创新，是推动“双向赋能，技能交叉”目标实现的重要驱动力。课程内容与方法创新是深化跨学科融合的实践路径，这不仅要求课程内容本身实现跨学科的无缝衔接，更强调教学方法的灵活多样，以激发学生的潜能，培养其解决复杂问题的能力。

①内容整合

课程内容整合的关键在于找到计算机科学与财经知识的契合点，并巧妙地将财经元素融入计算机技术的核心课程中。例如，在数据库管理课程的教学中，教师可以设计专门的章节或案例，探讨财务报表数据的存储与管理策略。通过引导学生分析财务报表数据的结构特点、访问频率及安全性要求，不仅能够加深他们对数据库设计原理的理解，还能让他们认识到数据库技术在财经领域中的实际应用价值。同时，在算法设计课程中，教师可以选取财经领域中的优化问题作为教学案例，如投资组合优化、库存管理策略等，通过讲解这些案例中涉及的算法思想和技术手段，让学生体会到算法设计在解决实际问题中的重要作用。为了进一步提升内容整合的效果，教师还可以鼓励学生自行搜集和整理财经领域的实际案例，作为课程学习的补充材料。这种自主学习的方式不仅能够拓宽学生的知识面，还能培养他们的信息检索和批判性思维能力。

②教学方法改革

教学方法的改革是推动课程内容创新的关键环节。项目式学习和翻转课堂作为两种先进的教学模式，为计算机类专业课程与财经知识的深度融合提供了有力的支持。

在项目式学习中，学生被赋予更大的自主权，他们需要根据实际问题的需求，组建跨学科团队，综合运用计算机技术和财经知识来完成项目任务。例如，学生可以设计并开发一个具有财务分析功能的财务软件，该项目不仅要求他们熟练掌握数据库设计、前端开发、后端开发等计算机技术，还需要他们深入了解财务报表分析、财务指标计算等财经知识。在项目推进过程中，学生将不断面临新的挑战和困难，但正是这些挑战促使他们不断学习和成长。通过团队合作和反复迭代，学生最终能够开发出既符合市场需求又具有创新性的软件产品。翻转课堂则是一种颠覆传统教学模式的新型教学方式。在翻转课堂中，学生需要在课前通过观看教学视频、阅读资料等方式自主学习课程内容；而在课堂上，教师则更多地扮演引导者和辅助者的角色，与学生一起探讨问题、解答疑惑、分享经验。这种教学模式使得课堂时间得到了更加高效的利用，同时也为学生提供了更多展示自我和互动交流的机会。在财经类职业院校的计算机类专业课程中引入翻转课堂模式，可以让学生在课前通过自主学习掌握计算机技术的基础知识；而在课堂上，则可以通过财经案例分析、项目实战演练等方式深化对财经知识的理解和应用。这种教学模式不仅提高了学生的学习兴趣和参与度，还培养了他们的自主学习能力和团队协作精神。

通过内容整合和教学方法的改革创新，财经类职业院校的计算机类专业课程将更好地实现计算机技术与财经知识的深度融合。这不仅能够提升学生的综合素质和就业竞争力，还能为财经领域的数字化转型和创新发展提供有力的人才支撑。

（4）强化实践环节

在财经类职业院校计算机类专业的教学中，实践环节是不可或缺的重要组成部分，它不仅是理论知识转化为实际技能的关键途径，也是培养学生创新思维和问题解决能力的关键环节。为了进一步强化实践环节，提升教学质量和效果，必须采取有效措施，构建起财经与计算机技术紧密结合的实践体系。

①通过实训平台打造跨学科融合的实践基地

实训平台作为实践教学的重要载体，其建设直接关系到学生实践能力的培养效果。针对财经类职业院校计算机类专业的特点，应着重建设一批集财经与计算机技术于一体的综合性实训平台。例如，财经大数据分析实验室便是一个典型代表。这类实验室不仅配备了先进的数据处理和分析工具，还集成了丰富的财经数据源，使学生能够运用所学的计算机技术和财经知识，对海量财经数据进行深度挖掘和分析。在实验室中，学生可以亲手操作数据分析软件，探索数据背后的规律和价值，从而加深对财经大数据应用的理解。同时，金融科技模拟交易平台也是必不可少的实训设施之一。该平台通过模拟真实的金融市场环境，让学生能够在虚拟环境中体验金融产品的交易流程、风险管理以及投资策略的制定与执行。这种实战演练不仅有助于学生掌握金融科技的核心技能，还能提升他们的市场敏感度和决策能力。

②借助校企合作搭建产学研用一体化的桥梁

校企合作是推动实践教学深入发展的重要途径。财经类职业院校应积极寻求与财经行业企业的合作机会，建立长期稳定的校外实习基地。通过与企业合作，学校可以了解行业最新动态和技术需求，及时调整课程设置和教学内容；同时，企业也能从学校获得高素质的技术人才支持，实现双赢局面。在校外实习基地中，学生可以亲身参与到企业的真实项目开发和运营过程中去。他们将在企业导师的指导下，面对实际工作中的挑战和问题展开思考和探索。这种实战经历不仅能够锻炼学生的专业技能和团队协作能力，还能让他们深刻体会到财经行业的工作环境和文化氛围，为未来的职业发展打下坚实的基础。为了充分发挥校企合作的优势和作用，财经类职业院校还应积极探索多样化的合作模式。例如，可以与企业共同举办技能竞赛、创新大赛等活动，激发学生的创新思维和创造力；也可以邀请企业专家来校开展讲座、研讨会等活动，分享行业前沿技术和经验；此外，还可以与企业合作开展科研项目和技术攻关工作，推动产学研用的深度融合和发展。

实践环节的强化是财经类职业院校计算机类专业教学改革的重要方向之一。通过建设跨学科融合的实训平台和加强校企合作等措施的实施，可以有效提升学生的实践能力和综合素质水平，为他们未来的职业发展奠定坚实的基础。同时，这也将为财经行业培养更多具有创新精神和实践能力的高素质技术人才作出积极贡献。

（5）师资团队建设

教师团队是推动跨学科职业教育发展的关键力量，为了有效实现计算机类专业与财经领域的深度融合，加强教师团队建设显得尤为重要。这不仅要求提升现有教师的跨学科素养，还需积极引进具有复合背景的新鲜血液，共同构建一支高效协作、知识互补的跨学科教学团队。

①跨学科师资培养

跨学科师资培养是提升教学质量、促进知识融合的重要途径。对于计算机类专业的教师而言，他们不仅需要精通计算机技术的前沿动态与核心技能，还应具备一定的财经素养，以便在教学过程中更好地引导学生理解技术背后的财经逻辑。因此，学校应鼓励并支持计算机类专业教师主动学习财经知识，通过参加专业培训、研讨会、学术交流等方式，拓宽知识视野，深化对财经领域的理解。同时，学校可以设立专项基金，为教师提供必要的经费支持，帮助他们获取最新的财经资讯和研究成果，保持与行业前沿的同步发展。学校还应积极引进具有财经背景的计算机人才，为教学团队注入新的活力。这些人才不仅具备扎实的计算机技术基础，还深刻理解财经领域的运作规律和市场动态，能够为跨学科教学提供独特的视角和丰富的案例。通过引进这些人才，学校可以迅速提升教学团队的跨学科素养，为计算机类专业与财经领域的深度融合奠定坚实的基础。

②团队合作教学

团队合作教学是跨学科教育的重要组成部分。它要求计算机类与财经类教师打破学科壁垒，紧密合作，共同设计跨学科课程内容和教学方案。在合作过程中，双方教师应充分发挥各自的专业优势，相互借鉴、相互启发，共同探索跨学科教学的有效途径和方法。为了实现团队合作教学的目标，学校可以建立跨学科教学研讨机制，定期组织教师围绕跨学科教学主题展开讨论和交流。通过分享教学经验、探讨教学难点、优化教学方案等方式，促进教师之间的知识共享和思维碰撞。同时，学校还可以鼓励教师组建跨学科教学团队，共同参与课程开发、教材编写、教学设计等工作。通过团队合作的力量，推动跨学科教学的深入发展。

此外，学校还应建立健全跨学科教学评价机制，对团队合作教学的效果进行全面、客观的评估。通过收集学生反馈、观察教学过程、分析教学成果等方式，及时发现并纠正教学中存在的问题和不足。同时，学校还可以设立跨学科教学奖励制度，对在跨学科教学中表现突出的教师和学生给予表彰和奖励，以激发他们参与跨学科教学的积极性和创造性。

跨学科师资培养和团队合作教学是加强教师团队建设、推动跨学科教育发展的关键举措。通过不断拓宽教师视野、深化跨学科理解、加强团队合作与协同创新，学校可以构建一支高效协作、知识互补的跨学科教学团队，为财经类职业院校计算机类专业与财经领域的深度融合提供有力保障。

3. 教学效果的评估与反馈

为了确保引入财经类课程的效果，需要建立科学的教学效果评估体系，对学生的学习情况进行定期评估和反馈。具体的措施已在第二节中讲到，这里不再赘述。

二、开展跨学科教学项目，探索财经与技术的交融

开展跨学科教学项目是实现财经类职业院校“双向赋能”，提升计算机类专业人才培养竞争力的关键途径。这类项目不仅能够打破学科壁垒，促进知识的跨界融合，还能在实践中激发学生的创新思维，提升他们的综合素质和解决实际问题的能力。

1. 跨学科教学项目的实施策略

（1）明确项目目标与定位

在规划跨学科教学项目时，首要且核心的任务便是清晰界定项目的目标与定位。这不仅关乎项目方向的准确性，更直接影响到学生能力培养的成效。项目目标应紧密围绕当前财经领域的热点与难点，如金融科技、大数据风控、智能投顾等前沿议题，确保项目的探索价值与实践意义。通过这些项目，学生将有机会直面财经领域的实际问题，运用跨学科知识寻找解决方案，从而在实践中深化对专业知识的理解与应用。项目定位需明确指向学生能力培养的具体方向。项目应精心设计，确保学生在参与过程中能够掌握一系列核心技能，包括但不限于区块链技术的开发与应用、大数据分析的精准执行、金融产品的创新设计等。这些技能不仅是财经与计算机领域融合的关键所在，也是未来职场竞争中的重要筹码。通过项目的实施，学生将能够直观感受到自身能力的提升，为后续的学习与职业发展奠定坚实的基础。

明确项目目标与定位是跨学科教学项目成功的第一步，它为学生指明了前进的方向，也为项目的顺利实施提供了有力的保障。

（2）组建跨学科团队

跨学科教学项目的核心在于打破传统学科界限，促进知识与技能的跨界融合。因此，组建一个高效协作、优势互补的跨学科团队至关重要。这个团队不仅是项目实施的主体，更是创新思维的源泉和问题解决的中坚力量。在团队组建时，首要考虑的是成员的专业背景与技能特长。计算机类专业学生以其深厚的技术功底和编程能力，为项目提供坚实的技术支撑；而财经类专业学生则凭借对金融市场、财务分析的深入理解，为项目注入财经智慧。通过将这两类学生有机合并，团队能够形成强大的互补效应，共同应对项目实施过程中遇到的各种挑战。为了确保团队的多样性和互补性，还需关注成员间的性格特点和沟通方式。一个理想的跨学科团队应包含性格各异、善于沟通的成员，他们能够在尊重彼此差异的基础上，实现有效协作与信息共享。为此，团队组建者需深入了解每位成员的个性特点，通过合理的角色分配和任务安排，确保团队内部的和谐与稳定。定期的团队建设活动也是增强团队凝聚力的重要途径。这些活动不仅有助于增进成员间的相互了解与信任，还能激发团队的创造力和合作精神。通过共同参与拓展训练、案例分析、角色扮演等活动，团队成员能够更加深入地理解彼此的专业领域和工作方式，从而在项目实施过程中形成更加默契的配合。

组建一个高效协作、优势互补的跨学科团队是跨学科教学项目成功实施的关键。通过精心挑选成员、合理分工协作以及加强团队建设活动，可以确保团队具备强大的执行力和创新能力，为项目的顺利实施奠定坚实基础。在这个过程中，每一位团队成员都将发挥不可或缺的作用，共同推动项目的顺利进行和最终成功。

（3）制订详细的项目计划

跨学科教学项目的成功实施，离不开一份周密而详尽的项目计划作为指引。这份计划不仅是项目实施的蓝图，更是确保项目按时、按质、按量完成的重要保障。在制订项目计划时，需要从多个维度进行综合考虑，以确保计划的全面性和可操作性。第一步，项目计划应明确列出时间表，将项目的各个阶段、关键节点和最终交付日期清晰地呈现出来。这样不仅可以帮助学生团队把握项目的整体进度，还能促使他们在规定的时间内高效地完成各项任务。同时，时间表还应具有一定的弹性，以应对可能出现的延误或突发事件，确保项目能够灵活应对各种挑战。第二步，在任务分配方面，需要充分考虑学生的专业背景和兴趣特长。通过将复杂的项目任务细化为若干个小而具体的子任务，并根据学生的实际情况进行合理分配，可以确保每位成员都能在项目中找到自己的定位和价值。这种基于能力和兴趣的任务分配方式，不仅能够激发学生的积极性和创造力，还能提高他们的工作效率和质量。第三步，项目计划要详细列出所需的资源需求，包括人力、物力、财力等方面。这些资源的合理配置和有效利用，对于项目的顺利实施至关重要。我们需要根据项目的实际情况，提前预测并准备好所需的资源，确保项目在推进过程中不会因资源短缺而受阻。

任何项目都存在一定的风险。因此，在制订项目计划时，还需要对可能遇到的风险进行全面评估，并制定相应的应对措施。这些措施应针对不同类型的风险提出具体的解决方案和应急预案，以确保项目在遇到问题时能够迅速反应、有效应对。

项目计划还应具有一定的灵活性。由于跨学科教学项目涉及多个学科领域的交叉融合，因此在实施过程中难免会遇到一些预料之外的情况。为了确保项目能够顺利推进，教师需要根据项目的实际情况及时调整计划内容，确保计划的灵活性和适应性。这种灵活性不仅有助于我们更好地应对项目中的挑战和问题，还能提高项目的整体执行效率和成功率。

（4）强化过程管理与指导

跨学科教学项目的实施是一个复杂而动态的过程，为了确保项目能够按计划顺利推进并达到预期目标，强化过程管理与精细化指导显得尤为重要。这一环节不仅关乎项目的进度把控和质量保障，更是培养学生项目管理能力、问题解决能力和创新思维的关键。

首先，教师应成为项目过程中的重要引路人。在项目启动之初，教师应明确项目目标、任务分配及时间节点，并与学生团队共同制定详细的项目计划。随后，在项目执行阶段，教师应定期跟踪项目进度，通过会议、报告或在线协作平台等方式，及时了解学生团队的工作进展。对于项目中出现的问题和困难，教师应主动介入，提供针对性的指导和支持。这包括但不限于技术难题的解答、项目方向的调整建议以及团队协作的优化策略等。其次，为了进一步提升指导效果，教师应注重与学生的沟通与交流。通过一对一辅导、小组讨论或集体研讨会等形式，教师可以深入了解学生的想法、困惑和期待，从而提供更加精准和个性化的指导。同时，教师还应鼓励学生主动提问、分享经验和反思总结，以激发学生的主动学习意识和批判性思维能力。另外，邀请行业专家参与项目评审和指导也是强化过程管理的重要手段之一。行业专家具有丰富的实践经验和专业知识，能够为学生提供更加贴近市场需求的建议和指导。通过行业专家的评审和指导，学生可以更加清晰地认识到项目的市场价值和应用前景，从而调整和优化项目方案。同时，与行业专家的交流互动也有助于学生拓宽视野、增强实践能力并提升职业素养。最后，在过程管理与指导过程中，教师还应注重培养学生的项目管理能力和团队协作精神。通过引导学生制定项目计划、分配任务、监控进度和评估成果等环节，教师可以帮助学生逐步掌握项目管理的核心技能和方法。同时，通过团队合作的方式完成项目任务，学生可以学会如何与他人有效沟通、协调资源和解决问题，从而培养出良好的团队协作精神和领导能力。

强化过程管理与精细化指导是跨学科教学项目成功实施的重要保障。通过严格的项目进度把控、个性化的教师指导以及行业专家的评审与支持等措施，可以确保项目按计划顺利推进并达到预期目标。同时，这一过程也有助于培养学生的项目管理能力、问题解决能力和创新思维等关键素养，为他们的未来发展奠定坚实的基础。

2. 跨学科教学项目的实施案例

作者所在学校已经开始探索跨学科教学项目，并取得了一定的成果，收获了一些经验，为后续的项目开展打下了基础。

（1）智能投顾智能体设计大赛——“智慧理财，未来已来”

随着人工智能技术的飞速发展，智能投顾逐渐成为金融领域的新宠。为此，教师们特别策划了“智慧理财，未来已来”智能投顾智能体设计大赛。参赛队伍需采用流行的人工智能大模型工具，自主设计一款智能投顾智能体，该智能体需具备用户画像构建、风险偏好评估、资产配置建议、市场动态跟踪及自动交易执行等功能。通过调试智能体，提升投顾预测准确性和策略灵活性；要求注重界面的友好性和交互性设计；在实盘模拟环节，则通过模拟真实市场环境对智能体的表现进行全面评估；最终进入用户测试阶段的产品需接受真实用户的反馈与调整。通过这一系列环节的筛选与打磨，旨在培育出能够服务于普通投资者的智能投顾解决方案。

（2）财经科技伦理与社会责任工作坊——“科技向善，财经有道”

由于金融科技领域的快速发展所带来的伦理与社会责任问题日益凸显，学校特别设立了“科技向善，财经有道”财经科技伦理与社会责任工作坊。通过案例分析、专家讲座、小组讨论等多种形式，引导学生深入探讨金融科技领域的伦理边界、数据隐私保护、算法公平性等问题，并思考如何在追求技术创新的同时承担起应有的社会责任。工作坊邀请来自企业界及监管机构的专家、管理者共同参与，分享他们的见解与经验。通过跨学科的对话与交流，促进学生形成对财经科技伦理与社会责任的深刻认识与理解。同时，鼓励学生在工作坊中提出自己的见解与解决方案，为将来在金融科技行业工作打下基础。

(3) 未来将要实施的其他项目

为了进一步丰富跨学科教学项目的内涵和形式，还可以引入更多具有创新性的案例和实践方案。

①虚拟金融市场模拟交易平台

开发一个集股票、债券、期货等多种金融产品于一体的虚拟金融市场模拟交易平台。学生可以在平台上进行模拟交易实践，体验金融市场的波动和风险。通过该平台，学生不仅能够掌握金融市场的运作机制和投资策略的制定方法，还能锻炼自己的风险意识和应对能力。

②财经大数据分析竞赛

组织财经大数据分析竞赛活动，鼓励学生利用大数据分析工具对财经领域的数据进行深入挖掘和分析。竞赛可以围绕股票预测、信用风险评估、客户行为分析等多个主题展开。通过竞赛活动激发学生的创新思维和团队协作能力，提升他们对大数据技术在财经领域应用的认识和理解。

③金融科技创业孵化项目

设立金融科技创业孵化项目基金，支持有潜力的金融科技创业团队进行项目孵化和市场推广。项目可以围绕区块链、人工智能、大数据等前沿技术在金融领域的应用展开。通过创业孵化项目的实施，不仅能够培养学生的创业精神和市场洞察力，还能为金融科技行业的创新发展贡献力量。

④财经素养与计算机技术融合课程

设计一系列融合财经素养与计算机技术的课程模块，如“财经数据分析与可视化”“金融科技应用与开发”等。这些课程不仅涵盖财经领域的基础知识和实践技能培养，还注重计算机技术在财经领域的应用拓展和创新思维的培养。通过课程学习，学生能够全面提升自己的综合素质和跨学科整合能力。

开展跨学科教学项目是财经类职业院校提升计算机类专业人才培养竞争力的有效途径之一。通过明确项目目标与定位、组建跨学科团队、制订详细的项目计划以及强化过程管理与指导等措施的实施可以确保项目的顺利实施并取得预期成果。同时更多具有创新性的案例和实践方案将进一步丰富跨学科教学项目的内涵和形式，为学生提供更加广阔的学习和发展空间。

三、加强财经素养教育，培养复合型人才的竞争力

在财经类职业院校中，加强财经素养教育不仅是实现“双向赋能”人才培养模式的重要途径，更是提升计算机类专业学生综合竞争力、培养独具财经特色的信息技术人才的关键环节。通过系统而深入的财经素养教育，学生不仅能够掌握财经领域的基本知识和理论，更能培养出财经思维、市场敏锐度及决策能力，为未来的职业发展奠定坚实基础。

1. 财经素养教育的内涵与价值

财经素养教育是指通过系统的教育和培训，使个体具备理解、分析和运用财经知识的能力，包括金融市场分析、企业估值、风险管理、财务规划等多个方面。对于计算机类专业学生而言，财经素养教育不仅是知识面的拓展，更是思维方式的转变和能力结构的优化。它有助于学生在面对复杂多变的商业环境时，能够运用财经知识分析市场趋势、评估项目可行性、制定合理决策，从而提升其职业竞争力和社会价值。

2. 财经素养教育的实施策略

（1）课程体系融入财经素养教育

在计算机类专业课程中融入财经素养教育内容是实现“双向赋能”的直接途径。将财经素养教育融入课程体系，不仅能够帮助学生更好地理解计算机技术在金融行业中的应用，而且能够提升他们解决实际问题的能力，实现技术与财经知识的“双向赋能”。计算机专业的核心课程，如《数据结构与算法》《操作系统》和《数据库管理》等，都可以通过增加财经相关的章节或模块来实现这一目标。

例如，在《数据结构与算法》课程中，教师可以引入金融数据分析的案例，让学生通过实际案例学习如何运用算法对金融数据进行处理和分析，从而理解数据结构与算法在金融领域的实际应用价值。在《操作系统》课程中，可以探讨金融机构的IT系统架构与运维，让学生了解操作系统在金融行业IT基础设施中的作用，以及如何保障金融系统的稳定运行；

在《数据库管理》课程中，则可以结合财务报表数据存储与查询的实践，让学生掌握如何高效地管理和分析大量的财务数据，为金融决策提供支持。除了在核心课程中融入财经素养教育，还可以开设专门的财经素养提升课程模块，如“金融市场分析”“企业估值与投资策略”“风险管理实务”等。这些模块可以覆盖财经领域的基础知识与实践技能，帮助学生建立起对金融市场的基本认识，掌握企业估值和投资策略的基本方法，以及了解风险管理的基本原则和技巧。通过这些知识的学习，学生不仅能够获得理论知识，还能够通过案例分析、模拟投资等方式，提升自己的实践操作能力。

将财经素养教育融入计算机类专业课程体系，不仅能够帮助学生拓宽知识面，增强跨学科的综合能力，还能够为他们未来在金融行业或相关领域的职业发展打下坚实的基础。这种教育模式的创新，对于培养适应未来社会发展需求的复合型人才具有重要意义。

（2）创新教学模式与方法

为了更好地激发学生的学习兴趣和主动性，应当积极探索和创新教学模式与方法。例如，可以采用案例教学法，通过分析真实的商业案例，让学生深入了解财经市场的运作机制和商业决策过程；模拟交易则可以让学生在模拟的交易环境中，亲身体验股票、期货等金融产品的买卖过程，从而加深对市场动态和风险管理的认识；角色扮演活动则能够让学生扮演不同的商业角色，如企业家、投资者或消费者，通过模拟商业谈判和决策过程，提高学生的沟通能力和团队协作能力；利用在线教育资源平台，可以为学生提供丰富多彩的财经素养教育视频课程，涵盖从基础的经济学原理到高级的金融分析技巧；在线测验和互动讨论区则为学生提供了一个自我测试和交流思想的空间，鼓励学生在学习过程中主动提问和分享见解，从而促进知识的深入理解和应用；鼓励跨学科的教师合作授课，共同设计融合财经与计算机技术的综合性课程项目，如利用大数据分析市场趋势，或者开发模拟财经市场的软件应用。

这样的跨学科项目不仅能够让学生在解决实际问题的过程中深化对财经素养的理解与应用，还能够培养学生的创新思维和技术应用能力。通过这些创新的教学模式与方法，能够为学生创造一个更加生动、互动性和实践性强的学习环境，帮助他们在财经领域建立起坚实的理论基础，并培养解决实际问题的能力。

（3）举办财经素养提升活动

为了进一步提升学生的财经素养，打造一个充满活力的财经学习环境，可以定期组织一系列丰富多彩的财经素养提升活动，其中包括财经素养专题讲座、深入的研讨会以及充满挑战的财经知识竞赛等。学校邀请财经领域的知名专家和学者，让他们与学生面对面交流，分享他们在财经领域的最新研究成果和行业动态，从而帮助学生们拓宽视野，启迪思维。在专题讲座中，学生们将有机会接触到财经知识的前沿，了解行业发展趋势，以及如何将理论知识应用于实际问题的解决中；研讨会则提供了一个更为深入的讨论平台，学生们可以在这里提出自己的见解，与专家和同行进行思想碰撞，从而深化对财经知识的理解和掌握；财经知识竞赛可以使学生们在紧张而有趣的氛围中检验自己的财经知识水平，同时培养竞争意识和团队协作能力。这些活动有助于激发学生的学习热情，增强他们对财经知识的兴趣和掌握。

此外，学校还要鼓励和支持成立财经素养社团或兴趣小组，为学生提供一个长期的交流和实践平台。在这些社团或小组中，学生们可以定期组织活动，如模拟投资比赛、市场分析报告分享会等，通过这些实践活动，学生们能够将所学知识与实际操作相结合，进一步提升自己的财经素养。

（4）提升财经素养的实践案例

①金融科技创业训练营

为培养学生的创新创业精神与财经实践能力，某职业院校开设了“金融科技创业训练营”。该训练营集教学、实践、孵化于一体，为学生提供从项目策划到市场验证的全过程指导与支持。在训练营中，学生需围绕金融科技领域的热点问题提出创新解决方案并组建创业团队进行项目实施。项目内容涉及区块链应用、大数据风控、智能投顾等多个方面。通过导师辅导、路演展示及投资对接等环节帮助学生将创意转化为可落地的商业模式并获得市场认可。训练营的成功举办不仅培养了学生的财经素养与创业能力，还为金融科技行业的创新发展注入了新鲜血液。

②财经数据分析工作坊

针对计算机类专业学生对财经数据分析的需求，某职业院校开设了“财经数据分析工作坊”。该工作坊以实际财经项目为背景，邀请业界专家与校内教师共同授课。课程内容涵盖财经数据收集与处理、数据分析模型构建与优化、数据可视化呈现等多个方面。通过实战演练的方式让学生亲身体验财经数据分析的全过程并掌握相关技能与方法。此外工作坊还注重培养学生的财经思维与数据敏感度，通过案例分析、小组讨论等形式，引导学生深入理解财经数据背后的商业逻辑与价值创造过程。

③财经能力在线学习社区

为了打破时间与空间的限制为更多学生提供财经素养教育资源，某职业院校搭建了“财经素养在线学习社区”。该社区集视频课程、在线测验、互动讨论于一体，涵盖了金融市场分析、企业估值、风险管理等多个财经领域的知识点。学生可根据自身需求选择课程进行学习并通过在线测验检验学习成果。同时社区还设有专家答疑区供学生提问交流及时解决学习中的困惑与难题。此外社区还定期举办线上研讨会邀请业界精英分享财经领域的最新动态与实践经验，为学生提供更广阔的视野与启发。

通过系统而深入的财经素养教育，不仅可以拓宽学生的知识面，还可以培养他们的财经思维与市场敏锐度，为未来的职业发展奠定坚实基础。这些实践案例可以为其他财经类职业院校提供有益的借鉴与启示。

第四节　“双向赋能”人才培养模式的总体策略

在财经类职业院校中，为了实现“双向赋能”的人才培养模式，即计算机类专业向财经素养赋能，同时财经类专业向技术能力赋能，重构财经类与计算机类专业课程体系是关键举措。在这一过程中，首先需要明确的是，财经类专业与计算机类专业之间的交叉融合点。例如，大数据分析、人工智能、区块链等新兴技术在金融领域的应用，为财经类专业学生提供了广阔的技术视野；同时，计算机类专业的学生通过学习财经知识，能够更好地理解技术在财经领域或金融行业中的实际需求和应用场景。

一、课程体系重构的原则

1. 实用的课程内容

课程内容的设计应当紧跟行业的发展趋势和前沿动态，确保其与实际工作场景紧密相连。课程不仅要涵盖必要的理论知识，还要强调实践操作的重要性，通过案例分析、模拟项目、实验实训等多种形式，让学生在学习过程中能够将理论知识转化为实际操作能力。此外，课程内容还应包含对未来市场和技术变革的预测和准备，使学生能够掌握那些不仅适用于当前市场需求，而且能够适应未来发展趋势的关键技能和知识，从而在职场竞争中保持优势，成为行业所需的高素质人才。

2. 跨学科课程的设计

为了培养学生的综合能力，设计一系列跨学科的课程显得尤为重要。这些课程不仅包括金融科技、金融工程、会计信息系统等。通过这些课程，学生不仅能够掌握各自专业的核心技能，还能在学习过程中培养出跨学科的思维能力。这种能力对于解决现实世界中复杂多变的问题至关重要，因为它要求学生能够将不同学科的知识和方法论融合应用，从而在多学科交叉的领域中发挥创新和解决问题的能力。此外，跨学科学习还能促进学生批判性思维的发展，提高他们分析和评估问题的深度与广度，为他们未来在多元化工作环境中的成功奠定坚实的基础。

3. 教学方法的创新

在教学过程中，教师应积极探索和运用多样化的教学手段，例如通过案例分析来让学生深入了解理论知识的实际应用，通过角色扮演活动让学生从不同角度理解问题，以及通过模拟项目的方式让学生在实践中学习和掌握技能。这些方法不仅能够显著提高学生的课堂参与度，还能有效激发他们的学习兴趣。此外，教师应鼓励学生开展批判性思考，引导他们不满足于表面的答案，而是深入挖掘问题的本质，培养他们独立分析和解决复杂问题的能力。通过这样的教学创新，学生不仅能够获得知识，还能发展成为具有创新精神和实践能力的未来人才。

4. 实践教学的强化

为了提升学生的实践操作能力，教育机构采取了多种措施，包括但不限于案例分析、项目驱动以及实习实训等方法。通过这些方式，学生不仅能够深入理解理论知识，还能将其应用于实际情境中，从而更好地掌握和运用所学知识。案例分析让学生通过研究真实或模拟的案例来学习如何将理论应用于实践，培养他们的问题解决能力和批判性思维。项目驱动教学法则是让学生参与到具体的项目中，通过完成项目任务来学习必要的技能和知识，这种教学方式强调团队合作和项目管理能力的培养。此外，实习实训为学生提供了在真实工作环境中学习和体验的机会，使他们能够将课堂上学到的知识与实际工作相结合，提前适应未来的职业生涯。通过这些实践教学的强化措施，学生能够更好地准备自己，以适应不断变化的工作环境和职业要求。

5. 丰富的课程资源

通过打造一个内容广泛、形式多样的学习资源库，以适应不同学生的学习偏好和需求。这些资源包括但不限于一系列精选的在线课程，这些课程覆盖了从入门到进阶的各个学习阶段。同时，还提供了大量的电子图书，学生可以随时访问这些电子图书，获取最新的学术研究成果和专业领域的深入知识。为了让学生能够更好地将理论知识转化为实践技能，还需要学校购置多种专业软件工具，供学生在学习过程中使用。此外，还要积极构建学生与行业企业的桥梁，通过与企业的合作，为学生提供实习机会，让他们有机会在真实的工作环境中应用所学知识，积累宝贵的工作经验。还可以定期组织职业规划讲座和就业指导活动，帮助学生深入了解行业趋势，为他们的职业生涯做好准备。

6. 师资队伍的建设

为了确保学生能够接收到复合型的专业教育，学校需要打造一支既精通财经知识又掌握现代技术技能的“双师型”教师队伍。这样的教师团队不仅能够深入理解财经领域的核心理论和实践应用，还能够紧跟时代步伐，熟练运用信息技术等现代工具，将复杂的财经概念和技能以更加生动、直观的方式传授给学生。通过建设这种类型的师资队伍，能够为学生提供一个全面、多元、高质量的教学资源环境，帮助他们在未来的学习和职业发展中占据有利地位。

7. 科学的课程评价

为了全面而准确地衡量课程的教学效果，建立一套科学的课程评价体系至关重要。这一体系不仅需要对学生在理论知识方面的掌握情况进行评价，还应当深入考察他们的实践技能和创新思维能力。通过实施定期的反馈机制和适时的课程调整，可以确保课程内容和教学方法能够不断得到优化和提升，从而更好地适应行业发展的最新趋势和要求。这样的评价体系有助于激发学生的主动学习精神，培养他们解决实际问题的能力，同时也为教育者提供了宝贵的参考信息，以便他们能够根据学生的实际需求和行业标准，调整教学策略，提高教学质量。

二、重构财经类专业课程体系策略

1. 强化财经基础与实务技能

（1）优化核心课程

在财经类职业教育体系中，核心课程的优化是确保教育质量与学生专业素养提升的关键环节。学校一定要保留并深度强化一系列传统财经类核心课程，这些课程不仅是财经知识体系的基石，更是学生未来职业生涯中不可或缺的理论支撑。会计学原理作为入门课程，通过系统的讲解与实践操作，使学生掌握会计的基本原理、核算方法以及财务报表的编制与分析，为后续的深入学习奠定坚实基础；财务管理课程则聚焦于企业资金运作、投资决策、成本控制及利润分配等方面，培养学生成为具备全面财务管理能力的专业人才；金融市场学则带领学生深入探索金融市场的运作机制、金融工具的特性及应用，增强学生对市场动态变化的敏感度和把握能力。通过不断优化这些核心课程的教学内容、教学方法及评价体系，可以确保学生能扎实掌握财经理论知识，为其未来的职业发展奠定知识基础。

（2）提升实务技能

在财经类职业教育中，实务技能的掌握对于培养学生的就业竞争力至关重要。因此，许多学校增设了一系列财经实务操作课程，通过模拟真实的工作环境，让学生在实践中学习，在学习中实践，从而全面提升其实务操作能力。企业沙盘模拟课程通过构建虚拟的企业运营环境，让学生扮演不同角色参与企业决策过程，亲身体验企业经营的复杂性与挑战性，从而深刻理解企业运营管理的精髓。财务报表分析实训课程则通过提供真实的财务报表数据，引导学生运用所学知识进行数据分析与解读，培养其从数据中提取有价值信息的能力。此外，税务筹划与申报课程更是直接对接企业税务实务操作，通过案例分析与模拟申报流程，让学生掌握税务筹划的基本策略与申报技巧，为其未来在职场中处理税务相关问题打下坚实基础。这些实务操作课程的开设，不仅丰富了教学内容，更提高了学生的实践能力和职业素养，为他们顺利步入职场提供了有力保障。

2. 融入信息技术元素

（1）财经信息技术课程

随着信息技术的飞速发展，其在财经领域的应用日益广泛且深刻。为了培养适应未来财经行业需求的复合型人才，需要精心开发财经信息技术相关课程，旨在为学生搭建起连接传统财经知识与现代信息技术的桥梁。其中，“金融科技概论”作为入门课程，系统介绍了金融科技的发展历程、基本概念、主要业态及其对金融行业的影响，帮助学生建立对金融科技领域的整体认知。而“大数据分析在财经领域的应用”课程则深入探讨了大数据分析技术在风险管理、投资决策、客户画像构建等方面的具体应用案例，让学生亲身体验到数据驱动决策的魅力。“区块链技术在金融中的应用”课程则聚焦区块链技术的核心原理、应用场景及在支付清算、供应链金融、数字资产等领域的创新实践，引导学生把握区块链技术如何重塑金融业态的脉搏。这些财经信息技术课程的开设，不仅拓宽了学生的知识视野，更培养了他们运用现代信息技术解决财经领域实际问题的能力，为他们在未来的职业生涯中抢占先机、赢得优势奠定了坚实的基础。

（2）跨学科整合课程

为了应对复杂多变的商业环境对复合型人才的需求，学校应该积极鼓励财经类专业与计算机类专业之间展开深度合作，共同开发跨学科整合课程，逐步打破学科壁垒，促进财经知识与信息技术的深度融合，为学生构建一个全面、立体的学习平台。“财经数据分析与可视化”课程结合财经领域的数据特点和业务需求，教授学生如何运用计算机技术对财经数据进行深度挖掘、分析和可视化呈现，使复杂的数据变得直观易懂，为决策提供有力支持；“智能投顾系统开发”课程则进一步将财经理论与人工智能、机器学习等前沿技术相结合，引导学生探索智能投顾系统的设计与实现，通过模拟真实市场环境，让学生在实践中理解金融科技产品的开发流程和技术要点。这些跨学科整合课程的开设，不仅增强了财经类专业学生的技术能力，也提升了计算机类专业学生对财经业务的理解和应用能力，为培养既懂财经又懂技术的复合型人才提供了有力保障。

3. 培养创新思维与跨界能力

（1）案例教学与项目驱动

在财经类与计算机类专业的教学中，鼓励采用案例教学与项目驱动的教学方法，通过真实的商业案例和跨学科项目实践，激发学生的创新思维与跨界整合能力。案例教学通过选取具有代表性的财经案例，引导学生进行深入剖析，理解其背后的商业逻辑、市场趋势及技术应用，从而培养学生分析问题和解决问题的能力。这些案例不仅涵盖了经典的企业管理、市场策略等内容，还融入了最新的金融科技、大数据应用等前沿领域，使学生能够在学习过程中紧跟时代步伐。项目驱动教学则更加强调实践性和应用性。学生组建跨学科团队围绕财经与技术的融合点，设计并实施一系列创新项目。这些项目不仅要求学生掌握扎实的专业知识，更考验他们的团队协作、项目管理及创新思维等综合能力。通过项目驱动，学生能够在实践中将理论知识转化为实际操作能力，同时在跨学科交流中碰撞出新的思想火花，实现财经与技术的深度融合与创新。这种教学方法有助于提升学生的专业素养和实践能力。

（2）财经创新工作坊

为了激发学生的创新思维与实践能力，学校可以建立财经创新工作坊，为学生提供一个自由探索、勇于尝试的场所。学生在工作坊中不再局限于传统的课堂学习，而是要参与财经领域的创新项目，如金融科技产品的研发、财经数据分析模型的构建等前沿课题。财经创新工作坊的校内外导师不仅为学生提供专业的指导与支持，还分享最新的行业动态与研究成果，帮助学生把握财经科技的发展趋势。工作坊可以采用灵活多样的组织形式，包括讲座分享、工作坊研讨、项目路演等，全方位培养学生的创新思维、跨界合作能力及实践操作技能。

通过参与财经创新工作坊的项目，学生们有机会将所学理论知识应用于实际问题的解决中，亲身体验从创意萌芽到产品落地的全过程。这种实战经历不仅能够极大地提升学生的专业技能和综合素质，还能让他们在实践中发现自我潜能，为未来在财经科技领域的深入探索奠定坚实的基础。

三、重构计算机类专业课程体系策略

1. 巩固计算机科学与技术基础

（1）强化核心课程

在计算机类专业的人才培养体系中，核心课程的强化是确保学生具备扎实专业基础的关键。只有当学生深刻理解并掌握计算机专业的基础知识，他们才能在未来的职业生涯中灵活应对各种挑战。因此，学校要特别注重数据结构、算法设计、操作系统、数据库管理等核心课程的强化教学。数据结构课程不仅讲解各种基本数据结构的定义、性质及操作，还通过大量实例和编程练习，帮助学生深入理解数据组织与管理的方法；算法设计课程则侧重于算法思想、策略及复杂度的分析，培养学生的逻辑思维能力和问题解决能力；操作系统课程则从宏观和微观两个层面，深入探讨操作系统的原理、结构与设计方法，帮助学生掌握操作系统的核心技术和应用；数据库管理课程则结合实际应用场景，介绍数据库系统的基本原理、设计方法及优化策略，培养学生的数据管理能力。通过这些核心课程的强化教学，能够为学生构建起一个完整、系统的计算机专业知识体系，确保他们在未来的职业发展中能够游刃有余地运用所学知识解决实际问题，在工作中展现出扎实的专业素养和创新能力。

（2）提升编程技能

在计算机专业领域，编程技能是每一位从业者不可或缺的核心竞争力。为了全面提升学生的编程能力和问题解决能力，需要采取强化措施，加强编程技能的训练。学校培养计算机人才时，要特别注重通过项目实践来锻炼学生的编程技能。通过设计涵盖多个难度级别的编程项目，从基础的算法实现到复杂的应用系统开发，让学生在解决实际问题的过程中，逐步掌握编程的精髓。同时，鼓励学生积极参与校内外各类编程技能竞赛，通过高强度的竞技环境，激发他们的潜能，提升他们的编程速度和代码质量。

在编程技能训练中，还要注重培养学生的自主学习能力和团队协作精神。学生们自主探索新的编程语言和技术框架，通过自学和互助，不断提升自己的编程水平。通过分组合作完成大型项目，让学生在实践中学会沟通、协调和分工合作，培养他们的团队精神。所有这些训练都是为了将大多数学生打造成具备扎实编程基础和卓越问题解决能力的编程精英。

2. 引入财经领域知识

（1）财经素养课程

为了培养既懂技术又具财经思维的复合型人才，一定要在计算机类专业精心设计财经素养提升课程，为学生搭建起连接技术与财经领域的桥梁。这些课程不仅涵盖了金融市场分析、企业估值、风险管理等财经领域的基础知识，还通过深入浅出的讲解和案例分析，帮助学生建立起对财经世界的宏观认知与微观理解。在金融市场分析课程中，学生将学习到股票、债券、期货等金融工具的特性与运作机制，以及如何通过基本面分析、技术分析等方法预测市场走势；企业估值课程则引导学生掌握企业价值评估的基本原理与方法，包括相对估值法、绝对估值法等，培养学生的经济评估能力和投资决策思维；风险管理课程则专注于识别、评估与应对企业运营中可能遇到的各种风险，通过案例分析与实践操作，提升学生的风险意识与应对能力。

通过这一系列财经素养课程的开设，计算机类专业的学生能够在掌握扎实技术功底的同时，也具备敏锐的财经洞察力与决策力。这不仅有助于他们在未来职业发展中更好地适应市场需求与技术变革，更能够为他们开拓更广阔的职业发展路径。

（2）财经案例融入

为了让学生在学习计算机技术的同时，更好地理解和应用财经领域的知识，需要在计算机专业课程中巧妙地融入财经案例。这些案例不仅可以丰富课程内容，也可以为学生提供将技术与财经知识相结合的实战平台。在算法设计与分析课程中，鼓励学生使用财经数据进行算法训练，通过处理和分析真实的财经数据，如股票价格走势、市场交易量等，学生可以深入理解算法在财经领域的应用价值，并掌握数据预处理、特征提取、模型训练等关键步骤。这种实践不仅提升了学生的编程技能，也让他们对财经数据的特性和分析方法有了更直观的认识。在财经数据分析软件开发的实践课程中，学生需要运用所学的编程技能，结合财经领域的实际需求，设计并实现一个财经数据分析软件。从需求分析、系统设计到编码实现、测试调优，整个过程都充满了挑战与收获。学生不仅学会了如何将技术应用于财经领域，还锻炼了团队合作、项目管理等综合能力。通过财经案例的融入，不仅增强了学生对财经领域问题的理解和应用能力，还激发了他们探索跨界融合的兴趣与热情。这种教学模式为培养具有创新精神和跨界整合能力的复合型人才提供了有力支持。

3. 促进技术与财经的深度融合

（1）跨学科交叉课程

为应对日益复杂的商业环境对复合型人才的需求，需要精心设计跨学科交叉课程将计算机技术与财经知识深度融合，为学生打造一个全面、系统的学习平台。这些课程不仅突破了传统学科的界限，更是对未来职业发展趋势的精准把握。“财经数据分析与可视化”课程，作为跨学科交叉课程的典范，将财经数据的深度挖掘与先进的数据可视化技术相结合。学生将在课程中学习如何运用计算机技术处理海量财经数据，揭示数据背后的经济规律与市场趋势，并通过精美的可视化图表展现分析结果，为决策提供有力支持。“金融科技应用与开发”课程，则进一步将计算机技术应用于金融领域的创新实践。课程涵盖了区块链、人工智能、大数据等前沿技术在金融领域的应用案例，引导学生深入理解金融科技的本质与潜力。通过项目实践，学生将亲自参与金融科技产品的设计与开发，体验从创意构思到产品上线的全过程，培养创新思维与跨界整合能力。跨学科交叉课程的开设，不仅拓宽了学生的知识视野，更激发了他们的学习兴趣与探索欲望，他们将会逐步成长为既懂技术又懂财经的复合型人才。

（2）校企合作项目

为了让学生更好地适应市场需求，提升其实践能力和综合素质，学校应加强与财经行业企业的合作，通过引入企业真实项目，深化产教融合，共同培养具有财经素养与计算机技术的复合型人才。在校企合作项目中，学校与企业紧密对接，根据企业的实际需求，共同设计并实施一系列具有挑战性的项目。这些项目不仅涵盖了金融科技、大数据分析、风险管理等多个领域，还紧密结合了企业的实际业务场景，让学生在实践中深刻感受到技术与财经的融合应用。在项目实施过程中，企业导师与学校教师共同参与指导，确保学生能够获得来自业界一线的专业指导和经验分享。学生将分组进入企业，直接参与到项目的需求分析、方案设计、系统开发与测试等各个环节中，通过团队协作与分工合作，共同完成项目目标。校企合作项目不仅为学生提供了宝贵的实践机会和实战经验，还帮助他们建立了与企业的紧密联系，拓宽了他们的职业视野和发展空间。通过参与真实项目的开发与实践，学生不仅掌握了先进的技术技能和财经知识，还培养了创新思维、问题解决能力和团队协作能力。

4. 培养复合型技术人才

（1）建设跨学科团队

在财经类职业院校中，跨学科团队的建设是促进学生全面发展、培养复合型人才的重要举措。学生跨专业组建团队有利于打破学科界限，他们共同参与跨学科项目，培养了团队协作能力和跨学科整合能力。跨学科团队的组建过程，本身就是一次思想的碰撞与融合。不同专业的学生带着各自的专业背景和知识体系汇聚一堂，为了共同的目标而努力。在这个过程中，他们学会了如何倾听他人的观点，如何进行有效的沟通与协调，如何在尊重差异的同时寻求共识。这种跨学科的交流与合作，不仅拓宽了他们的视野，也增强了他们的包容性和创新能力。在跨学科项目的实施过程中，团队成员需要充分发挥各自的专业优势，将财经知识、计算机技术等有机结合起来，形成合力解决问题。这种实践不仅考验了他们的专业技能水平，更考验了他们的跨学科整合能力。通过不断地尝试与调整，他们逐渐掌握了如何将不同领域的知识和技能有效融合起来，形成更具创新性和实用性的解决方案。

（2）职业规划指导

在财经类职业院校的教育体系中，职业规划指导是不可或缺的一环。每个学生都拥有不同的兴趣、能力和梦想，学校需要为学生提供全面而个性化的职业规划指导，帮助他们明确未来职业发展方向，为成为复合型技术人才做好充分准备。

职业规划指导首先从学生的自我认知开始。我们引导学生通过自我评估、职业兴趣测试等工具，深入了解自己的性格、兴趣、价值观和职业倾向。注重培养学生对市场需求的敏感度，通过行业报告、企业调研等方式，让学生了解技术与财经融合领域的发展趋势、就业前景及岗位需求。在此基础上，为学生提供一对一的职业咨询服务，针对他们的个人情况，量身定制职业规划方案。职业规划指导教师要鼓励学生结合自身优势和兴趣，设定短期和长期职业目标，并制订相应的行动计划。学校还要为学生提供实习、兼职、竞赛等多种实践机会，让他们在实践中积累经验、提升能力、拓展人脉。职业规划指导不仅关乎学生的个人发展，更关乎学校的整体教育质量和社会责任。所以，职业院校应该秉承“以学生为中心”的教育理念，不断探索和完善职业规划指导体系，为学生的成长成才提供有力支持。

通过实施上述策略，财经类职业院校能够精心构建一个专业课程体系，这个体系将完美适应“双向赋能”的人才培养模式。在这个体系中，学生们不仅能够获得扎实的财经知识和素养，还将掌握先进的计算机技术，成为既懂财经又懂信息技术的复合型人才。这样的教育模式将为财经职业教育领域的发展注入新的活力，推动整个行业向更高水平迈进。通过这种教育模式的创新，学生们将能够在未来的职场中展现出更强的竞争力，同时也为财经行业带来新的思路和解决方案，促进其持续健康发展。

四、“双向赋能”人才培养模式的效果展望

通过实施“双向赋能”策略，财经类高职院校的各类专业将实现数字化转型和创新发展。这一策略旨在通过双向互动，即从教育体系内部和外部两个方向同时发力，为专业发展注入新的活力。在内部，院校将加强师资队伍建设，提升教师的数字素养和教学能力，同时更新教学内容和方法，引入更多与数字技术相关的课程和实践环节。在外部，院校将与行业企业紧密合作，共同开发符合市场需求的课程体系，促进学生技能与企业

需求的精准对接。此外，通过建立数字化教学平台和资源库，财经类高职院校能够为学生提供更加丰富和便捷的学习资源，同时也为教师提供教学和研究的支持。通过这些措施，财经类职业院校的专业不仅能够适应数字化时代的发展趋势，而且能够培养出更多具备创新能力和实践技能的高素质人才。可以预计达到几个主要的效果。

1. 全方位提升毕业生就业竞争力

在快速变化的数字化时代，企业对财经与信息技术人才的需求日益迫切，这对财经类职业院校的教育提出了更高的要求。为此，我们积极调整课程体系，通过引入信息技术类课程和深化财经类课程内容，全方位提升学生的综合素质和就业竞争力。

信息技术类课程的增设，不仅拓宽了学生的知识领域，还增强了他们的技术实践能力。学生们通过学习数据分析、云计算、人工智能等前沿技术，掌握了应对数字化挑战所必需的技能，为将来在金融科技、大数据分析、智能投顾等领域就业打下了坚实的基础。这些技能使他们能够迅速适应企业数字化转型的需求，成为企业转型升级的重要力量。

与此同时，财经类课程的深化与拓展，进一步巩固了学生的财经理论基础，并培养了他们的财经思维和市场敏感度。通过深入学习金融市场分析、企业估值、风险管理等课程，学生们对财经领域的运作规律有了更深刻的理解，能够准确把握市场动态，为企业决策提供有力支持。这种跨学科的知识体系，使得毕业生在就业市场上更具吸引力，能够胜任多种跨领域的财经与信息技术岗位。

通过这一系列改革措施的实施，我们的毕业生将更好地适应数字化时代企业对财经和信息技术人才的需求。他们不仅具备扎实的专业知识，还具备出色的实践能力和创新思维，能够在激烈的市场竞争中脱颖而出，成为企业争相抢夺的优秀人才。

2. 深化专业交叉融合

在“双向赋能”人才培养模式的促进下，财经类专业与计算机类专业的界限被彻底打破，两者实现了前所未有的深度交叉融合。这一变革不仅为两个专业的学生提供了更为广阔的学习视野和实践平台，更为财经类职业院校的发展注入了新的活力和创新动力。财经类与计算机类专业的交叉融合，促进了学科知识的相互渗透与互补。财经类学生得以掌握先进的信息技术工具，将数据分析、人工智能等现代科技手段应用于财经实践中，提升决策效率和准确性；而计算机类学生则通过深入了解财经领域的运作规律和市场需求，将技术服务于实体经济，创造出更多具有实际应用价值的科技成果。这种跨学科的知识整合，不仅丰富了学生的知识体系，也培养了他们的跨界整合能力和创新思维。这种专业交叉融合为财经类职业院校带来了全新的专业特色和优势。通过不断探索和实践，学校逐步形成了独具特色的教学模式和课程体系，吸引了更多优质生源的关注和加入。同时，学校与行业的紧密联系和深度合作，也为学生的实习就业提供了更多机会和保障，进一步提升了学校的就业率和就业质量。

“双向赋能”策略的实施，不仅促进了财经类专业与计算机类专业的交叉融合，更为财经类高职院校的创新发展开辟了新路径，有效提升学校的办学水平和教育质量。

3. 推动校企合作深化

在财经类职业教育领域，深化校企合作是提升教学质量、促进学生实践能力与创新思维发展的关键路径。学校通过积极寻求与行业内领先企业的深度合作，共同探索课程资源的开发与整合，以及教学案例的丰富与创新，最终在理论与实践之间架起坚实的桥梁。通过与企业的紧密合作，共同开发了紧贴市场需求、反映行业前沿的课程资源。这些资源不仅涵盖了财经与信息技术的核心知识，还融入了企业真实的业务场景与案例，使学生能够在学习过程中直接接触到行业的最新动态与实践挑战。这种“学以致用”的教学模式极大地激发了学生的学习兴趣与积极性，也有效提升了他们的实践操作能力。企业也要积极地参与到教学案例的设计与编写中来，借助于丰富的实战经验和对市场需求的敏锐洞察，企业可以为学校提供大量生动、具体的教学案例。这些案例不仅帮助学生更好地理解和应用所学知识，还激发了他们的创新思维与问题解决能力；案例的互动与探讨，使学生学会了如何站在企业的角度思考问题、制定策略，为未来的职业生涯奠定了坚实的基础。

深化校企合作不仅有助于提高学生的实践能力和创新能力，更为企业输送了大量高素质的技能型人才。这些人才不仅具备扎实的专业知识与技能，还具备强烈的责任心和团队合作精神，能够为企业的发展注入新的活力与动力。

4. 服务地方经济发展

财经与信息技术的深度融合正成为推动经济社会发展的新引擎。财经类职业院校肩负着为地方经济发展培养高素质人才的重要使命，需要不断优化人才培养体系，培养出既懂财经又精通信息技术的复合型人才，为地方经济的持续健康发展提供有力的人才支持。

通过实施“双向赋能”的人才培养模式，学校不仅强化了学生的财经素养，还注重提升他们的信息技术应用能力。这些毕业生不仅具备扎实的专业知识，还熟悉现代信息技术的应用场景与操作技巧，能够迅速适应数字化时代的工作要求。他们将成为金融机构、科技企业或者传统行业的中坚力量。在地方经济发展中，这些毕业生可以利用自身的专业优势，为企业提供精准的财务分析与战略咨询，助力企业优化资源配置、提升经营效益；他们还可以运用信息技术手段，推动产业升级与创新发展，为地方经济注入新的活力与动力。

结　语

在数字化转型浪潮席卷全球的今天，“双向赋能”策略无疑为财经类高职院校开辟了一条通往创新发展之路。这一策略不仅深刻体现了教育面向未来、服务社会的时代要求，更是财经教育适应数字化时代变革、提升核心竞争力的关键举措。

通过引入信息技术类课程，财经类职业院校成功地将先进的数字技术与财经知识相融合，为学生构建了一个跨学科、多领域的知识体系。这种融合不仅拓宽了学生的学术视野，更使他们在掌握财经理论的同时，具备了运用信息技术解决实际问题的能力，从而显著提升了其综合素质和就业竞争力。“双向赋能”策略还促进了财经类与计算机类专业的深度交叉融合。这种融合打破了传统学科壁垒，形成了新的专业特色和优势，为财经类高职院校的创新发展注入了强大动力。通过校企合作、课程共建等多种方式，学校与企业实现了资源共享、优势互补，共同推动了财经教育的现代化进程。“双向赋能”策略为地方经济发展提供了有力的人才支持。通过培养适应数字化时代需求的财经和信息技术人才，财经类高职院校为地方经济的转型升级和可持续发展提供了坚实的人才保障。这些高素质、复合型人才的涌现，无疑将为地方经济的繁荣与发展注入新的活力与希望。

“双向赋能”策略不仅是财经类高职院校实现数字化转型和创新发展的重要途径，更是其履行社会责任、服务地方经济发展的具体体现。随着探索的不断深入，“双向赋能”策略将成为财经类职业院校数字化转型与创新发展的核心引擎。

第四章 “技能交叉”培养模式的构建与实施

“双向赋能，技能交叉”理念不仅是理论上的改革，更是实践中的创新。这一理念强调财经类专业与计算机类专业的深度融合，通过信息技术的赋能和财经知识的渗透，实现专业能力的双向提升与交叉培养。在第三章已经详细讲解了财经类专业与计算机类专业如何进行专业知识的“双向赋能”，本章将深入研究“技能交叉”这种培养学生实践能力的模式，以及其具体的实施策略、内容、手段与途径。通过这些措施可以确保学生的专业知识转化为实践技能，从而真正实现复合型技能型人才培养的目标。

第一节 基于“技能交叉”的课程体系改革

一、设计原则与实施步骤

在财经类高职院校中，课程体系改革扮演着至关重要的角色，它是构建“技能交叉”培养模式的核心环节。通过科学合理的课程体系设计，可以确保学生在掌握财经与信息技术双领域知识的同时，实现知识的深度融合与技能的综合提升。通过课程体系改革，学生不仅能够掌握扎实的财经专业知识，还能具备较强的信息技术应用能力。这将使他们在未来的工作中能够更好地应对各种复杂问题，提高工作效率和质量；同时，这种综合性的培养模式也有助于培养学生的创新思维和终身学习能力，为他们在快速变化的经济环境中持续发展奠定坚实的基础。

1. 设计原则

(1) 模块化设计原则

模块化设计是现代课程体系构建的重要趋势之一，它强调课程内容的灵活性与可组合性，以适应不同学生的学习需求和发展路径。在“技能交叉”培养的课程体系中，模块化设计显得尤为重要。

基础模块统一化。基础模块是所有学生必须完成的课程单元，旨在奠定扎实的财经与信息技术基础知识。这些模块应包括数学、经济学、计算机基础、编程语言等，确保学生具备进一步深入学习所需的基本素养。

专业模块差异化。在专业模块的设计上，应充分考虑财经与信息技术的专业特性，分别设置财经类与计算机类的核心课程。这些课程应深入讲解各自领域的专业知识与技能，同时为学生后续的跨学科融合学习奠定基础。

交叉融合模块特色化。交叉融合模块是技能交叉培养课程体系的核心所在，它打破了传统学科的界限，将财经与信息技术紧密结合。这些模块可以包括财经数据分析、金融科技应用、智能投顾系统开发等，旨在培养学生的跨学科整合能力与创新能力。

选修模块个性化。为了满足学生的个性化需求，课程体系中还应设置一定数量的选修模块。这些模块可以涵盖更广泛的领域，如证券投资、网络营销、信息安全等，供学生根据自己的兴趣和职业规划进行选择。

（2）跨学科融合原则

跨学科融合是技能交叉培养模式的核心特征之一，这种模式强调不同学科之间的相互渗透和有机结合。在课程体系的设计过程中，必须彻底打破传统的学科壁垒，特别是那些长期以来被认为是泾渭分明的财经学科与信息技术学科之间的界限。通过将这两者紧密结合在一起，能够培养出既具备扎实的财经专业知识，又掌握现代信息技术能力的复合型人才。这样的课程设计不仅能够提升学生的综合素质，还能使他们在未来的职业生涯中更具竞争力和适应性。

课程内容融合。在财经类课程中融入信息技术元素，如利用大数据分析、人工智能、区块链等技术手段改进财务管理、金融市场分析等课程的教学；在计算机类课程中各种案例以财经应用案例和实践项目为主，让学生在实际操作中感受技术与财经的结合点。

教学方法融合。采用项目式学习、案例分析和模拟演练等多种方法，不仅能够激发学生的学习兴趣，还能有效地提升他们的实践能力。通过项目式学习，学生可以在实际操作中深入理解理论知识，同时培养他们的团队合作精神和项目管理能力；案例分析则让学生通过分析真实案例，了解财经与信息技术在实际应用中的结合方式，从而更好地掌握相关知识；模拟演练则通过模拟真实工作环境，让学生在模拟场景中进行实践操作，提高他们的应变能力和解决问题的能力。这些教学方法的共同特点是鼓励学生在跨学科环境中进行团队协作和问题解决。

师资队伍融合。学校需要努力组建成跨学科的教学团队，通过制度积极鼓励来自财经和信息技术领域的教师们共同参与到课程的设计、教学、实践和评估工作中来。通过这种跨学科的交流与合作，能够促进教师之间在知识和经验上的共享与交流，从而提升整体的教学质量和效果。

（3）实践导向原则

实践导向是技能交叉培养模式的核心特征之一。在课程体系的设计过程中，授课教师必须特别注重培养学生的动手能力和问题解决能力。这意味着教师需要设计各种实践活动，让学生在实际操作中掌握知识，并通过解决具体问题来提升他们的实际应用能力。通过这种方式，学生能够将所学的理论知识转化为实际工作中的技能，确保他们能够在职业生涯中灵活运用所学知识，解决各种复杂问题。

实践教学环节丰富多样。在课程体系中需要精心设计大量实践教学环节，包括实验、实训、实习等多种形式。这些环节紧密围绕财经与信息技术的深度融合应用展开，确保学生能够在实际操作中深入理解和掌握相关技能和方法。通过这些丰富的实践教学环节，学生能够更好地将理论知识与实际操作相结合，提高他们的综合应用能力。

校企合作进一步深化：学校积极加强与财经类信息技术企业的合作与交流，共同开发具有实际应用价值的实践教学项目与案例。通过校企合作，学生可以更直接地接触到真实的财经与信息技术相融合的业务场景和市场需求，从而在实际工作中提升他们的实践能力和创新能力。这种合作模式不仅为学生提供了宝贵的实践经验，也为他们未来的职业发展奠定了坚实的基础。

竞赛与项目驱动相结合：学校积极鼓励不同专业的学生共同组队参加各类财经与信息技术相关的竞赛和项目活动。这些活动不仅有助于检验学生的学习成果和实践能力，还能激发他们的学习热情和创造力，还能够培养他们以不同的视角解决共同面临的问题。通过参与竞赛和项目，学生能够在实际操作中锻炼自己的团队协作能力、解决问题的能力以及创新思维，从而全面提升自己的综合素质。

2. 实施步骤

（1）市场调研与需求分析

在课程体系改革的最初阶段，首要的任务是进行市场调研和需求分析，以确保课程改革能够紧跟职业教育发展方向并满足各方需求。这包括广泛收集和分析行业趋势、企业需求以及学生的职业规划等多方面的信息，从而明确技能交叉培养的具体目标和方向。

组织专家研讨会。通过邀请来自不同领域的专家，包括行业专家、企业代表以及教育学者等，共同参与研讨活动。通过深入探讨，可以分析和了解财经与信息技术领域的发展趋势，以及这些领域对人才的具体需求特点。这样的研讨不仅有助于把握行业动态，还能为课程改革提供有力的理论支持和实践指导。

开展问卷调查。通过向在校学生、已经毕业的学生以及潜在的雇主发放问卷，以收集他们对课程改革的意见和建议。通过问卷调查，可以了解学生的学习需求、职业规划以及他们对市场期望的反馈；还可以从潜在雇主的角度了解他们对毕业生的具体要求，从而确保课程改革能够更好地满足市场需求。

进行数据分析与总结。通过对专家研讨会和问卷调查收集到的数据进行深入的分析与总结。通过科学的数据处理方法，可以提炼出技能交叉培养的关键要素和核心要求。这将有助于学校明确课程改革的方向，确保课程内容能够真正满足学生和社会的需求。

通过这些措施，可以在课程体系改革之初，确保改革工作有的放矢，真正实现课程内容与市场需求的无缝对接。

（2）模块化课程体系设计

在确立了技能交叉培养的目标与方向之后，接下来的关键步骤是根据市场调研与需求分析的结果来设计一个模块化的课程体系。

明确模块的划分。基于财经与信息技术这两个专业的独特属性以及市场需求的特点，可以将整个课程体系细分为四个部分：基础模块、专业模块、交叉融合模块以及选修模块。基础模块主要涵盖了学生在进入专业学习之前需要掌握的通用知识和技能，如数学、统计学、计算机基础等。专业模块则深入探讨各个专业的核心知识和技能，如财务分析、市场营销、编程语言、数据库管理等。交叉融合模块旨在打破传统学科界限，将财经与信息技术的知识与技能进行有机结合，培养学生的综合应用能力，例如金融科技、数据分析在金融领域的应用等。最后，选修模块为学生提供了更多的自主选择空间，使他们可以根据个人兴趣和职业规划选择相关课程，如人工智能、区块链技术、金融工程等。

明确模块的教学目标与内容。对于基础模块，教学目标是确保学生具备扎实的通用知识基础，能够为后续的专业学习打下坚实的基础；专业模块的教学目标则是使学生掌握各自专业的核心知识与技能，为将来从事相关行业工作做好准备；交叉融合模块的教学目标是培养学生在跨学科领域的应用能力，使他们能够在实际工作中灵活运用所学知识解决复杂问题；选修模块则更多地关注学生的个性化发展，鼓励他们在感兴趣的领域深入探索，拓宽知识视野。

选择合适的教学方法与手段。需要针对每个模块的教学内容特点选择合适的教学方法与手段。对于基础模块，可以采用讲授法为主，辅以适当的案例分析和练习，帮助学生打好基础；专业模块则可以结合讲授法、讨论法和项目式学习等多种方式，使学生在掌握知识的同时，能够通过实际操作提升技能；交叉融合模块可以更多地采用项目式学习和案例分析，让学生在解决实际问题的过程中，体会到不同学科知识的综合应用；选修模块则可以更加灵活，鼓励学生自主学习，教师可以提供指导和建议，帮助学生在感兴趣的领域深入研究。

通过上述步骤，学校可以设计出一个既符合市场需求又能够培养学生综合能力的模块化课程体系，为学生未来的职业发展奠定坚实的基础。

（3）试运行与反馈调整

在完成模块化课程体系设计后，需要进行试运行与反馈调整工作以确保课程体系的有效性与可行性。

小范围试运行。选择部分班级或专业进行课程体系试运行工作以检验其实际效果与可行性水平高低程度。在这一阶段，旨在通过实际操作来观察学生在新课程体系下的学习状态、成效以及可能遇到的问题，为后续的优化调整提供实证依据。为确保试运行的顺利进行，需要制定详细的试运行方案，包括确定试运行的班级或专业范围、明确试运行的时间周期、安排专门的教学团队负责实施、设定具体的教学目标与评估指标等。在试运行过程中，需要对学生的学习情况、教师的教学效果以及课程体系的整体运行状况进行全面监测与记录，包括定期收集学生的学习成绩、作业完成情况、课堂参与度等数据，以及通过问卷调查、访谈等方式收集学生对新课程体系的反馈意见。

反馈调整。在试运行结束后，需要组织专门的教学研讨会或评估会议，对试运行过程进行全面回顾与总结，学校需要深入分析学生在新课程体系下遇到的主要困难与挑战、教师在教学过程中的困惑与需求、课程体系本身存在的不足之处等问题。基于试运行的结果与评估反馈，需要对课程体系进行针对性的优化与调整，包括调整课程内容的难度与结构、改进教学方法与手段、完善实践教学环节与项目设计等多个方面。在调整过程中，学校需要充分考虑学生的实际需求与学习兴趣、教师的教学能力与经验以及行业发展的实际需求等因素；并保持与市场的紧密联系，确保新课程体系能够持续适应行业发展的变化与趋势。

持续跟踪与评估。课程体系的优化与调整并非一蹴而就的过程，而是一个持续迭代与完善的循环。因此，在课程体系调整完成后，还需要进行持续的跟踪与评估工作。这包括定期收集学生的学习成果与反馈意见、观察教师的教学效果与满意度以及分析课程体系的整体运行状况等指标。通过这些数据的持续收集与分析，可以及时发现新课程体系中存在的问题与不足，并采取相应的措施进行进一步的优化与调整。

试运行与反馈调整是技能交叉培养模式课程体系改革过程中不可或缺的重要环节。通过这一环节的深入实施与持续优化，可以确保新课程体系的有效性与可行性水平不断提升，为财经类职业院校的可持续发展注入新的活力与动力。同时，还需要保持敏锐的市场洞察力与持续的创新精神，紧跟行业发展的步伐与趋势，为企业培养更多高素质、复合型的掌握信息技术的财经人才或面向财经企业的信息技术人才。

二、跨学科课程体系构建

数字化时代，社会对人才的需求也愈发多元化和复杂化。为了适应这一趋势，许多职业院校正积极探索跨学科课程体系的构建，以培养具备多学科知识与技能、能够适应未来社会需求的复合型人才。在这一背景下，财经职业教育的跨学科课程体系应运而生，它涵盖了财经、金融、会计、信息技术等多个领域，旨在通过模块化教学，让学生根据自身兴趣和职业规划，灵活选择学习模块，从而实现知识的多元化和技能的综合性提升。

1. 跨学科课程体系的设计理念

跨学科课程体系的设计理念，根植于对当前社会经济发展趋势的深刻洞察以及对未来人才需求的精准预测。它强调知识的整合与创新，鼓励学生跨越传统学科的界限，探索不同领域之间的内在联系与交叉点。这种设计理念不仅体现了教育的包容性与开放性，也彰显了教育对未来社会变革与发展的前瞻性和适应性。

在跨学科课程体系中，财经、金融、会计与信息技术等领域的知识被有机地融合在一起，形成了一个既相互独立又紧密相连的知识网络。这种融合不仅拓宽了学生的学术视野，也增强了他们的综合素质与创新能力。通过跨学科的学习，学生能够更好地理解不同领域之间的相互作用与影响，从而培养跨领域的思维方式与解决问题的能力。

2. 模块化教学的实施策略

模块化教学作为跨学科课程体系的重要组成部分，其实施策略对于实现知识的多元化与技能的综合性提升具有重要意义。模块化教学将课程内容划分为若干个相对独立但又相互关联的教学单元，每个单元都围绕一个特定的主题或问题展开，旨在通过深入探究与实践操作，使学生掌握该领域内的核心知识与技能。在跨学科课程体系中，模块化教学的实施策略主要体现在以下几个方面：

灵活选课机制。学生可以根据自身兴趣和职业规划，在规定的范围内自由选择学习模块。这种选课机制不仅尊重了学生的个性差异与学术兴趣，也为他们提供了更多的学习选择与发展空间。

跨学科整合课程。设计一系列跨学科整合课程，将财经、金融、会计与信息技术等领域的知识融合在一起，通过案例分析、项目实践等方式，让学生在实际操作中体验跨学科学习的魅力与价值。

实践教学环节。强化实践教学环节，通过模拟实验、实地考察、企业实习等方式，让学生在实践中掌握所学知识，提升解决实际问题的能力。同时，实践教学也有助于培养学生的团队协作精神与创新能力。

个性化辅导与支持。针对每个学生的不同需求与特点，提供个性化的辅导与支持。这包括学习计划的制订、学习资源的推荐、学习方法的指导等方面，旨在帮助学生更好地适应跨学科学习的挑战与机遇。

3. 前沿信息技术课程的引入与融合

随着信息技术的飞速发展，大数据分析、云计算应用、生成式人工智能、区块链等前沿技术已成为推动社会进步与经济发展的重要力量。因此，在跨学科课程体系中引入这些前沿信息技术课程，对于提升财经类学生的数字素养与创新能力具有重要意义。

（1）大数据分析类课程

这类课程旨在深入教授学生如何进行数据采集、处理、分析与可视化的方法与技术。通过这些课程，学生们将能够掌握大数据分析的基本流程与核心技能。这不仅有助于他们更好地理解和应对海量数据所带来的挑战与机遇，也为他们在财经、金融等领域的应用提供了有力支持。在这些课程中，学生们将学习到各种数据采集工具和技术，了解如何从不同的数据源中提取所需信息。他们还将掌握数据处理的方法，包括数据清洗、数据转换和数据整合等，以确保数据的质量和可用性。数据分析部分将涵盖统计分析、机器学习和数据挖掘等技术，使学生能够从数据中提取有价值的信息和洞察。最后，课程还将教授数据可视化的方法，帮助学生将复杂的数据分析结果以直观、易懂的方式展示出来。

通过这些课程的学习，学生们不仅能够掌握大数据分析的基本技能，还能够将这些技能应用于实际问题中。例如，在财经领域，大数据分析可以帮助企业进行市场预测、投资决策和风险管理等。在金融领域，大数据分析可以用于信用评估、欺诈检测和个性化金融服务等。这些应用不仅能够提高企业的竞争力，还能够为学生未来的职业发展提供更多的机会和可能性。

（2）云计算应用类课程

这类课程通过深入介绍云计算的基本概念、核心原理以及广泛的应用场景，学生们将有机会通过实际操作和动手实践，全面掌握云计算平台的使用和管理技能。课程内容不仅涵盖云计算的基础知识，还包括对各种云服务模型（如 IaaS、PaaS 和 SaaS）的详细讲解，帮助学生理解不同云服务的特点和适用场景。此外，课程还将重点介绍云计算在现代信息技术中的关键作用，特别是在数据处理、资源共享和协同工作等方面的优势。通过案例分析和实际项目，学生们将能够亲身体验云计算带来的高效性和灵活性，从而更好地理解其在各行各业中的实际应用价值。

通过这类课程的学习，学生们不仅能够掌握云计算的核心技术，还能培养解决实际问题的能力，为他们未来的职业发展奠定坚实的基础。无论是在金融、财经还是信息技术等领域，具备云计算技能的专业人才都将具有显著的竞争优势。因此，这门课程不仅为学生提供了丰富的知识储备，还为他们打开了广阔的职业发展空间。

（3）生成式人工智能类课程

生成式人工智能类课程通过全面介绍人工智能的各个方面，包括其发展历程、生成式人工智能的基本原理以及其在各个应用领域中的实际应用。课程内容不仅涵盖了人工智能技术的历史背景和理论基础，还深入探讨了当前人工智能技术的最新进展和未来的发展趋势，帮助学生全面了解这一领域的前沿动态。在课程中，学生将通过一系列的编程实践、算法设计和各类模型训练等环节，深入掌握生成式人工智能的核心技术。通过提示词工程的实践环节不仅让学生能够将理论知识应用于实际问题中，还能培养他们的创新思维和实践能力。通过这些环节，学生将学会如何设计和实现各种生成式模型，从而在人工智能领域进行深入的探索和研究。

此外，课程还注重培养学生的综合素质，帮助他们在未来的职业生涯中具备更强的竞争力。通过系统的学习和实践，学生将能够掌握生成式人工智能的核心技术，为他们在人工智能领域的进一步探索与发展提供有力支持。这门课程不仅为学生打下坚实的技术基础，还激发他们的创新精神，为他们在未来人工智能领域的研究和应用奠定坚实的基础。

(4) 区块链类课程

这类课程旨在全面介绍区块链技术的发展历程，从其诞生之初到现在所经历的各种变革和演进。课程内容不仅包括区块链的基本原理，如分布式账本、共识机制、智能合约等核心概念，还会深入探讨区块链在不同应用领域中的实际应用案例。通过这些案例，学生可以更好地理解区块链技术在金融、商业、会计、法律等行业的具体应用方式。

此外，课程还会特别关注数字加密货币，如比特币和以太坊等，通过这些数字货币的发展历程和现状，帮助学生了解区块链技术的最新进展和未来趋势。通过对数字加密货币的深入分析，学生可以掌握区块链技术在实际经济活动中的运作机制和潜在价值。课程中可以穿插一些生动的实例和故事，帮助学生更好地理解区块链技术的实际应用。例如，通过讲述比特币如何在2008年金融危机后诞生，以及以太坊如何通过智能合约推动去中心化应用的发展，学生可以更直观地感受到区块链技术的创新力量和巨大潜力。同时，课程的实施过程中有必要邀请一些区块链领域的专家和企业家举办讲座，分享他们的经验和见解。通过这些互动环节，学生可以更深入地了解区块链技术在实际应用中可能遇到的挑战和机遇，为未来在相关领域的职业发展打下坚实的基础。这类课程不仅注重理论知识的传授，更强调实践应用的培养，使学生能够全面掌握区块链技术的核心原理和应用方法，为未来在相关领域的职业发展打下坚实的基础。

在引入这些前沿的信息技术课程的同时，还需要特别注重这些技术与财经、金融、会计等领域的深度融合与创新性应用。例如，在财经分析课程中，我们可以融入大数据分析技术，利用这些先进的工具来更精准地预测市场趋势与风险，从而提高学生的分析能力和决策水平。在金融工程课程中，引入人工智能算法，可以帮助学生优化投资组合与风险管理策略，使他们能够更好地应对复杂多变的金融市场。而在会计信息系统课程中，结合云计算技术，可以实现财务数据的实时共享与协同处理，提高工作效率和数据安全性。这些融合与创新不仅丰富了跨学科课程体系的内容与形式，使课程更加贴近实际应用，也极大地提升了学生的综合素质与创新能力。通过这种跨学科的教育模式，学生不仅能够掌握扎实的专业知识，还能具备将信息技术应用于实际问题的能力，从而在未来的职业生涯中更具竞争力。

4. 跨学科课程体系的实施效果

通过精心设计和有效实施跨学科课程体系，能够充分利用“双向赋能，技能交叉”的人才培养模式的优势，从而实现信息技术类专业与财经类专业的深度融合。这种交叉融合不仅能够提升学生的综合素质，还能为他们在未来的职业生涯中提供更多的竞争优势。

（1）拓宽专业视野

通过跨学科的学习与实践，学生们能够接触到更多元化的知识与思想体系，从而极大地拓宽了他们的专业视野与思维方式。这种多元化的知识结构不仅有助于学生们在学术研究中产生新的灵感，还能使他们在面对复杂问题时，能够从多个角度进行思考和分析，从而提出更为全面和创新的解决方案。跨学科学习不仅能够帮助学生们建立起更为宽广的知识框架，还能够培养他们的综合分析能力和创新思维。通过不同学科之间的交叉融合，学生们能够更好地理解各个学科之间的内在联系，从而在学术研究和实际应用中展现出更为灵活和多样的思维方式。这种跨学科的学习方式，不仅能够激发学生们的学习兴趣，还能够帮助他们在未来的学习和工作中更好地适应不断变化的环境和需求。

（2）提升综合素质

跨学科课程体系致力于全面提升学生的综合素质与创新能力，使他们在掌握专业知识的同时，也能够具备良好的人文素养、团队协作能力以及解决问题的能力。通过这种综合性的教育方式，学生不仅能够深入理解各个学科的核心知识，还能在实践中培养出跨学科的思维方式和解决问题的方法。这种综合素质的培养有助于学生在未来的职业生涯中更好地适应各种复杂多变的工作环境，应对各种挑战，成为具有竞争力的复合型人才。跨学科课程体系通过整合不同学科的知识和方法，鼓励学生在学习过程中主动探索、积极思考，从而培养他们的创新意识和批判性思维。例如，在学习某一专业课程时，学生不仅会接触到该学科的基础理论和应用技术，还会通过案例分析、项目研究等方式，了解该学科与其他学科之间的联系和互动。这样，学生不仅能够掌握专业知识，还能在实践中学会如何将不同学科的知识融会贯通，形成综合性的解决方案。跨学科课程体系还特别强调团队协作能力的培养。在许多课程项目中，学生需要与来自不同专业背景的同学合作，共同完成任务。这种合作不仅能够锻炼学生的沟通能力、协调能力和领导能力，还能帮助他们在团队中学会倾听、尊重和理解他人的观点和想法。通过这种团队合作的实践，学生能够更好地适应未来职场中的团队工作环境，提高工作效率和团队凝聚力。

跨学科课程体系通过综合性的教育方式，不仅使学生掌握了扎实的专业知识，还培养了他们的人文素养、团队协作能力和解决问题的能力。这种综合素质的培养，使学生在未来的职业生涯中能够更好地适应各种工作环境，应对各种挑战，成为具有竞争力的复合型人才。

（3）增强实践能力

通过实施跨学科课程体系，学生们能够获得更加丰富的实践机会，从而将他们在课堂上学到的理论知识与实际操作相结合，多角度提升他们的实践能力。这种结合不仅有助于学生们更好地理解和掌握知识，还能提高他们的实际操作能力。例如，将信息技术与财经知识相结合，学生们可以参与到真实的项目中，通过实际操作来解决实际问题。他们可以开发金融数据分析系统，利用大数据技术进行市场预测，或者参与编写财务报告软件。这些实践经验不仅能够增强学生的动手能力，还能提高他们的就业竞争力，使他们在未来的职业生涯中更具优势。跨学科课程体系的实施，不仅有助于学生全面发展，还能培养他们的创新思维和解决问题的能力。通过这种课程体系，学生们可以在不同学科之间建立联系，从而更好地理解各个学科之间的相互作用。这种跨学科的学习方式能够激发学生的创造力，使他们能够从不同的角度思考问题，并找到更加全面和创新的解决方案。跨学科课程体系的实施能够为学生提供更多的实践机会，增强他们的动手能力和就业竞争力，培养他们的创新思维和解决问题的能力，从而为他们的未来发展打下坚实的基础。

（4）促进教师合作

构建和实施跨学科课程体系不仅能够促进教师之间的合作与交流，还能进一步提升教学质量和效果。不同专业的教师可以深入合作，共同设计课程内容，分享各自的教学经验和方法。这种教师团队的合作模式有助于形成更加开放和创新的教学氛围，进一步推动学科交叉融合的深入发展。

通过这种合作，教师们可以互相借鉴和学习，不断改进自己的教学方法，从而更好地满足学生的需求。在跨学科课程体系的构建需要各个学科的教师共同参与，从课程设计到教学实施的每一个环节。教师们可以定期召开研讨会，讨论课程目标、教学内容和方法，确保课程内容的多样性和综合性。在这样的过程中，教师们可以分享各自学科的独特视角和教学技巧，从而丰富课程内容，提高教学效果。实施过程中还需要教师们在课堂上进行有效的合作教学。例如，不同学科的教师可以共同授课，将各自学科的知识点融入课程中，使学生能够在一个课程中同时学习到多个学科的知识。这种合作教学不仅能够激发学生的学习兴趣，还能帮助他们建立跨学科的思维方式，培养综合解决问题的能力。

构建和实施跨学科课程体系能够为教师提供一个广阔的合作平台，促进不同学科之间的交流与融合，教师们可以不断提升自己的教学水平，更好地满足学生的学习需求，从而推动教育质量的全面提升。

（5）与行业紧密合作

跨学科课程体系的实施不仅能够促进学校与行业的紧密合作，还能够进一步加强双方的互动与交流。通过与企业合作开展各类项目，学校可以更加深入地了解行业的需求和动态，从而及时调整和优化课程设置，确保培养出的学生能够满足市场需求，具备高素质和综合能力。这种紧密的合作关系使得学校能够更好地为学生提供实践机会，增强他们的实际操作能力和解决问题的能力。企业通过参与课程设计和项目指导，不仅可以为学生提供宝贵的实践经验，还能够提前发现和吸引优秀的人才资源。企业可以将自身的实际需求和行业发展趋势融入课程内容，使学生在校期间就能接触到最前沿的知识和技术。这种校企合作模式不仅有助于学生的职业发展，也为企业提供了源源不断的人才支持，实现了校企双赢的局面。通过这种合作，学校和企业可以共同推动教育与产业的深度融合，为社会培养出更多具有创新精神和实践能力的高素质人才。

（6）增强就业竞争力

随着毕业生规模不断扩大，就业市场竞争也愈发激烈，企业对于人才的需求也在不断变化。在这种背景下，具备跨学科知识与技能的复合型人才逐渐成为企业争相抢夺的对象。这些复合型人才不仅掌握某一领域的专业知识，还具备其他学科的背景和技能，能够更好地适应复杂多变的工作环境。另外，企业现在越来越重视员工的综合素质和创新能力，因为这些能力直接关系到企业的竞争力和发展潜力。

跨学科课程体系的实施，对于提升学生的就业竞争力和职业发展潜力具有重要作用。通过跨学科学习，学生能够拓宽知识面，增强综合分析和解决问题的能力，学生跳出了单一学科的框架，将不同学科的知识融会贯通，从而培养出更具创新性和适应性的思维方式。同时，跨学科课程体系也是培养学生综合素质和创新能力的有效途径。通过跨学科学习，学生不仅能够掌握专业知识，还能培养批判性思维、团队合作、沟通协调等多方面的能力。这些能力在实际工作中具有极高的应用价值，能够帮助企业在激烈的市场竞争中脱颖而出。跨学科课程体系的实施不仅有助于学生个人的全面发展，也为企业的长远发展提供了有力的人才支持；通过这种课程体系，学生能够在就业市场中更具竞争力，企业也能够获得更具创新能力和综合素质的员工，从而实现双赢的局面。

通过构建和实施跨学科课程体系，财经类职业院校能够充分发挥“双向赋能，技能交叉”的人才培养效果，实现信息技术类专业与财经类专业的深度融合，从而培养出更多具有综合素质和竞争力的财经类及信息技术类复合型人才。

5. 跨学科课程体系面临的困难与挑战

虽然跨学科课程体系在人才培养过程中具有种种优势，但在跨学科课程体系实施过程中也面临着许多困难与挑战。例如，如何确保不同学科之间的有效融合与创新？不同学科之间存在着知识体系、思维方式和研究方法的差异，如何在这些差异中找到共同点，实现学科间的有效融合？如何创新教学方法，使学生能够在跨学科学习中获得真正的创新能力和综合素质的提升？如何有效利用教学时间，在不加大课时量的同时，使学生掌握更多领域的专业知识与技能？这些问题都是需要在实践中不断探索与解决，以实现跨学科课程体系的真正价值。为了应对跨学科课程体系实施过程中的挑战，总体可以从以下几个方面进行改进和优化。

（1）加强学科间的沟通与协作

为了确保不同学科之间的有效融合与创新，需要采取有效的措施来加强学科间的沟通与协作。这不仅有助于推动学术研究的深入发展，还能为学生提供更加丰富和多元的学习体验，培养他们的创新思维和综合能力。

定期举办跨学科研讨会。这是一种切实可行的方式，通过邀请来自各个学科的专家学者共同参与，为他们提供一个交流思想、分享研究成果的平台。专家们可以深入探讨学科之间的交叉点和结合点，寻找融合创新的途径；通过面对面的交流和碰撞，往往能够激发出新的灵感和创意，推动学科间的协同发展。

组建跨学科教学团队。这也是加强学科融合与创新的重要举措，团队应该由来自不同学科背景的教师组成，他们共同设计课程内容和教学方法，确保学科间的知识能够相互渗透、相互支撑；在团队合作中，教师们可以互相学习、互相借鉴，将各自学科的优势和特点融入课程教学中，学生也就能够获得更加全面和深入的知识体系，不再局限于某一学科的狭窄领域。跨学科教学团队的成功运作，不仅取决于团队成员的共同努力和协作精神，还需要学校和各部门的支持和引导。学校可以出台相关政策，鼓励教师参与跨学科教学和研究工作；校内各部门则可以通过设立项目与划拨专项基金的方式支持跨学科项目的开展和推广，为跨学科教学团队提供更加良好的发展环境和条件。

加强学科间的沟通与协作，不仅有助于推动学术创新，还能为学生提供更加丰富和多元的学习体验。在跨学科的学习环境中，学生可以接触到不同学科的思维方式和研究方法，拓宽他们的视野和思维方式，跨学科的学习经历也将有助于培养学生的创新思维和综合能力，使他们能够更好地应对未来复杂多变的挑战。

（2）构建科学的评估体系

为了全面评估和衡量跨学科课程的教学效果与质量，构建一个科学而系统的评估体系显得尤为重要。这一体系应当涵盖多种评估方法，以确保能够从不同角度和维度全面考查学生在跨学科学习过程中的表现和进步。

课堂表现评估。通过对学生在课堂上的参与度、互动频率以及对课程内容的理解和掌握情况进行观察和记录，可以直观地了解学生的学习态度和课堂表现；教师可以通过提问、讨论和小组活动等方式，进一步激发学生的积极性和主动性，从而更准确地评估他们的课堂表现。

作业完成情况评估。通过布置不同类型的作业，如书面作业、实验报告、案例分析等，教师可以检验学生对课程知识的掌握程度以及他们的分析和解决问题的能力。同时，作业的完成质量、创新性和实用性也是评估的重要方面。

项目实践成果评估。这种方式能够检验学生将理论知识应用于实际问题解决中的能力。通过团队合作完成的项目，学生不仅能够锻炼自己的团队协作能力，还能在实践中深化对跨学科知识的理解和应用。教师在评估时，需要关注项目的创新性、实用性和完成度等多个方面。

结课考试评估。通过设计综合性的考试题目，可以全面考查学生对跨学科课程知识的掌握情况，以及他们的综合分析和解决问题的能力。结课考试的形式可以多样化，如闭卷考试、开卷考试、口试等，以适应不同学科的特点和要求。

为了更全面地反映跨学科课程的教学效果和质量，可以引入多方面的评价主体。除了教师的评价外，还可以邀请学生进行自我评价和互评，以了解他们对自己学习过程和成果的认识和反思。同时，用人单位的评价也是一个重要的参考，他们可以从实际工作需求的角度，评价学生在跨学科学习中所获得的知识和技能是否符合实际工作的需要。通过综合这些多方面的评价，可以更全面地了解和改进跨学科课程的教学效果和质量。

（3）创新教学方法与手段

传统的教学方法已经难以满足学生多样化的学习需求，为了激发学生的学习兴趣与参与度，教学方法与手段的创新显得尤为重要。教师们需要积极创新教学方法与手段，以激发学生的学习兴趣，提高他们的参与度，从而培养出更多具有创新精神和实践能力的人才。创新教学方法的核心在于“以学生为中心”，注重培养学生的自主学习能力和问题解决能力，项目式学习和问题导向学习就是非常有效的教学方法。

项目式学习。这是强调学生在真实情境中，通过团队合作完成一个具体项目，从而在实践中学习跨学科的知识和技能。这种方法不仅能够激发学生的学习兴趣，还能培养他们的团队协作能力、项目管理能力和创新思维。例如，在大数据分析的课程中，教师可以指导学生模拟一个股票市场，通过观察和记录股票价格的波动情况，采集相关数据，进行数据可视化分析，学生需要运用经济学、统计学、信息技术等多学科的知识，同时还需要考虑如何优化投资策略，提高投资组合的稳定性。

问题导向学习。这是以问题为核心，引导学生通过自主探究和合作学习，找到解决问题的方法。这种方法能够培养学生的批判性思维和解决问题的能力。例如，在数据结构课程中，教师可以提出一个与现实生活相关的问题，例如“如何设计一个最优的物流配送路线”，然后引导学生运用数据结构知识进行建模和求解。在这个过程中，学生需要分析问题、收集信息、建立模型、进行求解和验证结果，从而全面锻炼他们的专业思维和问题解决能力。

教学手段创新。除了创新教学方法外，院校还应该充分利用信息技术手段为学生提供更加丰富、直观的学习资源和体验。在线学习平台能够打破时间和空间的限制，让学生随时随地进行自主学习，它还提供了在线讨论、实时答疑、作业提交和批改等丰富的互动功能，能够增强学习的互动性和趣味性，提高学生的学习效果。虚拟现实技术能够为学生提供沉浸式的学习体验，让他们在虚拟环境中进行实践操作和探究。例如，在信息安全课程中，学生可以通过虚拟现实技术进入虚拟网络环境进行安全演练，他们可以在虚拟网络环境中自由地选择安全工具、模拟攻击场景并观察防御效果。这种学习方式不仅能够提升学生的安全技能和防范意识，还能激发他们的学习兴趣和探索欲望。利用人工智能、大数据等先进技术还可以对学生的学习过程进行智能分析和个性化推荐，通过分析学生的学习数据和行为习惯，教师可以了解他们的学习需求和兴趣点，并为他们提供个性化的学习资源和建议，这种个性化的学习方式能够更好地满足学生的需求，提高他们的学习效果和满意度。

创新教学方法与手段是激发学生学习兴趣和提高他们参与度的关键。通过采用项目式学习、问题导向学习等多样化的教学方法，并结合多种结合信息技术的教学手段应用，教师可以为学生提供更加丰富、直观和个性化的学习资源和体验。这些创新的教学方法和手段不仅能够提高学生的学习效果和学习兴趣，还能培养他们的自主学习能力和问题解决能力，为他们的未来职业发展奠定良好基础。

(4) 加强师资队伍建设

跨学科课程体系的实施需要一支具备跨学科知识和能力的师资队伍。这一需求不仅关乎课程体系的成功构建，更是培养学生综合素质、提升教育质量的关键所在。因此，加强师资队伍建设，提高教师的跨学科素养和教学能力，成为当前教育改革的重要任务。

跨学科培训与交流。鼓励财经类与计算机类专业教师共同参加跨学科培训和学习交流活动，是提升师资队伍跨学科能力的有效途径。这不仅能够帮助教师拓宽学术视野，了解不同学科的前沿动态，还能促进教师之间的思维碰撞，激发创新灵感；通过跨学科的学习和交流，教师们可以更加深入地理解不同学科之间的内在联系，从而更好地将跨学科知识融入课堂教学，提升教学效果。

引进跨学科专业人才。从金融科技、财经信息化等企业引进具有跨学科背景的管理人才和技术人才作为专、兼职教师，也是加强师资队伍建设的重要举措。这些人才通常具有丰富的实践经验和深厚的专业背景，他们能够将行业前沿的技术和管理理念带入课堂，为学生提供更加贴近实际的教学内容。同时，他们的加入还可以为跨学科课程体系提供更加丰富的教学资源和支持，促进课程体系的不断完善和优化。

组建跨学科教学科研团队。建立整合不同学科的资源和优势的跨学科教学科研团队，激励来自计算机、财经、金融、审计等不同专业的教师积极参与，通过这种跨学科的合作，教师们可以携手开展纵向和横向的科研项目，同时在教学改革方面进行深入研究。团队教师可以相互学习，相互启发，从而不断提升自己的跨学科研究能力和教学水平。这种合作不仅有助于教师个人的专业成长，还能为职业院校带来更多的科研成果和教学创新。团队成员通过合作可以为合作企业提供技术服务，帮助企业解决实际问题，推动产学研深度融合。通过这种跨学科的合作模式，教师们可以更好地适应现代社会对复合型人才的需求，培养出更多具有综合素质的学生，也能为学校带来更多的校企合作机会和外部资源，提升学校的整体实力和影响力。

跨学科教学观摩。定期组织跨学科教学观摩活动，为教师们提供有效展示平台，使他们有机会亲自观摩其他学科的课堂教学过程。通过这种观摩，教师们能够深入了解和观察不同学科的教学方法和技巧，他们不仅能够观察到其他学科教师如何组织课堂、如何与学生互动，还能学习到其他教师在教学过程中运用的各种创新手段和策略。这种学习和借鉴的过程，有助于教师们拓宽视野，跳出自己学科的局限，从而丰富和提升自己的教学手段和方法，并促进教师之间的相互理解和合作，获得新的教学灵感和启示，共同推动教育教学质量的提升。

跨学科教学竞赛。在各个职业院校中，教学能力竞赛是一项备受重视的教学成果。通过组建跨学科的教师参赛团队，这些团队在比赛中往往更具优势，更有可能取得优异的成绩。跨学科团队的教师们来自不同的学科背景，能够带来多样化的教学方法和思维方式，从而在竞赛中展现出更强的综合实力；在竞赛过程中，教师们不仅能够相互学习、相互竞争，还能在实践中不断反思和改进自己的教学方法；这种竞赛氛围有助于激发教师们的创新精神，促使他们不断探索更有效的教学策略；竞赛也为教师们提供了一个展示自己教学成果的平台，使他们能够获得更多的认可和鼓励。这种竞赛还能够促进教师之间的交流与合作，打破学科间的壁垒，形成一个更加开放和包容的教学环境。通过这种跨学科的合作，教师们可以更好地整合不同学科的知识，为学生提供更加全面和深入的学习体验。最终，这种竞赛不仅提升了教师的教学能力和水平，也为学生带来了更多的学习机会和成长空间。

加强校企合作。学校积极与金融科技、财经信息化等领域的优秀企业建立紧密的合作关系，共同开展人才培养和科研项目。通过校企合作，教师们可以更加深入地了解行业需求和发展趋势，从而将行业前沿技术和理念融入课堂教学，提升学生的实践能力和就业竞争力。企业为教师提供更多的实践机会，使他们能够亲身参与企业的实际项目，了解最新的行业动态和技术发展；教师在授课过程中，能够结合实际案例，将理论知识与实践相结合，提高教学效果；教师还可以将企业的实际需求和问题带入课堂，引导学生进行深入思考和研究，培养他们的创新能力和解决实际问题的能力。企业可以为学生提供更多的实习和就业机会，学生可以在学习期间进入企业实习，了解企业文化和工作流程，积累实际工作经验。这有助于学生提前适应未来的工作环境，还能提高他们的就业竞争力；企业还可以通过校企合作项目，提前发现和培养优秀人才，为企业的长远发展储备人才资源。学校还可以与企业共同设立科研项目，将企业的实际需求转化为科研课题，推动科研成果的转化和应用。这样，职业院校的科研工作不仅能够更好地服务于社会和经济的发展，还能获得企业的支持和资助，提高科研项目的质量和效益。

建立激励机制。学校建立完善的激励机制，表彰和奖励在跨学科教学、科研以及课程建设方面取得突出成果的教师。通过正向激励机制，可以更能激发教师们的积极性和创新精神，从而推动跨学科课程体系的不断完善和发展。学校可以设立专门的奖项，如“跨学科教学优秀奖”“科研创新奖”以及“课程建设突出贡献奖”等，对在相关领域取得显著成绩的教师进行表彰。学校还可以通过提供科研经费支持、学术交流机会以及职业发展平台等激励措施，进一步激发教师们的积极性和创造力。例如，为跨学科科研项目提供更加充足的经费支持，鼓励教师们探索前沿性研究；组织定期的学术交流活动，促进教师之间的思想碰撞和合作；为表现优秀的跨学科教师提供更多晋升机会，让他们在学校的专业建设中发挥更大作用。学校还需要建立科学的评价机制，对跨学科教学、科研和课程建设成果进行客观、公正的评价，及时发现和表彰那些取得突出成果的教师，也为其他教师提供学习的榜样和示范。

（5）完善课程管理与支持体系

跨学科课程体系的建设是培养复合型人才的重要途径，特别是在财经类与信息技术类这两个紧密相连的领域，跨学科课程的实施不仅能够拓宽学生的知识面，还能够促进他们在实践中运用多学科知识解决问题的能力。因此，职业院校必须对现有的课程管理与支持体系进行完善，建立面向跨学科课程的管理与支持体系。

建立专门的跨学科课程管理机制。这个机制的核心在于明确课程的目标、内容、教学方法和评估标准。跨学科课程的目标应当旨在培养学生的综合能力，使他们能够掌握财经与信息技术两个领域的基础知识，并具备将两者融合应用的能力。因此，在课程内容的设定上，需要确保既包含财经类的基本原理和实务操作，又涵盖信息技术的相关技术和应用。教学方法的选择也非常重要，传统的讲授式教学无法满足跨学科课程的需求，需要探索更加灵活多样的教学方式，如案例教学、项目驱动教学等，以激发学生的学习兴趣和主动性。评估标准的制定也是确保课程质量的关键，学校需要建立一套科学、全面的评估体系，对学生的知识掌握、能力发展和综合素质进行全面评价。

提供必要的教学资源和支持。这些资源包括教学设备、实验条件和学习资料等。在教学设备方面，需要确保学生能够接触到先进的财经虚拟仿真平台和信息技术工具，以便他们能够在实践中学习和应用所学知识；在实验条件方面，通过设立专门的校企合作实验室或实践基地，为学生提供更加真实的学习场景和机会，使他们能够更好地理解和掌握跨学科知识。在学习资料方面，丰富多样的学习资料也是提升教学质量的重要保障。学校需要为学生提供包括教材、参考书、在线课程等多种形式的学习资源，以满足他们不同层次和需求的学习。

建立激发学生的机制。为了确保跨学科课程体系的成功实施，建立一套能够有效激发学生学习兴趣和参与度的机制是十分必要的。学生作为课程实施的主体，他们的积极性和投入程度直接决定了课程效果的好坏。因此，激发学生的学习热情和参与意愿显得尤为重要。然而，跨学科课程往往涵盖广泛的知识领域，这会给学生带来一定的压力和困惑，从而影响他们的学习兴趣和参与度。为了解决这个问题，学校需要设计出既有趣又富有挑战性的课程内容，以吸引学生的注意力并激发他们的学习动力。同时，学校需要创造良好的学习氛围，提供支持性和包容性的学习环境，让学生感到舒适和自信。学校还应提供有效的学习支持和指导，帮助学生克服学习过程中遇到的困难，确保他们能够顺利地掌握跨学科知识。在实践中，学校需要不断探索和解决如何激发学生学习兴趣和参与度的问题，包括定期评估课程内容的吸引力，调整教学方法以适应不同学生的需求，以及提供个性化的辅导和支持。通过这些努力，财经类职业院校不仅可以促进跨学科课程体系的顺利实施，还能真正激发学生的潜力，培养出更多综合素质优秀和创新能力强的毕业生。

评估教学效果与质量。跨学科课程体系的教学效果与质量评估不仅仅是一个单一学科的问题，而是涉及多个学科的知识和技能，需要结合财经、金融、信息技术等各学科的特点和要求，从多学科角度评估学生的学习效果和进步。单一的笔试或作业评分等传统的方式往往只关注某一学科的知识点，而忽视了学科间的联系和综合应用能力的培养，无法全面反映学生在跨学科学习中的表现和进步。学校需要开发新的评估工具和方法，这些工具和方法应当针对财经类与信息技术类学科融合的特点进行设计。此外，还可以引入同行评审和自我评估的方式，让学生在学习过程中相互学习、相互评价，提高他们的批判性思维和自我反思能力。通过这些新的评估工具和方法，学校可以更全面、更科学地评估跨学科课程的教学效果与质量，从而为学生提供更高质量的教育体验。

建立有效的反馈机制。为了确保跨学科课程的成功实施，建立有效的反馈机制至关重要。跨学科课程的开展是一个持续探索和不断改进的过程，学校必须及时收集来自学生和教师的反馈意见，以便了解他们在学习和教学过程中遇到的具体问题和困难。通过这种方式，学校可以及时进行必要的调整和改进，确保课程的顺利进行。为了收集这些反馈信息，可以采取发放问卷调查、组织座谈会等多种方式。问卷调查可以设计成多种形式，如纸质问卷、电子问卷等，以便覆盖更多的学生和教师；座谈会需要从多个层面开展，为更多的不同类型群体提供面对面交流的机会，让参与者更深入地讨论遇到的问题和建议。学校还需要定期进行课程评估，以便全面了解跨学科课程的实施效果，对课程的优缺点进行总结和分析。学校通过反馈机制可以更好地把握课程的发展方向和重点，及时调整课程设置，优化教学方法，从而提高课程质量和教学效果。

三、灵活选课与技能组合

信息技术的迅猛发展促进知识的更新速度日益加快，传统的教育模式已经难以满足学生对个性化学习和自主学习的需求，更不能适应跨学科教育教学体系的构建与实施。因此学校需要积极进行深度改革与全面创新，构建一个能够提供灵活选课机制与技能组合的教育体系，以增强学生的自主学习能力和个性化发展。

（1）满足学生个性化需求的灵活选课机制

传统的教学模式往往忽视了学生的个体差异，将所有学生置于相同的教学框架中，使得他们在学习过程中缺乏自主性和选择权。这种模式下，学生往往被迫接受相同的教学内容和进度，无法根据自己的兴趣爱好和学习进度进行灵活的选择和调整。这种单一的教学模式不仅限制了学生的个性化发展，还可能导致学生对学习的兴趣逐渐减弱，一些学生可能会因为课程难度过高而感到挫败，而另一些学生则可能因为课程过于简单而感到无聊。无论是哪种情况，都会影响学校学习效率的提升。因此，学校有必要建立一个灵活的选课机制，允许学生根据自己的兴趣和学习需求，自主选择适合自己的课程模块进行学习。

灵活选课机制的特点。学校引入更加灵活的选课机制，让学生根据自己的兴趣爱好、学习能力和未来发展方向，自主选择课程模块。例如，学生可以选择自己感兴趣的学科进行深入学习，或者根据自己的薄弱环节选择相应的补习课程。通过这种方式，学生可以在学习过程中发挥更大的主动性和积极性，从而更好地掌握知识，提高学习效率。灵活的选课机制可以促进学生的全面发展，学生不再局限于传统的学科分类，而是可以根据自己的兴趣和需求，跨学科选择课程。这样不仅可以拓宽学生的知识面，还可以培养他们的综合能力和创新思维。例如，财经类和信息技术类的学生可以选择结合科学、技术、工程和数学（STEM）的课程，在实践中培养解决复杂问题的能力。灵活的选课机制对于激发学生的学习兴趣、提高学习效率以及促进学生的个性化发展具有重要意义，学校通过这种机制可以更好地满足学生的多样化需求，为他们的未来成长奠定坚实的基础。

灵活选课机制的核心。“灵活”是这种选课机制的核心，学校需要提供丰富多样的课程模块，这些课程模块不仅应涵盖财经、信息技术等不同学科领域，还应包括不同难度层次的课程，以满足不同学生的需求和兴趣。例如，对于对金融领域感兴趣的商贸类专业学生，学校可以提供从基础的会计学、经济学原理到高级的金融工程、投资分析等课程；对于对信息技术感兴趣的会计专业学生，学校可以提供从基础的信息技术导论、编程语言到大数据可视化、生成式人工智能等课程。选课系统还应具备智能化和人性化的特点，能够根据学生的选课记录、成绩数据以及个人兴趣爱好，为他们提供个性化的课程推荐和学习建议。例如，如果一个学生在大一选修了基础的编程课程并取得了优异的成绩，系统可以推荐他在大二进一步学习更高级的编程语言或软件开发课程。此外，学校还应允许学生在一定范围内调整自己的课程计划，以适应个人学习进度的变化，从而更好地满足学生的学习需求。例如，如果一个学生在大一上学期发现自己的时间管理能力不足，导致某一门课程的学习效果不佳，他可以在大一下学期调整课程计划，减少选课数量，专注于提高学习效果。这种灵活的选课机制不仅有助于激发学生的学习兴趣，还能帮助他们更好地规划自己的学业进步和未来职业发展方向。

灵活选课机制的作用。通过实施灵活的选课机制，学生们能够更加自主地规划自己的学习路径，根据自己的兴趣和需求选择课程进行深入学习。自主选课的过程不仅能够激发学生的学习动力，还能显著提高他们的学习效率。学生可以根据自己的职业规划和兴趣爱好，选择那些能够帮助他们提升专业技能和知识水平的课程，从而在学习过程中获得更多的成就感和满足感。灵活选课机制有助于培养学生的自主学习能力和终身学习的习惯，学生们需要自己制订学习计划，管理学习时间，进而锻炼了他们的自我管理能力和自我驱动能力。而这些能力对于他们未来的职业发展具有重要意义，能够帮助他们在不断变化的工作环境中快速适应和成长。灵活选课机制还能促进学生之间的交流与合作，学生选择了与自己兴趣相投的课程，与有共同兴趣的同学一起学习和讨论，能够极大地增强学生之间的互动和合作，形成一个积极向上的学习氛围。

灵活选课机制可以使学生在学习过程中变得更加主动和积极，他们不再是被动接受知识的容器，而是成为主动探索知识的探索者。这种主动性和积极性将为他们的全面发展提供有力支持，使他们在技能、职业和个人成长方面都能够取得更大的成就。

（2）打造独特个人竞争力的跨学科技能组合

在知识经济时代，具备跨学科知识和技能的人才越来越受到市场的青睐。因此，学校不仅要为学生提供多样化的课程选择，还要鼓励学生进行跨学科的技能组合，将财经知识与信息技术技能相结合，形成独特的个人竞争力。

财经知识作为现代商业社会的基础学科之一，对于培养学生的经济思维、管理能力和创新思维具有重要意义。而信息技术技能则是现代社会不可或缺的一项基本技能，它能够帮助人们高效地处理信息、解决问题和创造价值。将这两门学科相结合，不仅可以拓宽学生的知识面和视野，还可以培养他们的创新能力和实践能力。

为了实现跨学科技能组合的目标，学校可以采取以下措施：一是开设跨学科课程模块，如“金融科技”“大数据与财务管理”等，将财经知识与信息技术技能融合在一起进行教学；二是组织跨学科项目或实践活动，如模拟股市投资、数据分析竞赛等，让学生在实践中学习和应用跨学科知识；三是建立跨学科导师制度，邀请不同学科的专家和教师共同指导学生进行跨学科研究和实践。

通过跨学科技能组合的培养，学生可以掌握更加全面和深入的知识和技能，提高自己的综合素质和创新能力。同时，这种跨学科的知识结构也有助于他们在未来的就业市场中脱颖而出，成为具备独特竞争力的优秀人才。

（3）灵活选课机制与跨学科技能组合的发展趋势

随着教育改革的深入推进和信息技术的不断发展，灵活选课机制与跨学科技能组合将呈现出多样化发展趋势。

选课系统将更加智能化和个性化。通过先进的数据分析和机器学习算法，选课系统能够更加精准地分析每位学生的学习需求、兴趣特点以及未来职业规划。基于这些丰富的数据，系统将能够为学生提供更加精准的课程推荐，帮助他们找到最适合自己的学习路径。选课系统可以结合学生的过往成绩、学习习惯和时间安排，提供个性化的学习建议。例如，系统可能会建议某些学生在特定时间段内专注于某一门课程，或者在学习过程中穿插一些休息和娱乐活动，以保持学习效率和兴趣。通过这种方式，选课系统不仅能够帮助学生更好地掌握知识，还能提高他们的学习积极性和满意度。

跨学科课程模块将会变得更加丰富和多样化。随着社会对具备跨学科能力的人才需求日益增长，职业院校将积极开设更多具有创新性和实用性的跨学科课程模块。这些课程可以满足学生在不同领域和学科之间的交叉学习需求，帮助他们更好地适应未来社会的多样化挑战，通过这些课程，学生不仅能够掌握多学科的知识和技能，还能培养出更强的综合分析能力和解决问题的能力。学校也会不断更新和优化课程内容，确保其与时俱进，真正满足学生和社会的实际需求。

跨学科实践项目将会变得更加广泛和深入。学校将积极与社会各界建立更加紧密的联系与合作，通过与企业、研究机构和其他教育机构的合作，为学生提供更多的实践机会和资源支持。这些机会将使学生能够在真实的社会环境中应用所学知识，从而更好地理解和掌握跨学科知识。通过这种方式，学生不仅能够将理论知识与实际问题相结合，还能培养他们的创新思维和解决问题的能力。学校将为学生提供丰富的资源，包括实验室、实习基地和项目资金等，确保他们能够在实践中充分学习和应用跨学科知识，为未来的职业生涯打下坚实的基础。

教育评价体系将变得更加全面和客观。随着教育评价技术的不断进步和创新，学校将逐步构建起一个更加全面和客观的教育评价体系，既能够全面地反映学生的学习成果，还能深入评估学生的综合素质，包括他们的知识掌握、技能运用、情感态度和创新能力等多个方面。通过这种评价体系，学校能够更好地了解每个学生的优势和不足，从而为他们提供个性化的教育支持；评价体系还能为选课系统的优化提供有力的数据支持，帮助学校更好地安排课程设置，满足学生的个性化需求；全面的教育评价体系还要为跨学科技能的培养提供重要的参考依据，促进学生在不同学科之间的知识和技能的综合运用，培养他们的创新能力和综合素质。

构建灵活选课机制与鼓励学生进行跨学科技能组合是学校推动教育改革、培养学生自主学习能力和个性化发展的重要举措。通过这些措施，学校可以为学生提供更加多样化、个性化的学习选择和发展空间，帮助他们成为具备独特竞争力的优秀人才，也有助于推动学校的教育教学改革和创新发展，提高学校的教育质量和办学水平。

第二节 “技能交叉”的教学方法与手段创新

一、新型教学方法的深度应用

数据、人工智能、云计算等现代信息技术财经与信息技术的交叉教学提供了强大的技术支持，职业院校应该探索将现代信息技术深度融入创新教学的具体方式。除了已提到的翻转课堂、虚拟现实和增强现实技术外，还可以进一步研究新的教学方法。

1. 智能辅导系统

利用人工智能技术构建智能辅导系统能够成为学生学习的重要辅助工具。它不仅能够为学生提供个性化的学习路径推荐和即时反馈，还能在很大程度上提升他们的学习效率和学习效果。

（1）智能分析学生学习行为和成绩

智能辅导系统的核心在于其对学生学习行为和成绩的智能分析能力，通过对学生学习数据的收集和分析，系统能够精准地识别出学生的学习偏好和学习难点。这种识别不仅仅是简单的数据对比，而是基于深度学习和机器学习算法的综合判断，系统能够根据学生的历史学习记录、成绩变化以及他们在不同学科或知识点上的表现，来构建出一个完整的学生学习画像。智能辅导系统根据画像，能够自动调整教学内容和难度，推送针对性的辅导资源，确保每个学生都能获得最适合自己的学习内容和学习节奏。例如，对于在财务分析中遇到困难的学生，系统可以推荐更多的案例分析或模拟练习，帮助他们通过实践来理解和掌握相关知识；而对于信息技术基础相对薄弱的学生，系统则可以提供更多编程实践和算法解析的内容，帮助他们逐步建立起坚实的学科基础。

（2）互动对话与即时反馈

智能辅导系统还能通过生成式人工智能技术，与学生进行互动对话，增强了学生的学习体验，提供了即时解答疑惑的平台。学生可以随时向系统提问，而系统则能够迅速给出准确的回答和解释，帮助学生及时解决学习中遇到的问题，避免问题积压和困惑累积。在互动对话的过程中，智能辅导系统还能够根据学生的回答和反馈，进一步调整和优化辅导策略。例如，如果系统发现学生在某个知识点上反复出错，它可以自动增加该知识点的练习量和难度，以帮助学生更好地掌握和理解；系统还能够根据学生的兴趣和学习习惯，推荐相关的拓展学习资源和活动，以激发学生的学习兴趣和积极性。

（3）数据可视化和生成学习报告

通过智能辅导系统的数据可视化和学习报告生成功能，教师可以直观地了解学生的学习进度和成绩变化，结合系统生成的详细学习报告，学校对学生的学习表现进行综合评价和分析。这些数据和报告，能够为教师提供有力的教学支持，帮助他们更好地了解学生的学习情况，制订更加科学有效的教学计划。

智能辅导系统将会在未来的教育领域发挥更加重要的作用，通过人工智能技术为学生提供了一个全面、个性化的学习支持平台，不仅能够帮助学生更好地理解和掌握知识点，还能够激发他们的学习兴趣，提高他们的自主学习能力。

2. 数据驱动的学习分析

数据驱动的学习分析作为一种新兴的教学评估与优化手段，正逐步成为职业教育领域的重要趋势。数据驱动的学习分析是通过收集和分析学生在学习过程中的各类行为数据，如学习时长、点击次数、答题准确率等，来揭示学生的学习模式和效果。这些数据通常来源于在线学习平台、课程管理系统、学习管理系统等数字化教学工具，借助大数据技术，教师可以对这些数据进行深入挖掘和分析，从而得到学生在不同学习阶段、不同知识点上的表现情况。

（1）提供教学依据

数据驱动的学习分析可以为财经类专业的教学创新提供帮助。财经类专业涉及大量的理论知识与实践应用，学生在学习过程中需要掌握复杂的经济模型、财务分析工具和金融市场动态，通过收集学生在课程学习、案例分析、模拟交易等环节的行为数据，教师可以了解学生对各个知识点的掌握程度，以及他们在解决实际问题时的思维方式和策略。例如，如果发现大部分学生在理解某个复杂的经济模型时存在困难，教师可以及时调整教学计划，增加对该模型的讲解和实例分析，帮助学生更好地理解和掌握；数据分析还可以揭示学生对不同类型学习材料的偏好，如文字材料、图表、视频等，从而指导教师选择更适合学生的教学方式，提高教学效果。

数据驱动的学习分析在计算机类专业同样具有广泛的应用前景。计算机学科强调理论与实践相结合，学生在掌握编程语言、算法设计、数据结构等基础知识的同时，还需要具备解决实际问题的能力。通过收集学生在编程练习、项目实践、在线测试等环节的行为数据，教师可以了解学生在编程技能、逻辑思维、问题解决能力等方面的表现情况。例如，如果发现学生在编写某个特定类型的程序时频繁出错，教师可以针对该问题进行重点讲解和示范，帮助学生提高编程能力；数据分析还可以揭示学生对不同编程语言和开发工具的兴趣和偏好，从而指导教师为学生提供更多样化的学习资源和实践机会，激发学生的学习兴趣和创造力。

（2）提供个性化的学习建议

数据驱动的学习分析在为教师提供科学依据的同时，也可以为学生提供个性化的学习建议；通过分析学生的学习数据和表现情况，教师可以发现学生的学习特点和优势领域，从而为学生提供定制化的学习计划和指导。例如，对于在编程方面表现突出的学生，教师可以鼓励他们参加更高层次的编程竞赛或项目实践；对于在理论理解方面存在困难的学生，教师可以为他们提供更多的辅导和支持。个性化的学习建议可以帮助学生更好地发挥自身优势，弥补不足，提高学习效率和质量。

（3）面临的困难

数据驱动的学习分析也面临一些困难和争议。一方面，数据的收集和分析需要投入大量的时间和精力，这给教师增加了很大的负担；另一方面，数据的准确性和可靠性如果存在误差或偏差，那么分析结果就可能误导教师做出错误的决策。因此，在实施数据驱动的学习分析时，需要谨慎对待数据的收集和处理过程，确保数据的准确性和可靠性，还要关注数据的隐私保护问题，避免泄漏学生的个人信息和学习数据。

数据驱动的学习分析为财经类专业与计算机类专业的教学评估和优化提供了有力的支持。通过收集和分析学生的学习数据，教师可以更全面地了解学生的学习情况和需求，从而制定更有针对性的教学策略和课程设计；学生也可以通过数据分析结果更好地了解自己的学习情况和发展方向，为未来的学习和职业发展打下坚实的基础。

3. 云教室实现远程协作学习

云计算技术的引入更是为传统的教学方式带来了革命性的变革，借助云计算技术能够构建出功能强大的云教室环境，实现跨地域、跨时间的远程协作学习，这不仅极大地拓展了学习的边界，还使得财经专业与计算机专业的“技能交叉”培养变得更加灵活高效。

（1）打破空间与时间限制

云教室的优势在于能够打破传统教室的空间和时间限制，学生们无论身处何地，都能够实时参与课堂讨论、项目合作，享受到与在教室中相同甚至更为丰富的学习体验。云教室不仅支持实时视频通话、屏幕共享、文件传输等基本功能，还提供了虚拟实验室、在线编程环境等高级功能，使得学生们在家中或其他远程地点就能进行实验操作、编程实践等学习活动，从而极大地提高了学习的便捷性和效率。

（2）实现“技能交叉”教学

在财经专业与计算机专业的“技能交叉”教学中，云教室的应用更可以发挥独特的优势。财经类专业的学生需要掌握扎实的经济学原理和金融知识，同时还需要具备一定的信息技术应用能力；计算机专业的学生则需要在掌握编程、算法等基本技能的基础上，了解财经领域的实际应用场景和需求。云教室的引入，为这两个专业的学生提供了一个完美的交叉学习平台，教师可以组织学生进行跨专业、跨地域的财经数据分析项目，通过实时协作和讨论，学生们可以共同分析经济数据、挖掘市场趋势，从而培养起敏锐的市场洞察力和数据分析能力。云教室还可以提供虚拟实验室和在线编程环境，使得学生们可以在家中进行编程实践，与同伴共同完成信息技术任务，跨学科的实践学习提高了学生们的专业技能，培养了他们的团队合作能力和创新精神。

（3）提高教学效率与效果

云教室的应用还使得财经类专业与计算机类专业的“技能交叉”教学更加灵活与高效。云教室打破了传统的课堂教学往往受到时间和空间的限制，使得教学可以随时随地进行，教师可以通过云教室发布学习任务、批改作业、进行答疑，学生可以通过云教室提交作业、参与讨论、分享学习心得。这种无缝衔接的学习方式，不仅提高了教学效率，还激发了学生们的学习兴趣和积极性。云教室还为财经类专业与计算机类专业的“技能交叉”教学提供了丰富的资源支持。云教室能够存储大量的教学资料、案例分析和实用工具，学生们可以根据自己的学习需求随时进行查阅和学习；云教室还可以连接国内外的优秀教师和行业专家，学生们可以通过云教室与他们进行交流和互动，从而拓宽自己的视野和知识面。

云计算技术助力下的云教室环境为“技能交叉”培养带来了革命性的变革打破了传统教室的空间和时间限制，提供了丰富的功能支持和资源支持，使得学生们能够享受到更加便捷、高效和灵活的学习体验。

二、项目驱动教学法的深化与拓展

在项目驱动教学法中，项目的设计至关重要。除了传统的财经数据分析、信息系统开发等项目外，为了实现财经类专业与计算机类专业的“技能交叉”的教学方法与手段的创新，还要探索更加多元化的教学项目设计。

1. 社会影响力项目

将财经与信息技术深度融合，设计具有创新特色的社会问题解决项目，如绿色金融产品设计、智能扶贫系统开发等，让学生在解决社会问题的过程中，不仅提升综合能力，还能深刻理解财经与信息技术的交叉应用。

（1）绿色金融产品设计

绿色金融产品设计项目是探索如何通过金融手段推动环境保护和可持续发展，学生们将深入了解绿色金融的概念、原则及实践案例，学习如何运用金融理论和技术手段，设计出既符合市场需求又符合环保要求的金融产品。在项目实施过程中，需要进行市场调研、数据分析、风险评估等工作，最终提出具有创新性和可行性的绿色金融产品设计方案。通过这类项目的学习，学生们能深刻体会到财经与信息技术在绿色金融领域的重要作用，提升解决实际问题的能力。

（2）智能扶贫系统开发

智能扶贫系统开发项目是利用大数据和人工智能技术，实现贫困地区的精准识别和精准帮扶。学生们将学习大数据分析、人工智能算法、软件开发等技能，结合实地调研数据，设计并开发一套智能扶贫系统。该系统将能够自动识别贫困地区和贫困人口，分析致贫原因，提出针对性的帮扶措施，并实时监测帮扶效果。在项目实施过程中，学生们将进行需求分析、系统设计、编码测试等工作，最终完成智能扶贫系统的开发和应用。

学生们也能深刻体会到财经与信息技术在扶贫领域的重要作用，提升跨学科协作和创新能力。

通过参与社会影响力项目，学生们不仅提升了综合能力，还深刻理解了财经与信息技术的交叉应用，为他们提供宝贵的实践经验，也为未来的职业生涯打下基础。职业院校应该加强与政府、企业和社会组织的合作，共同推动社会问题的解决和创新人才的培养，培养出更多具有社会责任感和创新能力的优秀人才，也是学校贯彻立德树人为根本任务的实际体现。

2. 创新创业项目

通过设计创新创业项目深度融合财经知识与信息技术，培养出具有创新思维的跨领域人才。深度融合财经知识与信息技术的创新创业项目通过市场调研、商业模式设计、技术开发等一系列实践环节，培养学生的创新思维和创业能力，为他们的职业发展奠定基础。

（1）项目定位

教师在实践教学中要鼓励学生们将财经知识与信息技术相结合，开展具有前瞻性和创新性的创业项目。财经知识为学生们提供了理解市场规律、分析财务数据、制定经营策略等关键能力；信息技术则为他们提供了实现创意、优化流程、提升效率等有力工具；跨领域的融合，拓宽了学生们的视野，让他们在实践中深刻体会到两类专业知识之间的紧密联系和相互促进。

（2）项目实施

在项目实施过程中，学生们需要进行详细的市场调研，深入了解目标市场的规模、竞争格局、消费者需求等关键信息，为项目的定位和策略制定提供有力的数据支持。他们还需要关注行业动态和政策法规的变化，及时调整项目方向，确保项目的可持续性和合规性。在项目实施过程中要注重培养学生的团队协作和沟通能力，学生们需要学会倾听他人的意见，尊重不同的观点，共同解决问题；还要学会与合作伙伴、投资者、客户等外部利益相关者进行有效沟通，建立良好的合作关系，为项目的成功实施创造有利条件。

（3）商业模式

商业模式设计是创新创业项目的核心环节，学生们结合前面所开展的市场调研的结果，设计出具有竞争力的商业模式，包括产品或服务的定位、定价策略、渠道选择、营销策略等。在这个过程中，财经知识的运用尤为重要，需要学生们运用财务分析工具，对项目的成本结构、收入来源、盈利能力等进行全面评估，确保项目的经济可行性和盈利能力。

(4) 技术开发

技术开发是实现项目创意的关键环节，学生们运用信息技术手段，开发出满足市场需求的产品或服务，还要涉及软件开发、数据分析、云计算、人工智能等多个领域的专业技能。学生们不仅需要掌握相关的技术技能，还需要具备创新思维和解决问题的能力，根据项目的实际需求，选择合适的技术框架和开发工具，不断优化产品的功能和性能，提升用户体验。

(5) 支持与保障

为了保障项目的顺利实施和成果取得，职业院校还要为学生项目提供专业的导师指导、搭建创业孵化平台、提供资金支持等全方位的支持和保障。导师具有丰富的行业经验和专业知识，能够为学生们提供有针对性的指导和建议；创业孵化平台为学生们提供了资源共享、信息交流、项目展示等便利条件；资金支持则为学生们提供了实现创意和开展项目的物质基础。

创新创业项目通过深度融合财经知识与信息技术，能够培养具有创新思维和创业能力的跨领域创新人才，这是实现“技能交叉”教学创新的重要项目，通过这种项目的培养，学生不仅可以具备扎实的专业知识和技能，还提升了团队协作、沟通能力等综合素养。

3. 跨学科竞赛项目

职业院校在培养技能型人才的过程中都在积极地参加各类技能大赛，通过“以赛代训”的形式推进实践教学的水平。为了实现“技能交叉”，跨学科竞赛是培养复合型人才的重要途径，学生通过广泛参与数据分析大赛、金融科技挑战赛等各类跨学科竞赛，通过“课赛融合”的方式激发学生的竞争意识和团队协作能力，培养学生的跨学科学习与应用能力。

(1) 实现“技能交叉”培养目标

跨学科竞赛充分利用了财经专业与信息技术专业的互补优势，将两者紧密结合，形成了独特的“课赛融合”教学模式，学生不再局限于单一学科的学习，而是能够在课堂上接触到跨学科的知识体系，并通过实际竞赛项目将所学知识进行综合运用。例如，在数据分析大赛中，学生需要运用财经知识对数据进行解读和分析，同时借助信息技术手段进行数据挖掘和可视化处理，从而得出具有实际价值的结论。“课赛融合”的教学方式不仅使学生在理论学习和实践操作中实现了无缝对接，还极大地提升了他们的跨学科学习与应用能力。

（2）培养竞争意识和团队协作能力

在跨学科竞赛中，学生的竞争意识和团队协作能力得到了充分激发。竞赛本身就是激烈的竞争，它要求学生不仅要具备扎实的专业知识，还要具备良好的心理素质和团队协作能力。在参与竞赛的过程中，学生需要面对各种挑战和困难，通过团队合作共同解决问题，从而培养了他们的竞争意识和团队协作能力；竞赛过程中的团队合作也让学生深刻体会到了沟通的重要性，学会了如何在团队中发挥自己的优势，如何与他人协作共同完成任务。这些能力都是学生在未来职场不可或缺的重要能力。

（3）培养创新思维和实践能力

跨学科竞赛还注重培养学生的创新思维和实践能力，学生在竞赛中需要不断尝试新的方法和手段来解决问题，从而培养了他们的创新思维；竞赛项目的实际应用价值能够使学生在参与项目的过程中可以将所学知识应用于实际情境中，从而提升了他们的实践能力。创新与实践相结合的教学方式，不仅使学生在学习中获得了更多的乐趣和成就感，还为他们未来的职业发展奠定了良好的基础。

跨学科竞赛通过“课赛融合”的教学模式，能够充分激发学生的竞争意识和团队协作能力，培养他们的跨学科学习与应用能力，可以很好地在财经与信息技术领域的“技能交叉”教学中取得了显著成效，不仅为学生提供了更加全面和深入的学习体验，还为他们的职业发展打下坚实基础。

三、混合式教学法与案例式教学法的融合创新

1. 混合式学习的深度整合

混合式教学法通过结合线上与线下教学的优势，为财经类专业与信息

技术类专业的“技能交叉”教学提供了更为灵活和高效的教学模式。这种教学方法不仅充分利用了线上教学的便捷性和资源丰富性，还结合了线下教学的互动性和实践性，使得学生能够在不同环境中获得最佳的学习体验；学生可以在线上自主学习理论知识的同时在课堂上与教师和同学进行深入的讨论和实践操作，从而更好地掌握财经与信息技术的交叉技能。

（1）个性化学习路径设计

在混合式学习中，学生的个性化需求和学习进度应得到充分关注。基于学生的学习习惯、能力水平和兴趣偏好，设计多样化的学习路径，以满足不同学生的需求。线上资源不仅限于基础知识的学习和巩固，还可以包括拓展阅读、专题讨论、在线测试等多种形式，以激发学生的学习兴趣和积极性；线下课堂则更多地聚焦于深度讨论、实践操作和问题解决，通过小组合作、项目展示、专家讲座等方式，增强学生的实践能力和团队协作能力。为了进一步提升个性化学习路径的效果，可以引入智能推荐系统，根据学生的学习行为和成绩，自动为其推荐最适合的学习资源和路径；通过建立学习进度跟踪机制，实时监测学生的学习情况，及时调整学习路径，确保学生始终保持在最佳学习状态。

（2）互动式学习工具的开发与应用

在混合式学习中，学校需要互动式学习工具的开发与应用，包括在线讨论区、协作编辑平台、实时问答系统等，以促进学生之间的互动和合作。例如，在线讨论区可以让学生就某个话题进行深入探讨，分享观点和经验；协作编辑平台则支持学生共同完成一个项目或报告，提升团队协作能力；实时问答系统则能够快速解答学生的疑问，提高学习效率。为了增强互动式学习工具的实用性和趣味性，可以引入游戏化元素，如积分奖励、徽章认证等，激发学生的学习动力和积极性。

（3）线上线下融合的教学活动设计

职业院校可以进行线上线下融合教学活动的设计，促进学生的深度学习和实践应用。例如，可以组织线上讲座和研讨会，邀请行业专家和学者分享财经与信息技术交叉领域的最新动态和研究成果；在线下组织实地考察和企业参访活动，让学生亲身体验企业运营和技术应用的实际场景；还可以开展线上线下结合的竞赛和项目合作，让学生在实践中锻炼团队协作和问题解决能力。为了保证教学活动的效果，还需要鼓励教师积极参与线上线下融合教学活动的设计和实施，提升其教学能力和专业素养。

2. 案例式教学的多元化应用

在财经类和计算机类专业的教学过程中，通过引入真实或模拟的案例能够让学生在解决实际问题的过程中更加深入地学习和应用所掌握的知识，将抽象的理论知识与具体的实践情境相结合，使学生在面对复杂问题时，能够灵活运用所学知识，提高解决问题的能力。在财经类专业中，案例式教学可以帮助学生更好地理解经济理论、金融工具和市场运作机制，通过分析真实的商业案例，学生可以掌握如何进行财务分析、投资决策和风险评估等实际操作；在计算机类专业中，通过模拟或真实的编程项目、系统开发和网络安全案例，学生可以将理论知识应用于实际的软件开发、系统维护和安全防护中，不仅能够提高学生的动手能力，还能帮助他们更好地理解计算机科学的基本原理和技术应用。

（1）真实企业案例的深度挖掘与应用

与企业合作，引入真实的财经与信息技术交叉案例，是案例式教学的重要组成部分。这些真实的案例应该涵盖不同行业、不同规模和不同类型的企业，以反映财经与信息技术交叉领域的多样性和复杂性。在引入真实案例时，应注重案例的时效性和代表性，确保其能够反映当前行业的最新动态和趋势。学校可以建立案例库和案例分享平台，深度挖掘和应用真实企业案例，让学生随时随地访问和学习；鼓励教师与学生共同参与案例的搜集、整理和分析工作，提升他们的实践能力和专业素养；邀请企业专家参与案例教学的设计和实施过程，提供行业视角和实践经验支持。

（2）模拟企业运营的多样化场景构建

在案例式教学中利用仿真软件或平台构建模拟企业运营环境，通过模拟企业运营的市场调研、产品设计、营销推广、财务管理等多样化场景，让学生在模拟环境中担任不同角色，体验财经与信息技术在实际工作中的应用。通过采用虚拟现实和增强现实技术构建多样化的模拟企业运营场景，为学生提供沉浸式的学习体验；结合大数据和人工智能技术，对模拟环境进行实时分析和优化，确保其能够反映真实企业的运营状况和挑战；

设计金融科技产品设计、智慧供应链管理等跨学科的模拟企业运营项目，让学生在实践中锻炼跨学科的知识整合和应用能力。

（3）案例式教学的创新与实践

除了真实企业案例的引入和模拟企业运营这两种主要的案例式教学方式外，职业院校还可以探索其他创新形式的案例式教学方法。例如，可以设计基于问题的学习（PBL）案例，让学生在解决问题的过程中学习和应用知识；开展翻转课堂形式的案例教学，让学生在课前通过视频、阅读材料等方式自主学习基础知识，在课堂上则通过小组讨论、案例分析等方式深化理解和应用。为了提升案例式教学的效果和创新性，可以建立案例教学评价机制，对学生的学习成果和实践能力进行全面评估；鼓励教师和学生共同参与案例教学的创新实践，提出新的案例和教学方法，推动案例式教学的持续发展；加强与其他高校和企业的合作与交流，共同推动案例式教学的创新与发展。

四、数字化教学平台的深化应用与拓展

1. 智能化教学平台的构建

数字化教学平台已经成为实现“技能交叉”教学的重要载体，其智能化功能的深化应用与拓展对于提升教学质量和学习效率具有至关重要的作用。通过利用先进的技术手段，数字化教学平台能够为学生提供更加丰富和多样化的学习资源，也能为教师提供更加便捷和高效的授课工具；智能化功能的进一步开发和应用，使得教学过程更加个性化和精准化，能够更好地满足不同学生的学习需求，从而显著提高学习效率。

（1）智能推荐系统的精细化与个性化

智能推荐系统不仅应基于学生的学习行为和兴趣进行课程和资源的推荐，还应考虑其学习目标和职业规划，以实现更为精细化与个性化的推荐。例如，系统可以通过分析学生的学习历史、成绩表现、兴趣爱好等多维度数据，为其推荐既符合当前学习需求又符合长远职业规划的课程和资源。智能推荐系统还可以根据学生的学习进度和反馈，动态调整推荐策略，确保学生始终能够接触到最适合自己的学习材料。

（2）互动学习工具的多元化与智能化

除了在线讨论区、协作编辑工具、在线测试系统等基本的互动学习工具外，还可以探索更多元化与智能化的工具，以丰富学生的学习体验。例如，可以开发虚拟实验室工具，让学生在虚拟环境中进行实验操作，提升实践技能；引入人工智能辅助教学工具，如智能语音助手，为学生提供实时的语音解答和指导；利用大数据分析技术，对学生的学习行为进行深度挖掘和分析，为每个学生提供定制化的学习路径和策略建议。

（3）智能化教学评估与反馈机制的建立

智能化教学平台要具备完善的评估与反馈机制，以实时监测学生的学习进度和效果，为教师提供精准的教学指导。例如，系统可以通过在线测试、作业提交、课堂互动等多种方式收集学生的学习数据，运用机器学习算法对学生的学习表现进行分析和预测，为教师提供针对性的教学建议；学生可以通过系统查看自己的学习报告和反馈，了解自己的学习情况和改进方向。

（4）智能化教学平台的持续优化与迭代

智能化教学平台的建立并非一蹴而就，而是一个需要持续进行优化与迭代的长期过程，为了确保平台能够不断适应教育需求的变化，学校应当建立一个完善的用户反馈机制。通过该机制，学生和教师能够积极地提出他们对平台的改进建议和需求，从而帮助开发团队及时了解并解决存在的问题。为了加快平台的改进速度，学校可以引入敏捷开发方法，强调快速迭代和持续改进，能够使平台在短时间内实现功能的更新和优化，确保智能化教学平台能够始终保持其先进性和实用性，为学生和教师提供更加高效和便捷的教学体验。

2. 跨平台资源整合与共享

为了实现财经领域与信息技术之间的深度融合，构建一个跨平台的资源整合与共享机制显得尤为关键。这种机制能够有效地促进不同系统和平台之间的数据互通，打破信息孤岛，提升资源利用效率；学校可以更好地整合和利用各类财经数据和信息技术资源，实现数据的无缝对接和高效共享。这种机制不仅有助于提升决策的科学性和准确性，还能推动整个行业的创新发展，为经济的可持续发展提供强有力的技术支持和信息保障。

（1）校际合作与资源共享的深度拓展

校际合作与资源共享不仅应局限于课程资源和教学平台的共享，还应拓展到师资力量、教学设备、实训基地等多个方面。学校之间可以建立校际教师交流机制，鼓励教师跨校授课和学术交流，提升教学质量和学术水平；校际共享实训基地和设备资源，让学生在不同的学习环境中接受多样化的实践训练；校际还可以探索建立学分互认机制，鼓励学生在不同学校之间选修课程，拓宽学术视野和知识面。

（2）产学研合作平台的创新与发展

产学研合作平台是实现财经与信息技术交叉融合的重要途径。为了推动产学研合作的深入发展，可以探索多种创新模式。建立产学研协同创新中心，整合高校、科研机构和企业的优势资源，共同开展前沿技术和应用研究；开展校企联合培养项目，让学生在企业实习和实践中掌握实际工作经验和技能；举办产学研交流活动，促进各方之间的沟通和合作，推动技术转移和成果转化。

（3）资源整合与共享的技术创新

跨平台资源整合与共享需要强大的技术支持和创新机制作为保障。通过建立统一的数据标准和接口规范，确保不同平台之间的数据互通和共享；运用云计算和大数据技术，构建跨平台的教学资源库和管理系统，实现资源的集中管理和高效利用；引入区块链技术，确保资源的安全性和可信度，防止数据篡改和泄漏；鼓励技术创新和应用，推动跨平台资源整合与共享的不断深入和发展。

（4）资源整合与共享政策的支持

为了进一步推动跨平台资源整合与共享的进程，确保其顺利发展，政府的支持和引导是不可或缺的。政府相关部门可以制定相关政策文件，明确指出跨平台资源整合与共享的具体目标、任务以及实施措施，将为企业和机构提供明确的指导，帮助他们更好地理解发展方向和要求；通过增加对相关项目的资金支持和税收优惠政策，降低合作各方的成本和风险，激励更多的企业和机构参与到跨平台资源整合与共享的行列中来，从而加速这一进程的发展；建立完善的评估和激励机制确保跨平台资源整合与共享的持续发展，通过定期的评估及时了解资源整合与共享的进展情况，发现存在的问题并提出改进措施。政府的政策引导和支持将为跨平台资源整合与共享提供强有力的支持，有助于形成一个良好的发展环境，推动资源整合与共享的深入发展，最终实现资源的高效利用。

五、体验式学习与实践教学的新模式

为了顺利开展财经类专业与信息技术专业的“技能交叉”教学模式，需要采用体验式学习与实践教学，让学生能够更好地理解和掌握理论知识，将这些知识应用到实际操作中，从而实现理论与实践的有机结合。这种教学方式不仅有助于学生深入理解专业知识，还能有效提升他们的创新思维和实践能力。体验式学习是指通过亲身参与和体验，使学生在实践中学习和掌握知识，激发学生的学习兴趣，提高他们的学习积极性；实践教学通过实际操作和实验，使学生在实践中学习和掌握知识，帮助学生将理论知识转化为实际操作技能，提高他们的动手能力。

1. 实地考察与现场教学

实地考察与现场教学是一种让学生亲身体验财经与信息技术交叉应用的有效方式，学生到金融机构、科技企业等实际工作场所进行考察和学习，可以直观地了解财经与信息技术在现实中的应用场景，从而增强他们的实践感知和认知。

（1）实地考察的深度挖掘

在实地考察过程中，应注重挖掘企业的核心业务和技术应用，特别是那些与财经与信息技术交叉融合紧密相关的领域。例如，在金融机构中，学生可以深入了解金融数据分析、风险管理、金融科技应用等方面的知识；在科技企业中，则可以探索大数据分析、人工智能、云计算等技术在财经领域的应用。企业专家进行现场讲解和演示，能够让学生更直观地了解企业的运营模式和技术应用；学生们进行的分组讨论和案例分析，可以引导他们深入思考财经与信息技术交叉融合的实际问题，培养他们的批判性思维和问题解决能力。

（2）现场教学的互动与反馈

在进行现场教学的过程中，应当特别重视与学生的互动和反馈环节。

通过提出问题、组织讨论、进行演示等多种方式，教师可以有效地引导学生积极参与到学习活动中来，这不仅能激发学生的学习兴趣，还能培养他们的主动性和积极性；教师还可以鼓励学生提出自己的问题和见解，促进他们与教师以及其他同学之间的交流和分享，从而形成一个积极互动的学习氛围；为了更好地了解学生们对实地考察和现场教学的真实感受和建议，教师可以设计问卷调查或开展访谈活动，收集到第一手资料，从而更准确地把握学生的需求和期望。反馈信息可以帮助教师不断优化教学内容和方法，改进教学策略，从而提升教学质量和效果，使教学活动更加贴近学生的需求，更加高效和富有成效。

2. 跨学科工作坊与实验室建设

跨学科工作坊与实验室是财经与信息技术交叉融合实践教学的重要场所。通过建设金融数据分析实验室、金融科技创新实验室等工作坊和实验室，学生可以深入理解和掌握财经与信息技术的交叉技能。

（1）工作坊的多样化与灵活性

学校可以根据不同的教学需求和目标，设计不同类型的跨学科工作坊，如财经软件开发工作坊、数据分析工作坊、金融科技应用工作坊等，学校邀请合作企业的行业专家和技术人员参与工作坊的教学和指导工作，提供更为专业和深入的教学支持。在工作坊开展人才培养过程中，应注重实践操作和案例分析的结合，通过设计实践任务和案例分析题目，引导学生将理论知识应用于实际操作中，提升他们的实践能力和问题解决能力；鼓励学生进行团队协作和项目管理，培养他们的团队合作和领导能力。

（2）实验室的创新与开放

跨学科实验室的建设应注重创新和开放，采用大数据分析平台、人工智能实验系统、云计算平台等先进的技术和设备，为学生提供更为先进和实用的实践环境。学校与企业和科研机构合作，共同开发新的实验项目和课程内容，推动财经与信息技术交叉融合的创新发展；建立实验室预约系统和资源共享机制，学生可以根据自己的学习需求和时间安排，提前预约实验室资源和使用时间，使实验室的效率得到提升。学校还要鼓励不同专业和学科的学生进行交叉学习和合作研究，促进知识的交流和融合。

3. 创业孵化与实战演练

财经知识与信息技术实现“技能交叉”必须有真实的项目和案例作为支撑，对学生创业项目的孵化与实践演练是最真实的素材。学校可以通过建立创业孵化基地或实战演练平台，鼓励学生将所学知识应用于实际项目中，提升他们的综合能力和实践经验。

（1）创业孵化的支持与引导

职业院校内的创业孵化基地可以为学生提供创业指导、资金支持、市场推广等全方位的支持和服务。通过邀请创业导师和行业专家进行培训和指导，帮助学生了解创业流程和风险管理等方面的知识；校企还可以根据项目的实际情况提供资金支持和市场推广渠道等资源，帮助学生将创业想法转化为实际项目。在创业孵化的过程中，应注重引导学生关注财经与信息技术的交叉融合点，鼓励他们探索金融科技、大数据分析、人工智能等前沿技术在创业项目中的应用和创新点，组织创业比赛和路演活动等形式的活动，为学生提供展示和交流的平台，激发他们的创业热情和创新能力。

（2）实战演练的真实与模拟结合

实战演练是提升学生实践经验和能力的重要途径。可以通过模拟企业运营、项目实战等方式进行实战演练活动。例如，可以设计金融数据分析项目、金融科技应用项目等实战任务，让学生在模拟环境中进行实际操作和问题解决。在实战演练过程中邀请企业专家进行指导和评估工作，提供更为专业和深入的反馈意见。为了提升实战演练的真实性和有效性，可以与企业合作开展联合实战项目。通过与企业合作开展实际项目合作和研究工作，让学生深入了解企业的实际需求和市场环境；将企业的实际案例和数据引入到实战演练中，提升学生的实践感知和认知能力；实战演练的评估和反馈机制能够对学生的表现进行客观评价和指导改进方向。

六、游戏化学习与激励机制

如何有效激发学生的学习兴趣和动力，是财经类专业与信息技术专业实现“技能交叉”教学，提升教学质量和学习成效的关键。游戏化学习与激励机制作为一种创新的教学策略，可以应用于这种教学方式中，以更好地激发学生的学习热情和创新能力。

1. 游戏化学习构建沉浸式学习体验

游戏化学习设计是一种将游戏元素融入学习过程的教学策略，通过创造有趣、互动和具有挑战性的学习环境，激发学生的学习兴趣和动力。

（1）积分与徽章系统的创新应用

积分与徽章系统是游戏化学习设计中常见的元素，它们能够为学生提供即时的反馈和奖励，增强他们的学习动力。为了进一步提升其效果，可以对其进行创新性的应用。例如，可以设置不同难度的任务和挑战，根据任务的完成情况和质量来分配积分；设计多样化的“学习之星”“创新先锋”等徽章，表彰学生在不同方面的优秀表现；将积分和徽章与学生的学业成绩、奖学金评选等挂钩，使其更具实际意义和价值。

（2）排行榜与竞争机制的引入

排行榜与竞争机制是激发学生学习动力的重要手段。通过排行榜展示学生在游戏化学习中的排名和成绩，可以激发学生的竞争意识和求胜欲望；团队竞赛和个人竞赛等多种形式的竞争活动，能够让学生在竞争中相互学习、共同进步；为了增加排行榜的趣味性和互动性，可以设置“挑战者”和“守擂者”等角色，让学生可以相互挑战和 PK，从而增加学习的乐趣和动力。

（3）虚拟货币与交易系统的建立

在游戏化学习中可以采用游戏中的虚拟货币与交易系统，让学生可以通过完成任务、参与活动等方式获得货币或学分奖励；通过建立交易系统，允许学生使用虚拟货币购买学习资源、道具或参与特定活动等。这种设计不仅能够增加学习的趣味性和互动性，还能够培养学生的经济意识和理财能力。

（4）沉浸式剧情与角色扮演的设计

沉浸式剧情与角色扮演是游戏化学习设计的一种创新。通过设计丰富的剧情和角色设定，让学生扮演不同的角色（如金融分析师、程序员等），在虚拟世界中完成各种任务和挑战，让学生身临其境地感受财经与信息技术交叉融合的实际应用场景，从而增强他们的实践感知和认知能力。通过角色扮演的方式，学生还可以锻炼团队协作、沟通和解决问题的能力。

2. 激励机制与成果展示提升学习成就感

激励机制与成果展示是激发学生学习热情和创新能力的重要环节，通过有效的激励措施和成果展示平台，可以增强学生的成就感和自信心，进而激发他们的学习热情和创新精神。

（1）多元化激励措施的实施

除了传统的表彰和奖励外，还可以探索更多元化的激励方式，以提升学生学习动力。例如，可以设立各类荣誉称号，对在学业成绩、创新能力、团队协作等方面表现优秀的学生进行表彰和奖励。对于获得这些称号的学生提供实习机会、参与科研项目等实质性奖励，让学生感受到学习的实际价值和意义；还可以鼓励学生参与社会实践和志愿服务等活动，培养他们的社会责任感和公民意识。

（2）成果展示平台的构建

通过精心策划和组织一系列多样化的线上展览、学术论坛、创新创业大赛等多种形式的成果展示平台，能够显著提升学生的成就感和自信心。这些平台不仅为学生提供了展示自己才华和成果的机会，还为他们创造了广泛的交流和合作空间，从而促进了知识的共享和创新思维的碰撞。为了进一步提升这些成果展示平台的效果和影响力，学校可以积极邀请来自各行各业的专家、学者以及企业代表参与评审和点评工作，不仅能为学生提供更为专业和深入的反馈和指导，还能帮助他们更好地了解行业需求和未来发展趋势，从而为他们的学术和职业发展提供宝贵的参考和指导。

（3）个性化反馈与成长记录的建立

个性化反馈与成长记录是帮助学生了解自己的学习进展和提升空间的重要方式。通过收集和分析学生的学习数据和行为模式，可以为学生提供个性化的反馈和建议，帮助他们更好地认识自己的优势和不足；建立成长记录册或电子档案袋等形式的成长记录工具，让学生可以随时查看自己的学习历程和成长轨迹。个性化反馈与成长记录的设计不仅能够强化学生的自我认知和自我管理能力，还能够为他们的未来职业规划和发展提供有力支持。

（4）社交互动与团队协作的促进

通过鼓励学生参与线上讨论、小组项目、学术沙龙等社交互动和团队协作活动，可以增进学生之间的了解和合作，培养他们的沟通能力和团队精神。这些活动还可以为学生提供展示自己才华和创造力的机会，激发他们的创新精神和求知欲望；通过建立线上社群或论坛等形式的交流平台，进一步促进社交互动与团队协作的效果和深度，让学生在轻松愉快的氛围中相互学习和交流。

3. 创新性的游戏化学习与激励机制融合策略

为了进一步提升游戏化学习与激励机制的效果和影响力，可以探索创新性的融合策略。例如，可以将游戏化学习设计与激励机制相结合起来，设计具有挑战性和趣味性的学习任务和活动，并通过积分、徽章、排行榜等游戏化元素来激励学生的参与和投入；将成果展示平台与激励机制相融合起来，让学生展示自己的学习成果和创新项目并获得相应的奖励和认可；利用大数据和人工智能技术来分析学生的学习行为和成果数据，为他们提供更为精准和个性化的反馈和建议。

游戏化学习与激励机制作为一种创新的教学策略，通过构建沉浸式的游戏化学习环境和建立有效的激励机制与成果展示平台等措施的实施和创新性融合策略的探索与应用，可以激发学生的学习兴趣和动力、提升他们的实践能力和创新能力、培养他们的团队协作和沟通能力等多方面的能力和素质。这些策略和措施的实施将有助于推动财经与信息技术实现“技能交叉”融合教学实践的发展和技能型创新人才的培养。

第三节 实践教学体系构建

在财经类专业与信息技术类专业的“技能交叉”教学实践中，构建一套完善且富有创新性的实践教学体系至关重要。这不仅能够提升学生的实际操作能力，还能促进理论知识与实践技能的深度融合。通过构建校企合作模式、建设实训基地与项目驱动教学、创新教学方法与手段等工作，最终实现“技能交叉”的职业院校人才培养目标。

一、校企合作搭建“技能交叉”桥梁

校企合作是实践教学体系构建中不可或缺的一环。通过与企业的深度

合作，可以为学生提供一个真实或模拟的工作环境，让他们在实践中深化对理论知识的理解，同时积累宝贵的项目经验和职业素养。

1. 共建财经信息技术实训基地

与企业合作共建财经信息技术实训基地，是实践教学体系构建中的关键内容。这些基地不仅应涵盖财经业务的各个方面，还应融入信息技术的实际应用场景，以实现财经与信息技术的深度交叉融合。在基地的建设过程中，可以引入企业的真实数据和业务流程，让学生在实际操作中感受财经与信息技术的紧密联系。

为了进一步提升实训基地的教学效果，学校需要以聘任产业教授、企业导师、兼职教师等形式邀请企业专家参与课程设计和项目指导。企业专家具有丰富的实践经验和前沿的行业知识，他们的参与能够确保教学内容的实用性和前沿性；在与企业的合作过程中，企业专家还可以为学生提供实习和就业机会，帮助他们更好地融入职场。

2. 校企合作项目驱动教学

项目驱动教学是一种有效实现“技能交叉”的教学方法，它能够让学生在完成实际项目的过程中深化对理论知识的理解，并提升实践操作能力。在校企合作模式下，校内外专兼职教师可以共同开发一系列具有挑战性和实用性的、涵盖财经与信息技术各个方面的跨学科项目，这样能够激发学生的学习兴趣和创造力。

在项目实施过程中，学生将与企业专家和教师紧密合作，共同解决项目中的实际问题。在提升学生的团队协作和沟通能力的同时，还能让他们在实践中积累宝贵的项目经验。学生们通过参与企业项目，还能充分了解行业趋势和技术发展动态，为未来的就业与职业发展打下良好基础。

二、实训基地深化“技能交叉”实践

实训基地和项目驱动教学在“技能交叉”实践教学体系是两个核心要素。实训基地提供了一个真实的实践环境，让学生能够在实际操作中掌握和应用所学知识；项目驱动教学则通过具体的项目任务，激发学生的主动性和创新精神，使他们能够在解决问题的过程中深入理解和掌握知识。这两个要素相互促进、相辅相成，共同推动了财经与信息技术的深度交叉融合。

1. 模拟真实工作场景和业务流程

在实训基地的建设过程中，注重模拟真实工作场景和业务流程是十分重要的。这一环节不仅关乎学生们能否全面、深入地了解职场环境和工作要求，更是提升他们实践操作能力和职业素养的关键所在。为了实现这一目标，学校必须精心构建实训基地，使其能够尽可能地还原真实的工作场景和业务流程。可以引入企业的真实数据和业务流程，让学生们在模拟的环境中进行实践操作，他们亲身体验到职场中的实际工作场景，从而更好地理解和掌握各种工作技能和知识。

随着科技的不断发展，新的技术和工具层出不穷，因此实训基地的建设还应注重配备先进的信息技术和财经类工具。学生们只有接触到最前沿的技术和工具，才能在未来的职场中抢占有利位置。学校在资源允许的情况下，必须确保实训基地中的信息技术和财经类工具的先进性，以满足学生们的学习需求。先进的工具和技术的应用会极大地助力学生们深化对财经与信息技术交叉领域的理解，他们只有掌握了这个领域的核心知识和技能，把握财经与信息技术的融合的趋势，真正成为跨学科技能人才。实训基地还应定期邀请企业专家举办讲座和指导，让学生们能够及时了解行业动态和最新技术，从而不断提升自己的职业素养和实践操作能力。

2. 参与信息类或财经类企业的实际项目

参与信息类或财经类企业的实际项目是实训基地教学的重要组成部分。通过参与企业项目，学生可以在实践中深化对理论知识的理解，并积累宝贵的项目经验和职业素养。这些项目应具有挑战性和实用性，能够激发学生的学习兴趣和创造力。

在项目实施过程中，学生将与企业专家和教师紧密合作，共同解决项目中的实际问题。这种合作不仅能够提升学生的团队协作和沟通能力，还能让他们在实践中了解行业趋势和技术发展动态。此外，通过参与企业项目，学生还能拓宽视野、增长见识，为未来的职业发展奠定坚实基础。

3. 定期举办技能竞赛和项目展示活动

为了激发学生的学习兴趣和创造力，推动他们不断追求卓越，可以定期举办技能竞赛和项目展示活动。这些活动不仅可以为学生提供展示自己才华和创造力的平台，还能促进他们之间的交流和合作。

在技能竞赛中，学生可以展示自己的实践操作能力和创新思维。通过参与竞赛，他们不仅可以锻炼自己的技能水平，还能了解行业内的最新技术和趋势。同时，竞赛还能激发学生的竞争意识和求胜欲望，推动他们不断挑战自我、追求卓越。

项目展示活动则是学生展示自己项目成果和团队协作能力的平台。通过参与项目展示活动，学生可以分享自己的项目经验和学习心得。这种分享不仅能够促进他们之间的交流与合作，还能让他们在实践中深化对理论知识的理解并积累宝贵的项目经验。

三、教学方法创新推动“技能交叉”深度融合

在实践教学体系构建过程中，还可以探索更多创新性的教学方法与策略，以推动财经与信息技术的深度交叉融合。

1. 翻转课堂与混合式学习

翻转课堂是一种将传统课堂教学模式颠倒过来的教学方法。在这种模式下，学生在课前通过视频、阅读材料等方式自主学习基础知识；在课堂上则通过小组讨论、案例分析、实践操作等方式深化理解和应用。混合式学习则是将线上与线下教学资源相结合的一种教学模式。通过引入在线学习平台和虚拟仿真平台等线上资源，学生可以随时随地进行自主学习和实践操作；同时，线下课堂则侧重于深度讨论、项目合作和问题解决等方面。

翻转课堂与混合式学习相结合的教学模式可以为学生提供更加灵活多样的学习体验。在这种模式下，学生可以根据自己的学习进度和需求选择合适的学习资源和方法；同时，教师也可以根据学生的学习情况提供个性化的指导和支持。这种教学模式不仅有助于提升学生的自主学习能力和团队协作能力，还能促进财经与信息技术的深度交叉融合。

2. 基于项目的学习与基于问题的学习

基于项目的学习（Project - Based Learning，PBL）是一种以学生为中

心的教学方法。在这种模式下，学生围绕一个具体的项目或问题展开学习活动。通过参与项目的策划、实施和评估等过程，学生可以在实践中深化对理论知识的理解并积累宝贵的项目经验。基于问题的学习（Problem - Based Learning，PBL）则是一种通过解决问题来驱动学习的方法。在这种模式下，学生首先面临一个复杂的问题或情境；然后通过分析问题、收集信息、制定解决方案等过程来深化对理论知识的理解并提升实践操作能力。

基于项目的学习与基于问题的学习相结合的教学模式可以培养学生的创新思维和问题解决能力。在这种模式下，学生需要不断思考、探索和实践才能找到解决问题的最佳方案。这种过程不仅能够激发学生的求知欲和创造力，还能促进他们对财经与信息技术交叉领域的深入理解。

3. 跨学科团队协作与跨界融合

跨学科团队协作是推动财经与信息技术深度交叉融合的重要途径。通过组建跨学科团队，学生可以在实践中深化对不同学科知识的理解并提升团队协作能力。在团队中，每个学生都可以发挥自己的专业优势并与其他成员共同协作解决问题。这种团队协作不仅能够提升学生的专业素养和实践能力，还能促进他们对财经与信息技术交叉领域的全面理解。

此外，还可以探索跨学科课程与项目的跨界融合。通过引入其他学科的知识和方法来丰富财经与信息技术的教学内容和方法。例如，可以将数学、统计学等学科的知识应用于金融数据分析中；或者将计算机科学、人工智能等领域的技术应用于金融科技产品的开发中。这种跨界融合不仅能够拓宽学生的知识视野和思维方式，还能促进他们对财经与信息技术交叉领域的深入探索和创新发展。

综上所述，实践教学体系的构建是推动财经与信息技术深度交叉融合的重要途径。通过校企合作模式、实训基地与项目驱动教学以及创新教学方法与策略的应用，可以为学生提供更加丰富多样且富有挑战性的学习体验和实践机会。这些举措不仅能够提升学生的实践操作能力和团队协作能力，还能促进他们对财经与信息技术交叉领域的全面理解和创新发展。

结　语

对财经类高职院校技能交叉培养模式构建与实施的研究，为财经职业教育的数字化转型提供了具体的实践路径和方法。本章结合“技能交叉”的课程体系改革、教学方法与手段的创新以及实践教学体系的构建等内容，系统阐述了如何将理论知识转化为学生的实践技能，从而实现复合型技能型人才培养的目标。

在课程体系改革方面，提出了模块化设计原则、跨学科融合原则和实践导向原则，构建既符合市场需求又能够培养学生综合能力的课程体系。通过明确模块划分、教学目标与内容，以及选择合适的教学方法与手段，设计出灵活多样、富有创新性的课程体系，为学生提供个性化的学习路径。在教学方法与手段的创新方面，详细介绍了多种新型教学方法的深度应用，在提升学生的学习兴趣和参与度的同时，还能够培养他们的自主学习能力和创新思维，通过项目驱动教学法的深化与拓展，混合式教学法与案例式教学法的融合创新，为学生提供了更加多样化的学习体验。在实践教学体系的构建方面，校企深入合作具有不可替代的作用，通过共建财经信息技术实训基地，为学生提供了真实或模拟的工作环境，让他们在实践中深化对理论知识的理解，结合项目驱动教学、跨学科工作坊与实验室等实践模式，能够为学生提供跨学科的学习和研究平台，促进知识的交流和融合。

通过对技能交叉培养模式的构建与实施的系统研究，完成了从理论框架到实施路径的转化，为财经职业教育的数字化转型提供了具体的实践指导。本章以课程体系重构为起点，以教学方法创新为支撑，以实践平台建设为依托，形成环环相扣、层层递进的人才培养改革路径，既遵循了职业教育的规律，又顺应了当前的经济发展与产业变革。

第五章 面向未来的财经职业教育展望

随着数字经济的迅猛发展，全球经济结构和社会形态正在经历深刻变革。大数据、人工智能、区块链、云计算、元宇宙等前沿技术的广泛应用，不仅重塑了传统产业的运行模式，也对职业教育提出了全新的要求。财经职业教育作为培养财经领域技能型人才的重要阵地，正站在数字化转型的十字路口。面对数字经济时代的机遇与挑战，财经职业教育必须重新审视自身的定位与发展方向，探索一条适应未来需求的人才培养路径。

“双向赋能，技能交叉”理念的提出，为财经职业教育的数字化转型提供了理论支撑和实践指导。这一理念强调财经与信息技术的深度融合，旨在培养既具备扎实财经专业知识，又掌握信息技术应用能力的复合型人才。然而，数字化转型并非一蹴而就，它需要教育机构在课程体系、教学模式、师资队伍、校企合作等多个方面进行系统性改革。同时，数字经济时代的技术更新速度极快，市场需求也在不断变化，财经职业教育必须保持敏锐的洞察力和灵活的应变能力，才能在这场变革中立于不败之地。

第一节 数字经济时代财经职业教育的发展趋势

随着数字经济的蓬勃发展，财经职业教育正站在新的历史起点上，将呈现出一系列深刻的发展趋势，这些趋势不仅将重塑财经职业教育的形态，还将为培养适应未来社会需求的高素质财经人才提供新的方向和思路。

一、技术驱动的教育模式变革

在数字经济时代，人工智能、大数据、区块链、云计算、元宇宙等前沿技术将深刻影响财经职业教育的模式与内容。人工智能技术将使教学过程更加智能化和个性化，通过智能辅导系统和学习分析工具，教育者能够为学生提供量身定制的学习路径和资源，满足不同学习者的需求；大数据技术将为教学决策提供有力支持，通过对海量学习数据的分析，教育机构可以深入了解学生的学习行为和需求，优化课程设置和教学方法；区块链技术将为财经职业教育提供更加安全可靠的学习记录和认证机制，学生的学习成果和技能认证可以被永久记录在区块链上，确保其不可篡改和可追溯性；云计算技术将为财经职业教育提供强大的计算支持和资源共享平台，学校可以利用云计算资源开展大规模的模拟实验和数据分析项目，为学生提供更加丰富的实践机会；元宇宙技术将为财经职业教育提供沉浸式和交互式的学习环境，学生可以在元宇宙中模拟真实的财经场景，进行角色扮演和实践操作，从而更直观地理解和掌握财经知识和技能。这些前沿技术的融合应用，将推动财经职业教育向更高层次发展，培养出更多适应数字经济时代需求的高素质财经人才。

二、跨学科融合的教育理念深化

财经职业教育未来的发展将更加注重跨学科融合。随着金融科技、大数据分析、人工智能等新兴领域的崛起，财经专业与计算机科学、数学、统计学等学科的交叉将日益频繁。这种跨学科融合不仅将拓宽学生的知识面，还将培养他们的综合素养和创新能力。例如，在金融科技领域，学生需要掌握金融知识、编程技能和数据分析能力，才能设计和开发出符合市场需求的金融产品和服务；在大数据分析领域，学生需要具备统计学、计算机科学和财经知识，才能从海量数据中提取有价值的信息，为决策提供支持。这种跨学科融合的教育理念将促使财经职业教育机构重新审视课程体系和教学内容，打破传统学科界限，构建更加综合和多元化的课程体系。

三、终身学习与职业发展的紧密结合

在数字经济时代，财经职业教育将更加注重终身学习与职业发展的紧密结合。随着技术的快速更新和市场需求的不断变化，财经专业人员需要不断学习和更新知识，以保持其竞争力。财经类职业院校将为学生提供更加灵活的学习方式和持续的教育支持，帮助他们在职业生涯中不断成长和发展。例如，通过在线学习平台和远程教育课程，学生可以在工作之余继续学习和提升自己的专业技能。学校还将与企业合作，为学生提供实习、培训和职业发展机会，帮助他们更好地适应市场需求和职业要求。财经职业教育将更加注重培养学生的实践能力和创新思维。课程设计将更加贴近实际工作场景，通过案例分析、模拟实训等方式，提高学生的实际操作能力和解决问题的能力。在终身学习的理念下，财经职业教育将不再局限于传统的课堂教学，而是通过多种渠道和方式，为学生提供全方位的学习支持。学生可以根据自己的兴趣和职业规划，选择适合自己的学习路径和课程内容。职业院校还将提供个性化的学习建议和职业规划指导，帮助学生更好地规划自己的未来。通过这些措施，财经职业教育将为学生提供更加全面和持续的学习支持，帮助他们在数字经济时代保持竞争力，实现职业发展的目标。

四、国际化与全球视野的拓展

随着全球经济一体化进程的不断加速，职业教育的国际化趋势愈发明显，“职教出海”将成为未来职业教育发展的重要方向之一。财经职业教育也将更加注重国际化和全球视野的拓展，以适应全球化的经济环境。现在，许多财经类职业院校也在积极寻求与国际教育机构和企业的合作与交流，通过引进国际先进的教育理念和教学方法，培养出具有国际视野和跨文化交流能力的财经人才。为了实现这一目标，财经类职业院校可以开展各种国际学生交流项目，学生可以与来自不同国家和地区的同学和专家进行广泛的交流和合作，不仅有助于学生了解国际财经市场的最新动态和趋势，还能增强他们的跨文化沟通能力。职业院校还可以开展联合培养项目，与国际知名高校和机构共同设计课程体系，共同培养符合国际标准的财经人才。学校还要鼓励学生积极参与国际财经竞赛和实践活动，这些竞赛和实践活动不仅能够提升学生的专业技能，还能锻炼他们的团队合作能力和解决实际问题的能力，从而提升他们的国际竞争力和创新能力。财经职业教育的国际化将成为不可逆转的趋势，财经类职业院校必须紧跟这一趋势，通过加强国际合作与交流，引进国际先进的教育理念和教学方法，培养出具有国际视野和跨文化交流能力的财经人才，以满足未来全球化经济发展的需求。

五、政策支持与行业需求的协同推进

在数字经济时代，政府和行业将更加重视财经职业教育的发展，为教育机构提供更多的政策支持和资源投入。随着数字化转型的不断推进，各级政府部门现在出台了一系列政策措施，鼓励财经职业教育机构开展数字化转型和创新实践，推动财经职业教育与数字经济的深度融合。这些政策措施旨在为财经职业教育的发展提供有力的政策支持和资源保障，以适应数字经济时代的需求。行业企业也在积极参与财经职业教育的改革与发展，通过与职业院校合作开展项目、提供实习机会和资金支持等方式，为学生提供更多的实践机会和职业发展路径。企业与职业院校的合作不仅有助于学生更好地了解行业需求，还能提升学生的实际操作能力和就业竞争力。这种政策支持与行业需求的协同推进，将为财经职业教育的发展提供强大的动力和保障。通过政府、行业、企业和职业院校的共同努力，财经职业教育将能够更好地适应数字经济时代的需求，培养出更多具备数字化技能和创新能力的财经专业人才。

六、个性化与定制化的教育服务

随着教育技术的不断进步和学生需求的日益多样化，财经职业教育将更加注重个性化与定制化的教育服务。未来，职业院校将利用大数据分析和人工智能技术，为学生提供更加精准的学习建议和课程推荐，满足不同学生的学习需求和职业规划。通过分析学生的学习行为、兴趣爱好和职业目标，学校可以为学生量身定制个性化的学习计划和课程体系；通过提供多样化的学习方式和教学资源，让学生可以根据自己的学习进度和兴趣选择适合自己的学习方式和内容。财经职业教育还将注重学生的个性化发展，提供一对一的辅导和咨询服务，帮助学生解决学习过程中遇到的问题。同时，学校将与企业合作，为学生提供实习和就业机会，使学生能够将所学知识应用到实际工作中，提高职业竞争力。此外，职业院校通过定期组织各种社团活动和竞赛，激发学生的创新思维和团队合作能力，为学生提供全面发展的平台。未来的财经职业教育将更加注重个性化与定制化的教育服务，通过利用先进的教育技术和丰富的教学资源，为学生提供更加精准和多样化的学习体验，帮助学生实现自己的职业目标和人生梦想。

七、教育评价体系的创新与完善

在数字经济时代背景下，财经职业教育的评价体系将不再局限于传统的知识掌握程度，而是更加注重学生的综合素质和创新能力的评估。评价方法将变得更加多样化和个性化，以适应不同学生的需求和特点。通过项目评估，学生可以展示自己在实际项目中的综合能力和创新思维，不仅能够检验学生对知识的掌握程度，还能评估他们在实际工作中的应用能力。通过实践操作，学生可以证明自己在实际工作中的动手能力和解决问题的能力，这种评价方式能够让学生在真实的工作环境中得到锻炼，提高他们的实际操作能力。通过团队合作的评价，学生可以展示自己在团队中的协作能力和沟通能力，能够培养学生的团队精神和协作意识，为他们未来的职业生涯打下坚实的基础。创新成果的评价则更加注重学生的创新能力和实际应用能力，学生可以展示自己在创新项目中的成果，以及他们将理论知识应用到实际问题中的能力，能够激发学生的创新思维，培养他们的创新精神和实践能力。多元化的评价体系将更加全面地反映学生的学习成果和能力水平，为财经职业教育提供更加准确的反馈和决策依据。通过这种评价体系，学校可以更好地了解学生的需求和特点，从而制定更加科学合理的教育方案；通过这种评价体系也能为学生提供更加全面的自我认知，帮助他们更好地规划自己的职业生涯。

八、绿色与可持续发展的教育理念

在数字经济时代，绿色与可持续发展的教育理念将成为财经职业教育的重要发展方向。未来，财经类职业院校将更加注重培养学生的环保意识和社会责任感，引导他们在财经活动中考虑环境和社会因素，推动经济的可持续发展。例如，在金融课程中，可以增加绿色金融、可持续投资等内容，让学生了解如何通过金融手段支持环保项目和可持续发展。在会计课程中，可以增加环境会计、社会责任会计等内容，让学生学会如何在企业财务报告中反映环境和社会绩效。这种绿色与可持续发展的教育理念将促使学生在未来的财经工作中更加注重环境保护和社会责任，为实现全球可持续发展目标作出贡献。

第二节　理念深化与创新

“双向赋能，技能交叉”理念作为财经职业教育数字化转型的核心驱动力，其持续深化与创新是推动财经职业教育高质量发展的关键。在数字经济时代，这一理念不仅需要进一步深化，还需在理论与实践层面进行创新，以适应不断变化的市场需求和技术发展趋势。

一、理念的深化与拓展

1. 从单向赋能到双向赋能的深化

传统的财经职业教育往往侧重于单一学科的知识传授，而“双向赋能”理念则强调财经与信息技术的双向互动与融合。未来的深化方向应进一步打破学科壁垒，促进财经与信息技术在更深层次上的融合。例如，财经类专业的学生不仅需要掌握数据分析、人工智能等技术工具，还应理解这些技术如何应用于财务决策、风险管理等实际场景；而信息技术类专业的学生则需深入理解财经业务的底层逻辑，确保技术解决方案能够精准对接业务需求。

2. 从技能交叉到能力融合的深化

“技能交叉”不仅要求学生掌握跨学科的知识与技能，更强调将这些技能融会贯通，形成综合能力。未来的深化方向应注重培养学生的“能力融合”能力，即能够将财经知识与信息技术技能有机结合，解决复杂问题。例如，在金融科技领域，学生不仅需要具备编程能力，还需要理解金融市场的运作规律，能够设计出符合业务需求的智能投顾系统或区块链金融平台。

3. 从单一场景到多场景应用的深化

当前的“双向赋能，技能交叉”理念多局限于课堂教学和实训项目，未来的深化方向应拓展到更多实际应用场景。例如，通过与行业企业合作，将学生的跨学科能力应用于真实的企业项目中，解决实际的财经与信息技术融合问题。这种多场景应用不仅能够提升学生的实践能力，还能为企业带来创新解决方案，实现教育与产业的双赢。

二、理论创新与实践探索

“双向赋能，技能交叉”理念的理论创新与实践探索将为财经职业教育的发展提供有力支持。

1. 理论创新

财经职业教育将在未来构建更加完善的理论体系，以适应数字经济时代对财经人才的新要求。理论创新将体现在以下几个方面。

（1）跨学科理论融合

随着财经与信息技术的深度融合，需要发展跨学科理论，将教育学、经济学、管理学、计算机科学等多学科理论有机融合，形成一套完整的财经职业教育理论体系。例如，借鉴教育技术学中的学习理论和教学设计理论，优化财经职业教育的教学过程；结合经济学中的市场理论和管理学中的组织行为理论，指导财经职业教育的课程设置和人才培养模式。

（2）技能交叉理论构建

深入研究财经与信息技术技能交叉的内在规律和机制，构建技能交叉理论。该理论将探讨如何在教学过程中实现两种技能的有效融合与协同发展，为学生提供更加全面和综合的职业能力培养。例如，通过分析财经数据分析、金融科技应用等具体案例，提炼出技能交叉的关键要素和培养路径，为理论的构建提供实证支持。

（3）数字化转型理论拓展

在数字经济背景下，财经职业教育的数字化转型是一个重要趋势。理论创新需要关注数字化转型对财经职业教育的影响，拓展数字化转型理论。研究如何利用信息技术推动财经职业教育的创新与变革，包括教学模式、课程体系、评价机制等方面的数字化转型，为教育机构提供理论指导和实践参考。

2. 实践探索

理论创新的同时，需要积极开展实践探索，将“双向赋能，技能交叉”理念转化为具体的教学实践和人才培养模式。

（1）课程体系重构

根据“双向赋能，技能交叉”理念，对财经职业教育的课程体系进行全面重构。打破传统学科界限，融合财经与信息技术课程内容，构建跨学科课程体系。例如，开设“金融科技概论”“大数据在财务管理中的应用”“人工智能与金融风险评估”等课程，使学生在学习过程中能够同时掌握财经知识和信息技术技能，提升综合素养和就业竞争力。

（2）教学方法创新

探索多样化的教学方法，以适应“双向赋能，技能交叉”理念的要求。采用项目式学习、案例分析、小组讨论、在线学习等教学方法，激发学生的学习兴趣和主动性。例如，通过设计实际的金融科技项目，让学生在项目实践中运用所学知识解决实际问题，培养学生的创新思维和实践能力；利用在线学习平台，提供丰富的学习资源和互动交流机会，满足学生个性化学习需求。

（3）实践教学强化

加强实践教学环节，为学生提供更多的实践机会和平台。与企业合作建立实习基地、实训中心，开展校企合作项目，让学生在真实的工作环境中锻炼和提升技能。例如，与金融机构合作开展金融数据分析实习项目，与金融科技企业合作开展智能投顾系统开发实训项目，使学生能够将理论知识与实践操作相结合，积累实际工作经验，提高就业竞争力。

（4）师资队伍建设

培养和引进具备跨学科背景和实践能力的师资队伍，是实践探索的重要保障。通过组织教师参加专业培训、学术交流、企业实践等活动，提升教师的跨学科教学能力和信息技术应用水平；同时，从企业引进具有丰富实践经验的专业人才担任兼职教师，充实师资队伍，为“双向赋能，技能交叉”理念的实践提供有力支持。

三、理念的长期价值和重要意义

“双向赋能，技能交叉”理念在财经职业教育中具有长期价值和重要意义，主要体现在以下几个方面。

1. 适应数字经济时代的需求

为了适应数字经济时代的不断变化和发展的需求，财经领域正面临着前所未有的挑战和机遇。财经领域对于那些既具备深厚的财经专业知识，又掌握信息技术的复合型人才的需求变得越来越强烈，这些人才不仅需要了解传统的财务、经济和管理知识，还必须具备数据分析、编程、网络安全等方面的能力。

这一理念的核心在于培养出能够适应数字经济时代需求的高素质财经人才。通过整合财经学科与信息技术学科的教育资源，创新教学方法和课程体系，可以有效地提升学生的综合素质和实践能力。这样的教育模式不仅能够帮助学生掌握最新的技术工具，还能培养他们的创新思维和解决问题的能力。通过这种跨学科的教育模式，学生将能够在未来的职场中更好地应对各种复杂多变的经济现象和技术挑战；他们将具备更强的竞争力，能够在金融、会计、投资、咨询等多个领域发挥重要作用；高素质财经人才将为经济社会的持续发展提供有力的人才支持，推动各行各业在数字经济时代实现更高的效率和更好的发展。适应数字经济时代的需求，培养既懂财经又懂信息技术的复合型人才，已经成为当前教育和产业发展的重要任务。只有通过不断改革和创新教育体系，才能培养出能够适应未来经济社会发展的高素质财经人才，为社会的繁荣和进步作出更大的贡献。

2. 推动财经职业教育的创新发展

在快速发展的经济社会中，传统的财经职业教育模式已经无法满足现代社会对高素质财经人才的迫切需求。为了应对这一挑战，“双向赋能，技能交叉”为财经职业教育的创新发展注入了新的活力和方向。“双向赋能”，使得财经职业教育不仅仅局限于传统的知识传授，而是更加注重培养学生的综合素质和实践能力，这种模式强调学科之间的相互渗透和融合，打破学科壁垒，让学生能够在更广阔的领域内汲取知识，从而具备更全面的思维能力和解决问题的能力；“技能交叉”使学生能够在掌握专业技能的同时，也具备其他领域的技能，从而更好地适应未来职场的多样化需求，这种模式鼓励学生在学习财经专业知识的同时，也学习一些与之相关的技术技能，如数据分析、信息技术等，以提高自身的竞争力。

通过实施“双向赋能，技能交叉”的教育理念，财经职业教育可以在课程体系、教学方法、评价机制等方面进行全面的改革与创新。课程体系将更加注重知识的综合性和实用性，教学方法将更加多样化，注重培养学生的实践能力和创新思维。评价机制也将更加科学合理，不仅关注学生的理论知识掌握情况，更重视学生的实际操作能力和综合素质。这种改革与创新，将极大地提升财经职业教育的质量和效果，培养出更多符合现代社会需求的高素质财经人才。这些人才不仅具备扎实的专业知识，还具备较强的实践能力和创新精神，能够在未来的职场中发挥重要作用。

3. 提升学生的综合素质和竞争力

在“双向赋能，技能交叉”这一教育理念的指导下，培养出的学生不仅具备了扎实的财经专业知识，还掌握了先进的信息技术技能。他们能够从多个角度出发，综合运用所学知识，深入分析和解决各种复杂的财经问题，使得学生在具备深厚专业知识的同时，还具备了强大的创新思维和实践能力；学生不仅能够熟练运用经济学、会计学、金融学等传统财经学科的知识，还能够灵活运用大数据分析、人工智能、区块链等前沿信息技术，能够在数据分析、财务预测、风险评估等多个领域展现出色的能力，从而在实际工作中提出更具创新性和实用性的解决方案。

综合素质的提升使学生在未来职场竞争中更具优势，不仅能够适应传统财经行业的需求，还能够迅速适应金融科技、互联网金融、大数据金融等新兴领域的发展需求，具备了强大的创新思维和实践能力。无论是在金融企业、咨询公司，还是在科技公司、创业公司，这些具备跨学科背景的学生都能够迅速融入团队，发挥自己的专业优势，为公司创造更大的价值。

4. 促进教育与产业的深度融合

“双向赋能，技能交叉”的理念强调了财经职业教育与信息技术产业之间的紧密联系，主张通过校企合作、产教融合等多种方式，实现教育与产业的协同发展。这种理念的核心是通过教育与产业的深度融合，不仅能够让学生更好地了解行业动态和市场需求，从而提高他们的就业质量和竞争力，同时也为企业提供了高素质的人才储备，推动产业的升级和发展。这种教育与产业的良性互动，不仅有助于实现教育的实用性和针对性，也为企业带来了创新和发展的动力，最终实现教育与产业的双赢局面。

通过校企合作，学校可以邀请企业专家参与课程设计和教学过程，使学生能够接触到最新的行业知识和技术；企业也可以通过实习、实训等方式，提前发现和培养潜在的优秀人才，从而满足自身对高素质人才的需求。通过产教融合进一步深化了这种合作，通过建立产学研一体化的平台，实现资源共享、优势互补，推动教育与产业的共同发展。这种模式不仅有助于学生在学习过程中积累实践经验，提高实际操作能力，也为企业提供了更多创新的机会，促进了产业的持续进步。最终，这种双向赋能、技能交叉的理念，将教育与产业紧密联系在一起，实现了双方的互利共赢，推动了社会经济的全面发展。

“双向赋能，技能交叉”理念的深化与创新是财经职业教育适应未来社会发展的必然要求。通过不断探索和完善这一理念，将有力推动财经职业教育的理论创新和实践发展，为培养适应数字经济时代需求的高素质财经人才提供坚实的理论基础和实践指导。

第三节　财经职业教育数字化转型路径

在数字经济蓬勃发展的当下，财经职业教育与人工智能、大数据、区块链、云计算、元宇宙等信息技术的深度融合，推进数字化转型已成为必然趋势。“双向赋能，技能交叉”理念的落地实施，需要明确具体的数字化转型路径、实施方案、实施步骤和保障措施，以确保财经职业教育能够适应时代发展需求，培养出具备综合素养的复合型人才。

一、数字化转型路径

1. 课程体系重构

财经职业教育与信息技术的融合与数字化转型，首先体现在课程体系的深度重构上。在课程设置方面，应增加前沿技术课程的比重，如“人工智能在财经决策中的应用”“区块链金融原理与实务”“云计算与财经数据管理”等。这些课程将系统地教授学生相关技术的基本原理、应用场景以及在财经领域的具体实践方法。以“人工智能在财经决策中的应用”课程为例，学生将学习机器学习、深度学习等人工智能算法，以及如何运用这些算法对财经数据进行挖掘和分析，从而为投资决策、风险评估等提供支持。

2. 教学内容改革

教学内容上，要将信息技术深度融入传统财经课程。在财务管理课程中，引入大数据分析工具，让学生学会运用数据分析企业的财务状况、预测财务风险；在金融课程中，结合区块链技术讲解数字货币、跨境支付等新兴金融业务的运作机制。通过这些融合，使学生在学习财经知识的同时，掌握先进的信息技术工具，实现知识与技能的“双向赋能”。

3. 实践教学创新

实践教学是数字化转型的关键环节，利用虚拟现实、增强现实和元宇宙等技术创建高度仿真的财经实践环境。学生可以在虚拟的银行营业厅、证券交易大厅、企业财务部门等场景中进行实习和实训，通过模拟真实的业务流程，提升实践操作能力。借助虚拟现实技术，学生可以身临其境地参与银行信贷业务的全流程，从客户接待、信用评估到贷款发放和风险管理，增强对财经业务的感性认识和实际操作能力。

4. 校企合作深入

校企合作是实现深度数字化转型的重要途径。学校与财务公司、金融科技企业、互联网公司等建立紧密的合作关系，共同开展人才培养、课程开发和实践基地建设。企业为学校提供真实的项目案例和实践机会，学校为企业输送高素质的人才。双方共同制定人才培养方案，确保课程内容与企业实际需求紧密结合，使学生在学习过程中能够接触到行业前沿的技术和业务，实现“技能交叉”培养目标。

二、实施方案

为实现上述数字化转型路径，需要制定详细的实施方案。学校应成立专门的数字化转型领导小组，负责统筹协调财经职业教育与信息技术融合的各项工作。领导小组由学校领导、各专业学科带头人以及企业专家组成，定期召开会议，研究解决融合过程中遇到的问题。

在师资队伍建设方面，制订教师培训计划，定期组织教师参加信息技术培训，提升教师的数字素养和技术应用能力；邀请行业专家到学校开展讲座和培训，让教师了解行业最新技术和发展趋势；鼓励教师参与企业实践，积累实际项目经验，以便更好地将理论知识与实践相结合，传授给学生。同时，与合作企业开展师资互聘，聘请行业专家成为校外兼职教师或产业教授；派遣校内专职教师到企业挂职，或成为企业讲师。

在教学资源建设方面，加大对数字化教学资源的投入，建设在线课程平台，整合各类优质课程资源，包括视频课程、虚拟仿真实验室、专业资源库等；与企业合作开发数字化教材，将企业实际项目和案例融入教材内容，使教材更具实用性和时代性；利用大数据技术对教学资源进行管理和优化，根据学生的学习数据和反馈，动态调整教学资源的呈现方式和内容，提高教学资源的利用效率。

在广泛校企合作的基础上建立产学研用合作联盟或行业产教融合共同体，学校联合企业、科研机构共同组建产学研合作平台，围绕财经职业教育与信息技术融合的关键问题开展研究和实践，成员单位共同承担科研项目，共享研究成果，推动技术创新和应用。通过产学研用合作，促进知识创新、技术创新和人才培养的有机结合，为财经职业教育的发展提供强大的支持。

三、实施步骤

在实施过程中，需要分阶段推进财经职业教育与信息技术融合及数字化转型工作。

第一阶段为基础建设阶段，主要任务是完善基础设施和师资队伍建设。学校加大对校园网络、计算机设备等硬件设施的投入，确保教学环境的数字化和智能化；同时，开展教师信息技术培训，提升教师的数字素养和技术应用能力，尤其是提升人工智能的应用能力，鼓励教师参加相关的培训课程和学术交流活动，获取最新的技术知识和教学方法。

第二阶段为课程改革阶段，重点是课程体系的重构和教学内容的更新，根据行业需求和技术发展趋势，调整专业课程设置，增加信息技术相关课程；组织教师团队对传统财经课程进行重新设计，融入信息技术元素，开发跨学科课程；邀请企业专家参与课程设计和教学过程，确保课程内容与实际工作紧密结合。

第三阶段为实践深化阶段，加强实践教学和校企合作。建设虚拟现实、增强现实等实践教学平台，为学生提供真实的实践环境；与企业建立长期稳定的合作关系，共建实习实训基地，共同开展实践教学项目；组织学生参与企业实际项目，让学生在实践中提升技能，积累经验。

第四阶段为评估反馈阶段，建立科学的评估体系，对数字化转型效果进行全面评估；从学生的学习成果、就业情况、企业满意度等多个维度进行评价，收集反馈意见，及时调整和优化融合方案；根据评估结果，对课程设置、教学方法、师资队伍建设等方面进行改进，不断提高数字化转型质量。

四、保障措施

为确保财经职业教育与信息技术融合及数字化转型工作的顺利进行，需要一系列保障措施。

政策保障方面，积极争取政府和教育主管部门的支持，制定相关政策，鼓励学校开展财经职业教育与信息技术的融合实践；加大对相关项目的资金投入，设立专项基金，用于支持课程开发、师资培训、实践基地建设等工作；建立激励机制，对在融合与转型工作中表现突出的教师和学生进行表彰和奖励，提高教师和学生的积极性。

制度保障方面，建立健全数字化教学管理制度，制定在线教学规范、实践教学管理办法、教师考核评价制度等，确保教学工作的有序开展；加强对教学过程的监督和管理，定期对教学质量进行评估和检查；建立学分互认制度，鼓励学生跨专业、跨校选修课程，拓宽学生的知识面和视野。

技术保障方面，加强与技术企业的合作，及时引入最新的技术成果；建立技术支持团队，负责维护和管理数字化教学设施和平台，确保其稳定运行；利用大数据、人工智能等技术对教学过程进行监测和分析，为教学决策提供数据支持。

资源保障方面，加大对教学资源的投入；整合校内和校外资源，建设共享的教学资源库；与企业合作，获取企业的实际项目案例、数据等资源，丰富教学内容；加强与其他高校和职业院校的交流与合作，共享优质课程资源和教学经验。

财经职业教育与信息技术的深度融合与数字化转型是一个系统工程，需要明确路径，制定详细的实施方案和实施步骤，并提供有力的保障措施。通过“双向赋能，技能交叉”理念的引领，不断探索和创新，推动财经职业教育的数字化转型，培养出适应数字经济时代需求的高素质财经人才。

第四节 风险与挑战

在财经职业教育数字化转型过程中，尽管机遇众多，但也面临着诸多风险与挑战。这些挑战不仅来自技术层面，还涉及教育理念、师资队伍、教学资源、学生适应性等多个方面。正视这些风险与挑战，并提出相应的应对策略，对于确保数字化转型的顺利推进至关重要。

一、技术更新与应用的挑战

1. 技术更新速度快

人工智能、大数据、区块链等前沿技术发展迅速，更新换代频繁，财经职业教育机构需要不断投入资源进行技术更新和设备升级，以确保教学内容和实践环境的先进性；否则，学生所学知识可能很快过时，无法满足市场需求。

2. 技术应用难度大

将复杂的信息技术融入教学将是一项艰巨任务；教师需要掌握一定的技术知识，才能有效地将技术应用于教学过程中；学生也需要具备一定的技术基础，才能更好地理解和应用这些技术；这要求财经类职业院校在师资培训和学生培养方面投入更多的资金、资源与精力。

3. 技术安全与隐私问题

随着信息技术在财经职业教育中的广泛应用，数据安全和隐私保护成为重要问题；学生和教师的个人信息、学习数据等都可能面临泄漏风险；财经类职业院校需要建立健全的安全防护机制，确保数据的安全性和隐私性。

二、教育理念与师资队伍的挑战

1. 教育理念转变难

传统的财经职业教育理念以知识传授为主，而数字化转型要求教育者更加注重学生的实践能力、创新思维和综合素质培养；这种理念的转变需要时间来适应和推广，部分教师（尤其是年龄较大的教师）可能难以迅速接受和适应新的教育理念。

2. 师资队伍建设压力大

数字化转型需要教师具备跨学科知识和信息技术应用能力，目前许多财经类职业院校的师资队伍在这些方面存在不足，培养和引进具备跨学科背景和实践能力的教师是一项长期而艰巨的任务。

3. 教师培训与激励机制不完善

教师培训是提升教师能力的重要途径，但目前许多财经类职业院校的教师培训体系不够完善，培训内容和方式缺乏针对性和实效性，缺乏有效的教师激励机制，难以充分调动教师参与数字化转型的积极性和主动性。

三、教学资源与学生适应性的挑战

1. 教学资源不足

数字化转型是当前教育领域的重要趋势，需要大量的教学资源支持，包括在线课程、虚拟仿真实验室、实践项目等。然而，目前许多财经类职业院校在这些方面的资源相对匮乏，在线课程内容陈旧，缺乏互动性和实用性，无法激发学生的学习兴趣；虚拟仿真实验室的建设滞后，学生难以通过模拟环境进行实践操作，影响了他们的动手能力和创新思维；实践项目的数量和多样性也严重不足，学生缺乏真实的工作场景体验，难以将理论知识与实际应用相结合。这些问题不仅制约了学生的学习效果，也影响了他们在未来职场中的竞争力。

2. 学生适应性问题

数字化转型改变了传统的教学模式和学习方式，部分学生可能难以适应这种变化，尤其是那些习惯于传统课堂授课模式的学生，面对线上学习平台、虚拟课堂和数字化工具时，容易感到无所适从；有些学生对新技术感到陌生甚至恐惧，这种心理障碍会直接影响他们的学习效果和积极性；学生的技术水平差异也是一个不容忽视的问题，有些学生可能从小就接触计算机和互联网，对数字化工具的使用得心应手；而另一些学生则可能因为家庭条件或教育背景的限制，对技术的掌握较为薄弱。这种差异不仅会导致学习进度的不一致，还会加剧课堂上的“数字鸿沟”；学生中学阶段的教育差异也会进一步影响他们在数字化环境中的学习表现。

3. 教学资源更新与维护成本高

随着技术的不断更新，教学资源也需要及时更新和维护，以保持其有效性。这需要教育机构投入大量的资金和人力，对于一些资源有限的机构来说是一个较大的负担。

随着技术的飞速发展和不断更新，教学资源也需要及时更新和维护，以保持其有效性和实用性，这对财经类职业院校提出了更高的要求，尤其是在资金和人力方面的投入。往往技术的更新速度远远超过了传统教学资源的更新周期，在线课程平台需要不断升级以支持最新的互动功能，虚拟仿真实验室需要引入更先进的硬件和软件，实践项目也需要根据行业的最新发展趋势进行调整。这些更新不仅需要大量的资金支持，还需要专业的技术团队进行开发和维护，这些工作不仅需要持续的资金投入，还需要专门的人员负责管理和执行。然而，对于一些资源有限的机构来说，这无疑是一个较大的负担。

四、行业需求与市场变化的挑战

1. 行业需求变化快

财经行业对人才的需求随着技术的发展和市场的变化而不断变化，数字化转型需要职业院校及时了解行业动态，调整课程设置和教学内容，以确保培养的人才能够满足市场需求；然而，职业院校与行业之间的信息不对称可能导致人才培养与市场需求脱节。

2. 市场竞争压力大

随着数字化转型的推进，财经职业教育市场竞争日益激烈，财经类职业院校需要不断提升自身的教学质量和服务水平，以吸引更多的学生和企业合作，还需要应对来自其他院校与教育机构的竞争压力，保持自身的竞争优势。

3. 行业标准与认证体系不完善

目前，财经职业教育在数字化转型过程中缺乏统一的行业标准和认证体系，导致财经类职业院校在课程设置、教学内容、实践项目等方面缺乏明确的指导和规范，难以确保人才培养质量的一致性和可靠性。

五、应对策略

1. 加强技术培训与支持

为了全面提升教师的技术应用能力和教学水平，学校应系统性地组织教师参与多种形式的技术培训活动；鼓励教师参加学术交流会议，了解教育技术的前沿动态，并与同行分享实践经验；与相关企业合作，安排教师参与企业实践项目，让教师在实际工作场景中熟悉技术的应用，从而更好地将实践经验融入课堂教学。

在技术支持方面，学校应建立一支专业的技术支持团队，为教师和学生提供全方位的技术指导和帮助。这支团队可以包括IT技术人员、教育技术专家以及学生助教，他们能够及时解决教师和学生在使用数字化工具时遇到的技术问题。当教师在制作在线课程时遇到技术难题，技术支持团队可以提供一对一的指导；当学生在使用虚拟仿真实验室时遇到操作困难，团队也可以通过线上或线下的方式提供实时帮助。学校还可以搭建一个技术支持平台，提供常见问题解答、操作指南和视频教程等资源，方便师生随时查阅和学习。通过这些措施，学校能够为教师和学生创造一个更加高效、便捷的技术支持环境，从而推动教学质量的全面提升。

2. 完善教师培训与激励机制

为了确保教师能够更好地适应数字化转型的需求，财经类职业院校需要制订科学合理的教师培训计划，充分考虑到教师的实际需求和教学任务，提供个性化的培训内容和方式。对于技术基础较为薄弱的教师，可以安排基础性的数字化工具使用培训，帮助他们掌握基本的操作技能；对于已经具备一定技术能力的教师，则可以提供更高级的课程设计、数据分析或虚拟仿真教学等专项培训，以提升他们的教学创新能力。培训形式也应多样化，包括线上课程、线下工作坊、企业实践等多种方式，以满足不同教师的学习偏好和时间安排。

在激励机制方面，学校需要建立一套有效的制度，以鼓励教师积极参与数字化转型工作。将教师在数字化教学中的表现纳入职称评定体系，作为晋升的重要参考指标之一；通过绩效考核的方式，对在数字化转型中表现突出的教师给予表彰和奖励；通过提供更多的职业发展机会，如支持教师参加国内外学术会议、提供科研项目资助等方式，进一步激发教师的积极性和创造力。通过这些措施，学校不仅能够提升教师的数字化教学能力，还能营造一个积极向上的教学氛围，推动数字化转型工作的深入开展。

3. 加强教学资源建设与管理

为了适应数字化转型的需求，财经类职业院校需要进一步加大对教学资源的投入，开发和整合更多高质量的在线课程、虚拟仿真实验室和实践项目等教学资源。在线课程方面，可以结合学科特点和学生需求，开发多样化的课程内容，包括视频讲座、互动式学习模块、在线测验等，以满足不同学生的学习风格和节奏；虚拟仿真实验室的建设也应得到充分重视，通过引入先进的仿真技术和虚拟现实设备，为学生提供沉浸式的实验环境，帮助他们更好地理解复杂的概念和原理；实践项目的设计应注重与行业实际需求的结合，与企业合作开发真实案例，或组织学生参与跨学科的创新项目，以提升他们的实践能力和解决问题的能力。

在教学资源管理方面，学校需要建立健全管理机制，确保教学资源的有效性和适用性。制订明确的教学资源更新和维护计划，定期对现有资源进行检查和优化；建立一个统一的教学资源管理平台，将所有资源集中存储和管理，方便教师和学生随时访问和使用；设立专门的教学资源管理团队，负责资源的日常维护、技术支持以及用户反馈的收集和处理，确保教学资源能够持续满足教学需求。通过这些措施，不仅能够提升教学资源的质量和利用率，还能为教师和学生创造一个更加高效、便捷的学习环境，从而推动教学质量的全面提升。

4. 加强行业合作与市场调研

与企业建立深度合作关系，可以通过开展多种形式的校企合作项目，将企业的实际需求和技术优势融入教学过程中。学校与企业合作建立实习实训基地可以充分为学生提供真实的职业环境和实践机会；学校定期组织行业调研活动，邀请企业专家参与座谈或讲座，可以深入了解行业的最新动态、技术发展趋势以及市场对人才的具体需求。

基于市场调研的结果，学校需要及时调整课程设置和教学内容，以确保人才培养的针对性和实用性。对于市场需求变化较快的行业，可以优化现有课程内容，增加实践性强的教学环节；引入企业导师制度，邀请行业专家参与教学设计和课程讲授，将企业的实际经验和行业前沿知识直接传递给学生；建立动态的课程调整机制，定期对课程设置进行评估和优化，确保教学内容始终与市场需求保持一致。通过这些措施，学校不仅能够提升学生的就业竞争力，还能为企业输送更多符合需求的高素质人才，实现教育与行业的良性互动和共同发展。

5. 建立行业标准与认证体系

为了推动财经职业教育的规范化和标准化发展，财经类职业院校需要积极参与行业标准的制定和认证体系的建设。可以与行业协会、企业以及教育主管部门合作，共同研究和制定财经领域的职业能力标准、课程体系标准以及教学质量评估标准；参与认证体系的建设，推动建立权威的财经职业教育认证机制。

通过建立统一的行业标准和认证体系，学校能够确保人才培养质量的一致性和可靠性。行业标准的制定可以为教学提供明确的指导方向，帮助学校优化课程设置和教学内容，确保学生掌握的知识和技能符合行业需求；认证体系的建设可以为学生提供清晰的学习目标和职业发展路径，增强他们的学习动力和职业竞争力；统一的行业标准和认证体系还可以促进不同院校之间的资源共享和合作，推动财经职业教育的整体提升。这些措施不仅可以促进学校提升自身的教学质量和声誉，还能为财经行业的可持续发展提供有力的人才支持。

第五节　未来构想

财经职业教育人才培养模式的创新与发展是适应数字经济时代需求的关键，持续推动数字化转型，不仅能够提升教育质量，还能为学生提供更加广阔的职业发展路径。

一、构建全周期数字化人才培养体系

在入学前，学生可以通过在线课程和虚拟体验，为学生提供财经与信息技术的基础知识，帮助他们提前了解专业特点和学习内容，激发学习兴趣。例如，开发“财经入门与信息技术基础”在线课程，供学生在入学前自主学习。学生在校期间可以接受“双向赋能，技能交叉”教育模式，构建跨学科课程体系，强化实践教学，培养学生的综合能力。例如，开设“金融科技项目开发”“大数据财务分析”等跨学科课程，让学生在实践中掌握财经与信息技术的融合应用。学生毕业后，学校通过校友网络和终身学习平台，为毕业生提供持续的教育资源和职业发展支持。例如，通过在线学习平台提供高级课程和行业动态讲座，帮助毕业生提升职业竞争力。

二、打造沉浸式学习体验

利用虚拟现实与增强现实技术创建沉浸式学习环境，让学生在虚拟场景中进行实践操作和模拟演练。在金融交易模拟课程中，学生可以进入虚拟金融市场，进行股票交易、外汇交易等操作，感受真实的市场波动和风险。探索元宇宙在财经职业教育中的应用，创建虚拟校园和虚拟课堂，开展沉浸式教学和虚拟实践，通过元宇宙平台举办虚拟金融研讨会和虚拟企业实习，增强学习的趣味性和互动性。

三、强化实践与创新能力培养

通过设计实际的财经与信息技术项目，让学生在项目实践中应用所学知识解决实际问题，与金融科技企业合作开展智能投顾系统开发项目，培养学生的创新思维和实践能力；鼓励学生参与创新创业竞赛和项目，培养他们的创业精神和创新能力，举办"金融科技创新创业大赛"等各类竞赛，为学生提供展示创意和实践成果的平台。

四、拓展国际视野与跨文化交流能力

通过国际学生交流、联合培养等形式，为学生提供国际学习和交流的机会，与国外知名财经院校合作开展财经类国际交流项目，让学生了解国际财经市场的动态和趋势；开设跨文化课程，组织国际文化节、国际学术讲座等活动，培养学生的跨文化交流能力和全球视野，开设"国际金融与跨文化交流"等课程，帮助学生掌握国际商务礼仪和跨文化沟通技巧。

五、建立个性化学习路径

利用大数据分析和人工智能技术，为学生提供个性化的学习路径和资源推荐，通过智能学习平台分析学生的学习行为和成绩，为其推荐适合的学习课程和实践项目；建立学习成果认证机制，通过区块链技术记录学生的学习过程和成果，确保其真实性和可信度，为学生颁发区块链认证的技能证书，提升其在就业市场的竞争力。

六、构建协同育人生态系统

加强与企业的深度合作，建立校企合作基地、联合实验室、实习实训中心等，为学生提供丰富的实践机会和就业渠道，与金融机构合作或互联网企业建立金融数据分析实训中心等实验室，让学生参与企业的真实项目；推动产学研合作，通过开展科研项目、技术转化、企业咨询等活动，促进教育与产业的深度融合。

七、推动教育评价体系的创新

财经类职业院校需要构建多元化、过程化的评价体系，综合运用定量和定性评价方法，对学生的学习成果进行全面评估，评价指标不仅包括知识掌握程度，还涵盖实践能力、创新思维、团队协作能力等多个维度；利用人工智能技术构建智能评价工具，实现对学生学习过程的实时监测和反馈，通过学习分析系统实时监测学生的学习行为和成绩，为教师提供精准的教学反馈。

未来的财经职业教育将朝着更加智能化、个性化、国际化和可持续化的方向发展。通过构建全周期数字化人才培养体系、打造沉浸式学习体验、强化实践与创新能力培养、拓展国际视野与跨文化交流能力、建立个性化学习路径、构建协同育人生态系统以及推动教育评价体系的创新，财经职业教育将培养出更多适应数字经济时代需求的高素质财经人才。这些人才不仅具备扎实的财经专业知识和信息技术技能，还具备创新思维、实践能力、国际视野和可持续发展意识，能够为经济社会的高质量发展作出重要贡献。

以“双向赋能，技能交叉”为核心的人才培养模式是面向未来的财经职业教育数字化转型的一次有效的创新探索，这种模式能够适应数字经济时代对财经人才的新要求；通过这种人才培养模式的变革，财经职业教育将会为学生提供更加优质、多元和个性化的教育服务，为经济社会的可持续发展培养出更多高素质的财经人才。

结　语

在数字经济蓬勃发展的浪潮中，财经职业教育正站在新的起点上，面临着前所未有的机遇与挑战，时代也对财经职业教育提出了新的要求。技术驱动的教育模式变革、跨学科融合的教育理念深化、终身学习与职业发展的紧密结合，以及政策支持与行业需求的协同推进，共同构成了财经职业教育发展的新图景。这些趋势不仅推动了教育内容与方法的革新，也促使财经类高职院校重新审视自身定位与发展路径，以适应快速变化的市场需求。

“双向赋能，技能交叉”理念的深化与创新，不仅要求财经类专业与计算机类专业的深度融合，更强调跨学科知识与技能的交叉培养，学校需要努力培养出既具备扎实财经专业知识，又掌握信息技术应用能力的复合型人才。通过课程体系重构、教学内容改革、实践教学创新以及校企合作的深入，财经职业教育能够不断迈向高质量发展的新阶段。

财经职业教育的数字化转型过程中也伴随着一系列风险与挑战。技术更新速度快、技术应用难度大、技术安全与隐私问题，以及教育理念转变难、师资队伍建设压力大、教学资源不足等问题，都需要学校在推进转型过程中给予充分关注。通过加强技术培训与支持、完善教师培训与激励机制、加强教学资源建设与管理、加强行业合作与市场调研，以及建立行业标准与认证体系等措施，财经类职业院校可以有效应对这些挑战，确保数字化转型的顺利进行。

财经职业教育的数字化转型是一场深刻的教育变革，它要求财经类高职院校紧跟时代步伐，不断创新教育模式与方法，加强跨学科融合与实践教学，提升学生的综合素质与竞争力。本书通过对“双向赋能，技能交叉”理念的持续深化与创新探讨，既为财经职业教育的未来发展探索了可行的方向与路径，也为教育工作者、政策制定者以及行业从业者提供了宝贵的参考与启示。在未来的发展中，财经职业教育还需要积极应对挑战，不断创新与变革，培养出更多适应未来社会需求的高素质财经人才，为经济社会的可持续发展贡献力量。

参考文献

第一章　财经职业教育的现状与挑战

[1] 教育部．教育信息化 2.0 行动计划 [EB/OL]．（2018－04－13）[2024－08－02]．http：//www. moe. gov. cn/srcsite/A16/s3342/201804/t20180425_334188. html.

[2] 教育部，国家发展改革委，工业和信息化，等．职业教育提质培优行动计划（2020—2023 年），[EB/OL]．（2020－09－16）[2024－08－03]．http：//www. moe. gov. cn/srcsite/A07/zcs_zhgg/202009/t20200929_492299. html? from = timeline.

[3] 李征博，曹红波，郑月龙等．哈佛大学商学院案例教学运行模式及对我国的启示 [J]．学位与研究生教育，2018（11）：66－71.

[4] 汤聪颖．财经类应用型本科高校校企合作研究——上海立信会计金融学院案例 [D]．甘肃：西北师范大学，2019.

[5] 刘阳．区块链下财务管理专业业财融合教学模式革新 [J]．财会月刊，2020（01）：50－54.

[6] 邓小华．职业教育数字化转型的理论逻辑与实践策略 [J]．电化教育研，2023，44（01）：48－53.

[7] 孙翠香．新时代的新使命："产教融合"政策分析 [J]．教育与职业，2018（18）：11－17.

[8] 陈启山，李文蕊，黄彬彬，等．PISA 财经素养测评对我国财经教育与财经素养研究的启示 [J]．全球教育展望，2017，46（03）：6－15.

[9] 张晓报．我国高校跨学科人才培养面临的困境及突破——基于理念、制度和方式的分析 [J]．江苏高教，2017（04）：48－52.

[10] 徐栋梁．数字经济时代职业教育技术技能型人才培养面临的挑

战与对策研究［J］. 产业与科技论坛，2021，20（15）：109－110.

［11］王芸. 数字时代高职财经商贸类专业融合数智化新技术应用教学改革研究［J］. 才智，2022（20）：151－154.

［12］陈琨，滕琪. 基于产教融合的金融科技教学体系探索——以南方科技大学金融系为例［J］. 中国教育信息化，2019（20）：44－47.

［13］潘静波，陈珍子. “1＋X”证书制度下人才培养的“课证融合”课程体系探究——以金融投资类专业为例［J］，职业技术，2021，20（07）：55－61.

［14］朱磊. 区块链技术在高职院校教育教学中的应用研究［J］. 现代教育管理，无线互联科技，2019，16（24）：129－131.

［15］许立兰. 区块链技术在高校会计课程中的应用探析［J］. 商业会计，2019（13）：116－118.

［16］郭静，王进. 数字经济时代职业教育服务产业创新发展路径［J］. 对外经贸，2023（04）：103－106.

［17］罗张伟，刘硕. 高职财经商贸类专业人才培养模式改革初探［J］. 质量与市场，2021（21）：64－66.

［18］葛新旗，程晓静. OBE 理念下高职会计信息化课程教学模式探索与实践［J］. 无锡商业职业技术学院学报，2022，22（04）：106－112.

［19］张燕，林培光. 新工科背景下案例驱动的混合式大数据课程建设研究——面向财经类院校［J］. 中国成人教育，2021（09）：41－44.

［20］项飞，陈兴琨. 人工智能背景下高职院校新商科教学变革研究——以大数据会计专业为例［J］. 中国管理信息化，2023，26（10）：197－200.

［21］刘小园，何美玲. 基于学习行为大数据分析的混合式教学模式研究［J］. 信息与电脑（理论版），2019（16）：226－228.

［22］梅梅，李琴. 基于互联网＋的翻转课堂在财经类实训课程中的运用研究［J］. 实验技术与管理，中国乡镇企业会计，2021（03）：177－179.

［23］高晟星，陶丽萍. 数字经济时代职业教育产教融合新内涵、演进与关键策略［J］. 教育与职业，2022（13）：42－47.

第二章　财经职业教育数字化转型的理论基础与文献综述

［24］陈然，周雪梅. 英国开放大学在线课程设计与开发——学习设

计的视角［J］. 成人教育，2024，44（08）：57－63.

［25］张方方，陈莹．葡萄牙成人教育现状、挑战与创新［J］. 世界教育信息，2024，37（08）：45－55.

［26］杨宏浩．迈向现代化："双循环"模式下德国职业教育政策的演变与借鉴［J］. 天津中德应用技术大学学报，2023（06）：38－45.

［27］李克琳，许之民．赋权视角下的技术变革学习——美国国家教育技术计划2017更新版之"学习"部分述评［J］. 现代教育技术，2018，28（03）：26－32.

［28］方旭，铁银环．加拿大高等院校在线教育的发展及对后疫情时代我国在线教育的启示［J］. 黑龙江高教研究，2021，39（08）：45－50.

［29］罗军林．互联网金融时代复合型高职金融人才培养研究［J］. 时代金融，2019（03）：65－66.

［30］乐颖．基于校企合作的跨界复合型人才培养模式的实践与探索［J］. 职业，2020（06）：47－48.

［31］宁宇新．基于"新商科"的财务管理专业人才培养方案研究［J］. 黑龙江教育（高教研究与评估），2020（08）：86－87.

［32］周世杰，李玉柏，李平，等．新工科建设背景下"互联网＋"复合型精英人才培养模式的探索与实践［J］. 高等工程教育研究，2018（5）：11－16.

［33］卢剑忱．数字经济背景下新商科人才培养模式研究与实践——以S学校商学院为例［J］. 现代职业教育，2023（14）：50－53.

［34］李华青，夏大文，王林，等．大数据时代研究生创新能力培养的系统实践——以跨界复合型大数据人才创新能力培养为例［J］. 西南师范大学学报（自然科学版），2020，45（11）：171－175.

［35］鲁石．人工智能视角下的高校职业素养教育［J］. 教育与职业，2018（8）：104－108.

［36］孟海涅，薛慧丽．民办高职院校现代学徒制人才跨界培养研究［J］. 教育与职业．教育与职业，2021（02）：35－40.

［37］汪琼．教育数字化转型的四个认识误区［J］. 教育家，2024（45）：10－11.

[38] 赵瑞山，刘方茗，李瑞雪．数字经济时代国民财经素养的提升路径 [J]. 中国成人教育，2023 (20)：36－39.

[39] 陈煜波，马晔风．数字人才——中国经济数字化转型的核心驱动力 [J]. 清华管理评论，2018 (Z1)：30－40.

[40] 徐玉德，刘迪，樊柯馨．数字经济时代会计教育转型与职业发展规划 [J]. 财政科学，2021 (12)：27－36.

[41] 李荔，刘春玲，李井林．新财经背景下数智会计人才培养模式探究 [J]. 湖北经济学院学报（人文社会科学版），2024，21 (01)：16－18.

[42] 张永旺．财经大数据技能素质教育公共服务平台建设研究 [J]. 财务管理研究，2023 (11)：130－134.

[43] 刘陈艳．职业教育财经商贸类专业数字化转型升级路径研究 [J]. 江西教育，2024 (36)：53－55.

[44] 卢琳．数字经济时代背景下高职院校财务管理课程改革研究 [J]. 延边教育学院学报．2023，37 (04)：83－86.

[45] 张道玲．数字经济时代下高职财经类专业学生职业能力体系及培养策略 [J]. 中国管理信息化．2024，27 (03)：181－184.

[46] 袁振国．教育数字化转型：转什么，怎么转 [J]. 华东师范大学学报（教育科学版）. 2023，41 (03)：1－11.

[47] 曾德麟，蔡家玮，欧阳桃花．数字化转型研究：整合框架与未来展望 [J]. 外国经济与管理．2021，43 (05)：63－76.

[48] 戚聿东，肖旭．数字经济时代的企业管理变革 [J]. 管理世界. 2020，36 (06)：135－152.

[49] 何帆，刘红霞．数字经济视角下实体企业数字化变革的业绩提升效应评估 [J]. 改革，2019 (04)：137－148.

[50] 蒋敏娟，翟云．数字化转型背景下的公民数字素养：框架、挑战与应对方略 [J]. 电子政务，2022 (1)：54－65.

[51] 吕铁．传统产业数字化转型的趋向与路径 [J]. 人民论坛·学术前沿．2019 (18)：13－19.

[52] 李森，郑岚．促进质量提升的课堂教学评价改革 [J]. 课程．教材．教法，2019，39 (12)：56－62.

［53］许秋璇，吴永和．教育数字化转型的驱动因素与逻辑框架——创新生态系统理论视角［J］．现代远程教育研究，2023，35（02）：31－39.

［54］刘仁有．转型与重塑：数字化赋能职业教育新生态——世界数字教育大会“职业教育数字化转型发展”论坛综述［J］．中国职业技术教育，2023（3）：12－17.

［55］余胜泉．教育数字化转型的层次［J］．中国电化教育，2023（02）：55－59.

［56］曾德麟，蔡家玮，欧阳桃花．数字化转型研究：整合框架与未来展望［J］．外国经济与管理，2021，43（05）：63－76.

［57］何伟，张伟东，王超贤．面向数字化转型的“互联网＋”战略升级研究［J］．中中国工程科学．2020，22（04）：10－17.

［58］徐顺．基于社会认知理论的大学生数字公民素养影响因素及提升策略研究［D］．湖北：华中师范大学，2020.

［59］苗逢春．数字文明变局中的教育数字化转型［J］．电化教育研究，2023，44（02）：47－63.

第三章　财经类高职院校各类专业数字化转型的“双向赋能”策略

［60］桂俊煜．大数据背景下高校财务管理专业人才培养探究［J］．教育理论与实践，2018，38（30）：41－42.

［61］汪明义，康胜．新时代地方高校构建高质量人才培养体系的维度与实践［J］．现代教育管理，2022（05）：17－24.

［62］陈奕奕，陈佩佩．高校数智化T型人才培养模式的探索与实践——以人力资源管理专业为例［J］．管理工程师，2022，27（02）：70－75.

［63］葛丹．跨境电商创新创业人才培养模式研究［J］．中国经贸导刊（中），2020（09）：162－164.

［64］王娜．跨学科、跨专业创新创业人才培养模式研究［J］．中国冶金教育，2019（02）：57－58.

［65］卢植．论创新型外语人才培养模式建构［J］．外语界，2018（1）：36－42.

[66] 赵慧勤，陈晓慧．产教融合理念下应用型本科院校多元协同育人模式研究——以山西大同大学数字媒体技术专业为例 [J]．教育理论与实践，2018，38 (36)：6 - 8.

[67] 吴瑾，张丽芳，唐敢，程晔，等．共性要求和个性化发展并重，培养学生工程实践创新能力 [J]．教育教学论坛，2018 (16)：116 - 117.

[68] 刘红．“大众创业，万众创新”背景下提高大学生实践能力创新培养模式的探索 [J]．河北企业．2016 (01)：69 - 71.

[69] 张萍．创新人才培养视域下大学生逻辑思维能力培养路径探究 [J]．黑龙江高教研究，2016 (01)：134 - 136.

[70] 崔发周，张晶晶．职业院校核心能力课程：时代价值与教学策略 [J]．中国职业技术教育．2024 (17)：62 - 70.

[71] 郭延慧．数字化背景下职业本科院校学生就业模式创新与实践 [J]．四川劳动保障，2024 (06)：75 - 76.

[72] 杨文杰．新时代高职财经类专业教材建设探索 [J]．产业与科技论坛．2020，19 (11)：264 - 265.

[73] 赵家凤．财经类高职院校跨专业协同人才培养机制构建 [J]．南昌师范学院学报，2018，39 (04)：85 - 88.

[74] 古力铭．大学生就业竞争力提升策略研究 [J]．科技创业月刊，2019，32 (08)：102 - 104.

[75] 宋亚伟．独立学院会计专业学生就业竞争力提升研究 [J]．中国大学生就业，中国集体经济，2019 (34)：113 - 115.

[76] 夏雪梅．跨学科项目化学习：内涵、设计逻辑与实践原型 [J]．课程．教材．教法，2022，42 (10)：78 - 84.

[77] 蒋尚志，秦洁．中职计算机类专业财经素养教育与“工学结合”人才培养模式的融合 [J]．广西农业机械化，2023 (06)：53 - 54.

[78] 赵慧臣，张娜钰，马佳雯．STEM 教育跨学科学习共同体：促进学习方式变革 [J]．开放教育研究，2020，26 (03)：91 - 98.

[79] 裴钰鑫，汪惠芬，李强．新工科背景下跨学科人才培养的探索与实践 [J]．高等工程教育研究，2021 (3)：62 - 68.

[80] 黄满霞，秦晋，杨燕，傅志杰．核心素养导向下的“跨学科 -

项目式”教学设计［J］. 化学教学，2020（10）：50－55.

［81］马红．任务驱动法在中职《电子商务》课程教学中的应用研究［D］. 贵州：贵州师范大学，2019.

第四章 技能交叉培养模式的构建与实施

［82］祁丽，朱虹，苏佳萍．多学科交叉融合的创新创业型人才培养研究［J］. 教育探索，2018（03）：60－62.

［83］李学书．STEAM 跨学科课程：整合理念、模式构建及问题反思［J］. 全球教育展望，2019，48（10）：59－72.

［84］田禾，刘力健，张涛，等．新工科背景下跨学科多专业融合教育建设的思考［J］. 科技风，2021（22）：62－63.

［85］牛江华．财经类高职院校学生职业能力培养的实践探索——以北京财贸职业学院为例［J］. 北京财贸职业学院学报，2022，38（03）：65－68.

［86］董艳，孙巍，徐唱．信息技术融合下的跨学科学习研究［J］. 电化教育研究，2019，40（11）：70－76.

［87］陈忞，陈珍国．A－STEM：跨学科融合教育价值重构［J］. 教育发展研究，2019，39（06）：15－22.

［88］范英辉．STEM 视野下硕士研究生跨学科培养模式改进研究［D］. 黑龙江：哈尔滨师范大学，2021.

［89］陈思含．面向师范生 STEM 素养培养的项目式教学设计与实践［D］. 山东：曲阜师范大学，2023.

［90］赵晶晶．民营资本参与下民办高校财务管理创新与挑战［J］. 教育财会研究，2024，35（3）：33－40.

［91］黄依冰．STEAM 教育理念视角下初中信息技术教学模式的转变探索［J］. 创新创业理论研究与实践，2019，2（07）：120－121.

［92］陈鹏，田阳，黄荣怀．基于设计思维的 STEM 教育创新课程研究及启示*——以斯坦福大学 D. LOFTSTEM 课程为例［J］. 中国电化教育，2019，40（8）：82－90.

［93］汤路民，余若男，董启文，等．基于非干预式感知的个性化学

业求助资源推荐研究进展［J］．华东师范大学学报（自然科学版），2018（05）：17－29.

［94］孙伟．以能力形成为导向的财务管理专业实践教学体系创新研究［J］．现代商贸工业，2020，41（01）：176－177.

［95］田浩，武法提．学习分析视域下学习预测研究的发展图景［J］．现代教育技术，2020，30（11）：98－104.

［96］柯嘉莹．借助智能引擎，培养自我驱动学习能力——从数据分析技术与个性化学习分析系统说起［J］．教育，2018（27）：12－12.

［97］黄石华，武法提．场景化分析：一种数据驱动下的学习行为解释性框架［J］．电化教育研究，2023，44（05）：51－59.

［98］王洋，刘清堂，张文超．数据驱动下的在线学习状态分析模型及应用研究［J］．远程教育杂志，2019，37（02）：74－80.

［99］黄涛，赵媛，耿晶，等．数据驱动的精准化学习评价机制与方法［J］．现代远程教育研究，2021，33（01）：3－12.

［100］赵慧琼，姜强，赵蔚．教育大数据深度学习的价值取向、挑战及展望——在技术促进学习的理解视域中［J］．现代远距离教育，2018（01）：17－25.

［101］尚宇炜，郭剑波，吴文传，等．数据－知识融合的机器学习（1）：模型分析［J］．中国电机工程学报，2019，39（15）：4406－4416.

［102］顾小清．玩转教育大数据，破解“学习如何发生”——浅析数据驱动下的学习分析技术［J］．教育家，2020（34）：32－34.

［103］汪占熬，钱翀，叶春霜．创新创业共生型校企合作人才培养模式探索［J］．教育理论与实践，2018，38（06）：12－14.

［104］唐未兵，温辉，彭建平．“产教融合”理念下的协同育人机制建设［J］．中国高等教育，2018（7）：14－16.

［105］余思瑶．高职院校校企协同育人模式的实践探索——以订单班人才培养为例［J］．职教论坛．2018（06）：138－141.

［106］吴建设．高职教育推行现代学徒制亟待解决的五大难题［J］．高等教育研究，2014，35（07）：41－45.

第五章　面向未来的财经职业教育展望

[107] 徐凤，李鼎．职业教育人才培养的创新研究——基于数字经济背景 [J]．太原城市职业技术学院学报，2023 (08)：73 - 75.

[108] 河北经贸大学工商管理学院．人工智能时代新财经人才数字化能力培养路径研究 [J]．广东经济，2023 (18)：89 - 91.

[109] 熊维祥．基于区块链技术的学分认证系统研究 [D]．北京：北京邮电大学，2018.

[110] 关松涛．终身学习视野下现代职业教育体系的构建研究 [J]．黑龙江教师发展学院学报，2024，43 (01)：94 - 97.

[111] 熊建辉，高瑜，王振，等．新时代职业教育国际化发展战略与创新路径思考（下）[J]．中国职业技术教育，2019 (36)：5 - 16.

[112] 苗领．数字经济背景下职业教育数字化人才培养路径 [J]．营销界，2023 (23)：116 - 118.